U0916761

国家“2011计划”司法文明协同创新中心资助
北京零点市场调查有限公司技术支持

国家“2011计划”司法文明协同创新中心资助
北京零点市场调查有限公司技术支持

# 中国司法文明指数调查数据挖掘报告 2017

张　中◎主编

DATA MINING REPORT ON CHINA JUSTICE INDEX 2017

编写人员◎张保生　张　中　吴洪淇　褚福民
满运龙　施鹏鹏　郑　飞　樊传明

中国政法大学出版社
2020 · 北京

# 中国司法文明指数
## 项目组

**项目顾问：**张文显　陈光中

**项目主任：**张保生

**项目副主任：**张　中

**项目执行主任：**吴洪淇

**项目组主要成员：**张保生　张　中　吴洪淇　褚福民　满运龙　施鹏鹏　郑　飞　樊传明　柴　鹏　李　吟　张　伟　冯俊伟　刘世权　尚　华　戴　锐　曹　佳　董　帅　张南宁　张文博　陆誉蓉　朱　婧　徐美美

# Preface 前言

中国司法文明指数问卷调查针对社会公众与法官、检察官、警察和律师等法律职业群体，分别设计两种类型的问卷，包含受访者基本情况、司法文明情况相关问题，旨在通过抽样调查的方式对我国司法文明情况进行全面评估。

2017年中国司法文明指数指标体系共计10个一级指标，32个二级指标，并分解为64个问卷题目。本次调查问卷中多数题目采用五级量表的形式进行考察，通过实地动态监测，从普通人的视角，调查和评估可能影响人民群众日常生活的司法文明状况，展现司法文明程度的综合指标，以直接调查数据为基础，通过直观图形呈现出来，反映了人民群众对本地司法文明发展的满意度。

在本次评估中，司法文明协同创新中心在除港澳台以外的全国31个省/自治区/直辖市进行了抽样调查。本次调查以个人为对象，以调查问卷为数据采集形式，以受访者对于司法文明指数所包含各个方面的个人认识集合为统计总体。通过在31个省/自治区/直辖市发放公众卷（个人基本情况8题，主体问题20题）和专业卷（个人基本情况9题，主体问题35题）两类问卷，每个省/自治区/直辖市不少于800份问卷，其中公众卷600份，专业卷200份（法官、检察官、警察、律师各50份），最终回收有效样本总量共计25 857份调查问卷，其中公众卷19 472份，专业卷6385份。我们对这些问卷中所包含的各项数据进行统计分析，以便充分展现我国司法文明状况。

为了对司法文明指数调查数据进行更为有效的挖掘，我们在频数分析和主体问题及基木情况间交叉分析的基础上，利用主体问题间的交叉分析、相关性验证和比较分析等数据统计分析方法，对数据进行深入挖掘。其中，交叉分析的意义在于探寻数据之间的内在联系；相关性验证的目的在于探讨数据之间是否存在某种依存关系，以及依存方向和程度；比较分析的作用则在于，通过对同一主体问题不同受访人群答案的分布情况进行比较，描述数据间对应关系，进而挖掘不同群体受访者主观感受间的异同。课题组将2014年至2017年所考察内容相同的题目进行跨年对照分析，目的在于深入分析司法文明发展动态情况。

本报告将以司法文明指数的衡量指标为划分依据，向人们展示通过上述数据分析方法得到的数据分布情况，并通过归纳性推理，展示易读性数据分析结果，发现隐藏在数据下的内在联系，揭示出数据中隐含的、先前未知的并有潜在价值的信息，从而直观呈现受访者对我国司法文明状况的主观感受，进而为研究人员发现问题、解决问题奠定基础，最终起到全面推进我国司法文明进程的作用。

编　者

2018年12月

Contents
# 目　录

# Contents

# 第一章　调查问卷质量评估

## 一、问卷题目鉴别力分析

问卷题目鉴别力分析，即条目分析，是检测问题鉴别力的常用方法。所谓问题鉴别力，是指问题的所有选项设置都有意义，即不同群体样本在同一个问题上的答案分布存在显著差异。问卷题目鉴别力分析采用极端组检验的方法，对专业卷和公众卷的每个题目进行分析。具体操作方法是：首先，依据得分将量表划分为高分组和低分组，高分组以题目加总后得分前27%为高分组临界值，低分组以题目加总后得分后27%为低分组临界值。其次，对高分组和低分组进行t检验，分析每个题目的答案在高分组和低分组是否有显著差异。若有显著差异，则说明该题目的鉴别力较大；否则，说明该题目的鉴别力不足，可考虑对其进行优化处理。

在分析中，主要以变异系数和t检验p值作为鉴别力分析的标准。分析结果显示：司法文明指数问卷可重点优化的问题共有3题，其中专业卷有2题，公众卷有1题（如表1-1所示），具体分析可参见专业卷和公众卷的分析。请注意：问卷题目鉴别力分析是依据数据结构检测问题设计的鉴别力，如问题鉴别力不高，反映出来的是所有样本在某一问题上的答案趋于一致性。

表1-1　问卷题目鉴别力分析后可优化问题

| 题　目 | 题目内容 | 极端组检验p值 |
|---|---|---|
| ZY5. 4 | 在您所在地区，律师存在下列行为的可能性有多大？——尽职尽责为委托人服务 | 0. 323 |
| ZY34. 1 | 在您所在地区，法院公正审判的可能性有多大？——法庭审判过程公正 | 0. 000 |
| GZ4. 1 | 您对自己所在地区法官的总体满意程度如何？ | 0. 000 |

### （一）专业卷

对专业卷中的每个题目计算均值、标准差与变异系数，发现所有题目中ZY34. 1（即在您所在地区，法院公正审判的可能性有多大？——法院审判过程公正）的变异系数最小，说明该题目的区分度较其他题目的区分度小，如需对问卷进行优化，可优先考虑修订这个问题。

表1-2　专业卷题目标准差与变异系数

| 题　目 | 均　值 | 标准差 | 变异系数 | 题　目 | 均　值 | 标准差 | 变异系数 |
|---|---|---|---|---|---|---|---|
| ZY12 | 67. 9087 | 19. 34519 | 0. 28487 | ZY11. 2 | 77. 2480 | 19. 32585 | 0. 25018 |
| ZY23 | 64. 6624 | 17. 46488 | 0. 27009 | ZY11. 3 | 73. 8561 | 20. 58769 | 0. 27875 |
| ZY8 | 63. 9861 | 20. 48402 | 0. 32013 | ZY21. 2 | 71. 3476 | 18. 58484 | 0. 26048 |
| ZY9. 1 | 60. 6327 | 21. 87013 | 0. 36070 | ZY29 | 67. 5353 | 20. 61964 | 0. 30532 |
| ZY9. 2 | 60. 9386 | 21. 78828 | 0. 35754 | ZY28 | 77. 6818 | 17. 28048 | 0. 22245 |

续表

| 题　目 | 均　值 | 标准差 | 变异系数 | 题　目 | 均　值 | 标准差 | 变异系数 |
|---|---|---|---|---|---|---|---|
| ZY10. 1 | 80. 7505 | 16. 73026 | 0. 20718 | ZY13 | 72. 6496 | 18. 73137 | 0. 25783 |
| ZY10. 2 | 80. 7873 | 16. 57274 | 0. 20514 | ZY30 | 66. 6258 | 17. 68003 | 0. 26536 |
| ZY10. 3 | 78. 1855 | 17. 52439 | 0. 22414 | ZY31. 1 | 72. 5267 | 19. 98513 | 0. 27556 |
| ZY32. 1 | 77. 5475 | 16. 31049 | 0. 21033 | ZY4. 2 | 70. 9412 | 19. 07689 | 0. 26891 |
| ZY32. 2 | 77. 7281 | 16. 26889 | 0. 20931 | ZY31. 2 | 75. 4454 | 18. 89749 | 0. 25048 |
| ZY32. 3 | 74. 0032 | 18. 46448 | 0. 24951 | ZY6. 3 | 66. 0271 | 21. 35848 | 0. 32348 |
| ZY34. 1 | 83. 0496 | 16. 02366 | 0. 19294 | ZY7. 3 | 68. 5755 | 21. 35269 | 0. 31137 |
| ZY34. 2 | 81. 6402 | 16. 51706 | 0. 20232 | ZY6. 2 | 69. 3491 | 19. 80601 | 0. 28560 |
| ZY17 | 75. 7458 | 16. 02597 | 0. 21158 | ZY7. 2 | 71. 6299 | 19. 60330 | 0. 27367 |
| ZY18 | 72. 7733 | 18. 32683 | 0. 25183 | ZY6. 1 | 67. 2539 | 20. 67057 | 0. 30735 |
| ZY19 | 66. 1848 | 17. 84811 | 0. 26967 | ZY7. 1 | 69. 2424 | 20. 99157 | 0. 30316 |
| ZY27. 1 | 70. 6429 | 19. 19407 | 0. 27171 | ZY1 | 69. 5921 | 26. 23294 | 0. 37695 |
| ZY27. 2 | 70. 7358 | 20. 16264 | 0. 28504 | ZY5. 1 | 58. 1626 | 19. 66286 | 0. 33807 |
| ZY27. 3 | 68. 4229 | 20. 43663 | 0. 29868 | ZY5. 2 | 57. 5458 | 20. 07041 | 0. 34877 |
| ZY11. 1 | 77. 9673 | 19. 11717 | 0. 24519 | ZY5. 3 | 64. 7654 | 20. 24922 | 0. 31266 |
| ZY20 | 72. 9432 | 16. 82796 | 0. 23070 | ZY5. 4 | 48. 0842 | 19. 49399 | 0. 40541 |
| ZY21. 1 | 72. 0668 | 17. 60733 | 0. 24432 | ZY2. 1 | 64. 4659 | 20. 11668 | 0. 31205 |
| ZY15 | 73. 5355 | 17. 00898 | 0. 23130 | ZY2. 2 | 64. 0254 | 19. 82390 | 0. 30963 |
| ZY16 | 75. 9579 | 17. 58266 | 0. 23148 | ZY2. 3 | 63. 7153 | 20. 62978 | 0. 32378 |
| ZY24 | 74. 2934 | 17. 15838 | 0. 23095 | ZY4. 3 | 68. 8999 | 18. 70470 | 0. 27148 |
| ZY14 | 69. 5157 | 18. 11753 | 0. 26062 | ZY33. 1 | 81. 7297 | 17. 87335 | 0. 21869 |
| ZY25 | 63. 2263 | 18. 47252 | 0. 29217 | ZY33. 2 | 81. 3861 | 17. 67433 | 0. 21717 |
| ZY26 | 70. 9869 | 17. 02861 | 0. 23988 | ZY33. 3 | 77. 6238 | 18. 66695 | 0. 24048 |

极端组检验的结果显示，专业卷中 ZY5. 4（*即在您所在地区，律师存在下列行为的可能性有多大？——尽职尽责为委托人服务*）的答案在高分组和低分组之间不存在显著差异，说明上述题目的鉴别力不够，可对上述题目进行优化处理，以提高其鉴别力。

**表 1-3　专业卷题目鉴别力分析结果**

| 题　目 | t 值 | t 检验 p 值 | 题目 | t 值 | t 检验 p 值 |
|---|---|---|---|---|---|
| ZY12 | -24. 543 | 0. 000 | ZY11. 2 | -54. 758 | 0. 000 |
| ZY23 | -30. 059 | 0. 000 | ZY11. 3 | -56. 921 | 0. 000 |
| ZY8 | -53. 564 | 0. 000 | ZY21. 2 | -46. 059 | 0. 000 |
| ZY9. 1 | -54. 579 | 0. 000 | ZY29 | -32. 499 | 0. 000 |
| ZY9. 2 | -52. 507 | 0. 000 | ZY28 | -34. 929 | 0. 000 |
| ZY10. 1 | -59. 895 | 0. 000 | ZY13 | -42. 993 | 0. 000 |
| ZY10. 2 | -58. 780 | 0. 000 | ZY30 | -35. 705 | 0. 000 |

续表

| 题 目 | t 值 | t 检验 p 值 | 题目 | t 值 | t 检验 p 值 |
|---|---|---|---|---|---|
| ZY10. 3 | -57. 278 | 0. 000 | ZY31. 1 | -50. 544 | 0. 000 |
| ZY32. 1 | -64. 439 | 0. 000 | ZY4. 2 | -34. 550 | 0. 000 |
| ZY32. 2 | -57. 799 | 0. 000 | ZY31. 2 | -52. 072 | 0. 000 |
| ZY32. 3 | -55. 008 | 0. 000 | ZY6. 3 | -55. 795 | 0. 000 |
| ZY34. 1 | -75. 436 | 0. 000 | ZY7. 3 | -59. 112 | 0. 000 |
| ZY34. 2 | -81. 112 | 0. 000 | ZY6. 2 | -59. 361 | 0. 000 |
| ZY17 | -32. 098 | 0. 000 | ZY7. 2 | -62. 739 | 0. 000 |
| ZY18 | -30. 099 | 0. 000 | ZY6. 1 | -62. 787 | 0. 000 |
| ZY19 | -33. 509 | 0. 000 | ZY7. 1 | -66. 771 | 0. 000 |
| ZY27. 1 | -50. 390 | 0. 000 | ZY1 | -4. 504 | 0. 000 |
| ZY27. 2 | -57. 264 | 0. 000 | ZY5. 1 | -26. 069 | 0. 105 |
| ZY27. 3 | -59. 381 | 0. 000 | ZY5. 2 | -27. 061 | 0. 000 |
| ZY11. 1 | -49. 059 | 0. 000 | ZY5. 3 | -48. 551 | 0. 000 |
| ZY20 | -46. 233 | 0. 000 | ZY5. 4 | 0. 988 | 0. 323 |
| ZY21. 1 | -42. 098 | 0. 000 | ZY2. 1 | -16. 644 | 0. 000 |
| ZY15 | -47. 158 | 0. 000 | ZY2. 2 | -16. 106 | 0. 000 |
| ZY16 | -47. 580 | 0. 000 | ZY2. 3 | -26. 076 | 0. 000 |
| ZY24 | -45. 660 | 0. 000 | ZY4. 3 | -23. 191 | 0. 000 |
| ZY14 | -38. 031 | 0. 000 | ZY33. 1 | -40. 785 | 0. 000 |
| ZY25 | -23. 963 | 0. 000 | ZY33. 2 | -49. 731 | 0. 000 |
| ZY26 | -50. 488 | 0. 000 | ZY33. 3 | -51. 132 | 0. 000 |

## （二）公众卷

对公众卷中的每个题目计算均值、标准差与变异系数，发现所有题目中 GZ4. 1（即您对自己所在地区法官的总体满意程度如何?）的变异系数最小，说明该题目的区分度较其他题目的区分度小，如需对问卷进行优化，可优先考虑修订这个问题。

表 1-4 公众卷题目标准差与变异系数

| 题 目 | 均 值 | 标准差 | 变异系数 | 题 目 | 均 值 | 标准差 | 变异系数 |
|---|---|---|---|---|---|---|---|
| GZ4. 1 | 70. 5141 | 14. 97604 | 0. 21238 | GZ2. 3 | 59. 3105 | 20. 31025 | 0. 34244 |
| GZ4. 2 | 70. 3227 | 15. 31267 | 0. 21775 | GZ2. 2 | 63. 4354 | 19. 06533 | 0. 30055 |
| GZ4. 3 | 66. 3761 | 17. 96483 | 0. 27065 | GZ2. 1 | 61. 9809 | 19. 58061 | 0. 31591 |
| GZ6. 1 | 73. 6974 | 15. 86090 | 0. 21522 | GZ3. 1 | 63. 3942 | 17. 95381 | 0. 28321 |
| GZ6. 2 | 71. 7411 | 16. 17144 | 0. 22541 | GZ3. 2 | 63. 3401 | 17. 90011 | 0. 28260 |
| GZ13 | 62. 0360 | 18. 12322 | 0. 29214 | GZ3. 3 | 63. 4970 | 18. 44443 | 0. 29048 |
| GZ11 | 62. 3759 | 17. 38684 | 0. 27874 | GZ3. 4 | 51. 8597 | 18. 59593 | 0. 35858 |

续表

| 题　目 | 均　值 | 标准差 | 变异系数 | 题　目 | 均　值 | 标准差 | 变异系数 |
|---|---|---|---|---|---|---|---|
| GZ15 | 66. 5696 | 15. 33469 | 0. 23036 | GZ5. 1 | 69. 2938 | 17. 36970 | 0. 25067 |
| GZ16. 1 | 70. 5808 | 15. 90681 | 0. 22537 | GZ5. 2 | 68. 6746 | 17. 60177 | 0. 25631 |
| GZ12 | 62. 6786 | 17. 53151 | 0. 27971 | GZ1 | 70. 7669 | 20. 60530 | 0. 29117 |
| GZ17. 1 | 69. 5477 | 19. 57260 | 0. 28143 | GZ7 | 67. 2309 | 17. 60908 | 0. 26192 |
| GZ14 | 61. 9173 | 16. 38910 | 0. 26469 | GZ8 | 64. 0296 | 18. 51548 | 0. 28917 |
| GZ16. 2 | 64. 0866 | 18. 27126 | 0. 28510 | GZ9 | 49. 8960 | 24. 18721 | 0. 48475 |
| GZ18 | 60. 3179 | 17. 94502 | 0. 29751 | GZ10 | 76. 4849 | 20. 05430 | 0. 26220 |

极端组检验的结果显示，公众卷中所有题目的答案在高分组和低分组之间均存在显著性差异，说明题目的鉴别能力尚可，不需要对题目进行优化处理。

表 1-5　公众卷题目鉴别力分析结果

| 题　目 | t 值 | t 检验 p 值 | 题　目 | t 值 | t 检验 p 值 |
|---|---|---|---|---|---|
| GZ4. 1 | -86. 158 | 0. 000 | GZ2. 3 | -81. 495 | 0. 000 |
| GZ4. 2 | -89. 160 | 0. 000 | GZ2. 2 | -89. 207 | 0. 000 |
| GZ4. 3 | -81. 995 | 0. 000 | GZ2. 1 | -90. 490 | 0. 000 |
| GZ6. 1 | -87. 899 | 0. 000 | GZ3. 1 | -68. 296 | 0. 000 |
| GZ6. 2 | -90. 345 | 0. 000 | GZ3. 2 | -70. 933 | 0. 000 |
| GZ13 | -60. 978 | 0. 000 | GZ3. 3 | -83. 426 | 0. 000 |
| GZ11 | -55. 532 | 0. 000 | GZ3. 4 | 15. 441 | 0. 000 |
| GZ15 | -55. 742 | 0. 000 | GZ5. 1 | -71. 224 | 0. 000 |
| GZ16. 1 | -56. 545 | 0. 000 | GZ5. 2 | -79. 712 | 0. 000 |
| GZ12 | -62. 780 | 0. 000 | GZ1 | -45. 217 | 0. 000 |
| GZ17. 1 | -58. 519 | 0. 000 | GZ7 | -48. 663 | 0. 000 |
| GZ14 | -53. 409 | 0. 000 | GZ8 | -50. 363 | 0. 000 |
| GZ16. 2 | -55. 424 | 0. 000 | GZ9 | -14. 152 | 0. 000 |
| GZ18 | -65. 622 | 0. 000 | GZ10 | -24. 925 | 0. 000 |

## 二、量表信度

本次分析是通过 Cronbach's α 系数检验、同质性检验、折半信度检验以及相关性检验来检验专业卷和公众卷的信度。综合上述方法后的结果显示，同质性检验和相关性检验均说明题目 ZY5. 4（*即在您所在地区，律师存在下列行为的可能性有多大？——尽职尽责为委托人服务*）与指标总分间的相关度不高，且对其进行删除后的 Cronbach's α 系数增加，可重点考虑对该问题进行优化处理。其余问题根据将该题删除后 Cronbach's α 系数的涨幅高低排序如下：

表 1-6　重点优化问题（重要性由高到低）

| 题　目 | 题目内容 | Cronbach's α 系数涨幅 |
|---|---|---|
| ZY1 | 在过去三年，您获得业务培训的总时长是? | 0.053 |
| ZY4.3 | 在您所在地区，律师执业时发生如下问题的可能性有多大? ——被追究“律师伪证罪” | 0.044 |
| ZY18 | 在您所在地区，律师去检察院阅卷遇到无理障碍的可能性有多大? | 0.032 |
| ZY17 | 在您所在地区的刑事审判中，法官要求被告人提供对己不利证据的可能性有多大? | 0.019 |
| ZY25 | 在您所在地区，对于公安机关移送审查起诉的案件，检察院经审查认为证据不足，直接作出不起诉决定的可能性有多大? | 0.011 |
| ZY12 | 在您所在地区，法院参与当地拆迁的可能性有多大? | 0.006 |
| ZY4.2 | 在您所在地区，律师执业时发生如下问题的可能性有多大? ——庭审中的质证权行使受到限制 | 0.006 |
| ZY23 | 在您所在地区，对批捕后的犯罪嫌疑人，如果采取取保候审不至于发生社会危险性的，检察院依法解除逮捕措施或者变更强制措施的可能性有多大? | 0.004 |
| ZY19 | 在您所在地区的刑事审判中，被告人要求证人出庭作证时，法官传唤该证人出庭作证的可能性有多大? | 0.001 |
| GZ8 | 假设审判程序没有问题，但判决结果对您不利，您尊重法院判决的可能性有多大? | 0.206 |
| GZ3.4 | 在您所在地区，律师存在下列行为的可能性有多大? ——尽职尽责为委托人服务 | 0.189 |
| GZ17.1 | 在您所在地区，以下案件得到及时受理的可能性有多大? ——老百姓家里被盗到公安局报案 | 0.098 |
| GZ15 | 在您所在地区的民事诉讼中，法官强迫或变相强迫当事人接受调解的可能性有多大? | 0.043 |
| GZ2.3 | 在您所在地区，下列人员收受贿赂的可能性有多大? ——警察 | 0.017 |

## （一）Cronbach's α 系数检验

信度，即可靠性，是指采用同样的方法对同一对象重复测量时所得结果的一致性程度。量表的信度越大，则其测量标准误差越小，即样本统计量与总体参数的值越接近。信度指标多以相关系数表示，大致可分为三类：稳定系数（跨时间的一致性）、等值系数（跨形式的一致性）和内在一致性系数（跨项目的一致性）。在本研究中，我们将采用内在一致性信度分析来检测量表的信度。

Cronbach's α 系数是内在一致性信度测量最为常用的方法，该系数越大，量表的评价结果的可信性越高。通常情况下，探索性研究 Cronbach's α 系数在 0.6 以上，基准研究 Cronbach's α 系数在 0.8 以上，被认为可信度较高。总量表的信度系数最好在 0.8 以上，0.7~0.8 可以接受；分量表的信度系数最好在 0.7 以上，0.6~0.7 可以接受；Cronbach 's α 系数如果在 0.6 以下，表示需要对量表进行针对性优化。

### 1. 专业卷

（1）总体量表检验。

检验结果显示，专业卷总体量表的 Cronbach's α 系数为 0.955，高于 0.9 的系数值，说明专业卷内部一致性非常好，量表信度非常高。

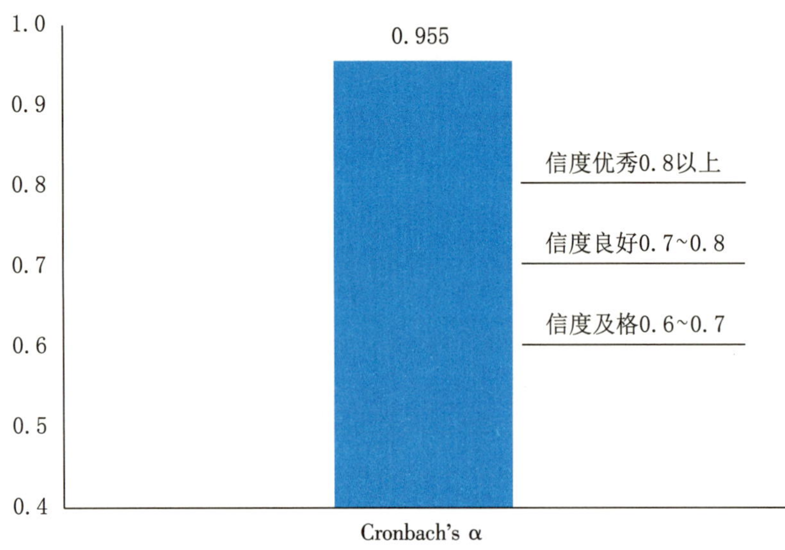


图 1-1　专业卷总体量表内在一致性分析

（2）一级指标量表检验。

对于包含两个及以上变量的一级指标进行信度检验，根据检验结果，司法权力、当事人诉讼权利、刑事司法程序、证据制度、司法腐败遏制、法律职业化、司法公开的 Cronbach's α 系数均在 0.6 以上，说明上述一级指标的内在一致性较好；但民事司法程序和行政司法程序这两个一级指标的信度系数低于 0.6，说明它们下设的二级指标之间的内在一致性相对较差，需要进行一定调整和优化。

表 1-7　专业卷一级指标内在一致性分析

| 一级指标 | Cronbach's α 系数 |
| --- | --- |
| 司法权力 | 0.894 |
| 当事人诉讼权利 | 0.779 |
| 民事司法程序 | 0.565 |
| 刑事司法程序 | 0.770 |
| 行政司法程序 | 0.590 |
| 证据制度 | 0.788 |
| 司法腐败遏制 | 0.946 |
| 法律职业化 | 0.659 |
| 司法公开 | 0.902 |

## 2. 公众卷

（1）总体量表检验。

检验结果显示，公众卷总体量表的 Cronbach's α 系数为 0.870，高于 0.8 的系数值，说明公众卷内部一致性较好，量表信度较高。

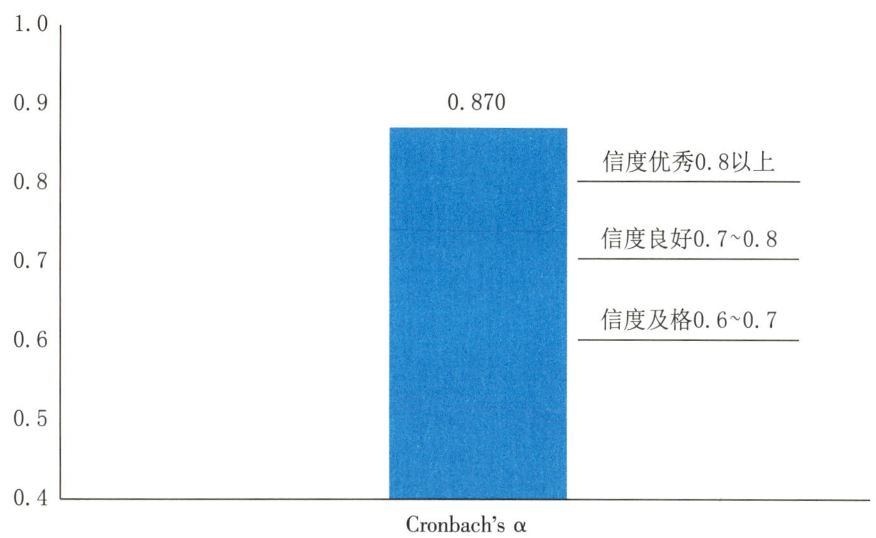


图 1-2　公众卷总体量表内在一致性分析

(2) 一级指标量表检验。

对于包含两个及以上变量的一级指标进行信度检验，根据检验结果，司法权力、司法腐败遏制、法律职业化、司法公开的 Cronbach's α 系数均在 0.6 以上，说明上述一级指标的内在一致性较好；但民事司法程序、刑事司法程序和司法文化这三个一级指标的信度系数低于 0.6，说明它们下设的二级指标之间的内在一致性相对较差，需要进行一定调整和优化。

表 1-8　公众卷一级指标内在一致性分析

| 一级指标 | Cronbach's α 系数 |
|---|---|
| 司法权力 | 0.894 |
| 民事司法程序 | 0.377 |
| 刑事司法程序 | 0.477 |
| 司法腐败遏制 | 0.879 |
| 法律职业化 | 0.665 |
| 司法公开 | 0.822 |
| 司法文化 | 0.260 |

## (二) 同质性检验

敏感性分析是同质性检验的指标之一，其运用方式是，观察在将某一题目删除后整体量表的信度系数变化情况，若删除题目后 Cronbach's α 系数升高，说明该条目的减少有助于提高量表整体信度。

### 1. 专业卷

(1) 总体量表敏感性分析。

将删除每一问题后量表的 Cronbach's α 系数与专业卷总体 Cronbach's α 系数（0.955）相比发现，除了问题 ZY1 和 ZY5.4 以外，对量表中其他问题进行删除后，Cronbach's α 系数相对于完整量表的 Cronbach's α 系数均有所下降，说明这些问题的保留有助于提高整个量表的信度。而对问题 ZY1（即在过去三年，您获得业务培训的总时长是?），ZY5.4（即在您所在地区，律师存在下列行为的可能性有多大？——尽职尽责为委托人服务）进行删除后，Cronbach's α 系数分别提高 0.002 和 0.001，可综合效度等其他因素，重点考虑是否删除或更换这两个问题。

表 1-9　总体量表敏感性分析结果

| 题　目 | 删除题目后 Cronbach's α 系数 | 题　目 | 删除题目后 Cronbach's α 系数 |
|---|---|---|---|
| ZY12 | 0.955 | ZY11.2 | 0.953 |
| ZY23 | 0.954 | ZY11.3 | 0.953 |
| ZY8 | 0.953 | ZY21.2 | 0.954 |
| ZY9.1 | 0.953 | ZY29 | 0.954 |
| ZY9.2 | 0.953 | ZY28 | 0.954 |
| ZY10.1 | 0.954 | ZY13 | 0.954 |
| ZY10.2 | 0.954 | ZY30 | 0.954 |
| ZY10.3 | 0.953 | ZY31.1 | 0.954 |
| ZY32.1 | 0.953 | ZY4.2 | 0.954 |
| ZY32.2 | 0.953 | ZY31.2 | 0.954 |
| ZY32.3 | 0.953 | ZY6.3 | 0.953 |
| ZY34.1 | 0.953 | ZY7.3 | 0.953 |
| ZY34.2 | 0.953 | ZY6.2 | 0.953 |
| ZY17 | 0.954 | ZY7.2 | 0.953 |
| ZY18 | 0.954 | ZY6.1 | 0.953 |
| ZY19 | 0.954 | ZY7.1 | 0.953 |
| ZY27.1 | 0.953 | ZY1 | 0.957 |
| ZY27.2 | 0.953 | ZY5.1 | 0.955 |
| ZY27.3 | 0.953 | ZY5.2 | 0.954 |
| ZY11.1 | 0.954 | ZY5.3 | 0.954 |
| ZY20 | 0.954 | ZY5.4 | 0.956 |
| ZY21.1 | 0.954 | ZY2.1 | 0.955 |
| ZY15 | 0.954 | ZY2.2 | 0.955 |
| ZY16 | 0.954 | ZY2.3 | 0.955 |
| ZY24 | 0.954 | ZY4.3 | 0.955 |
| ZY14 | 0.954 | ZY33.1 | 0.954 |
| ZY25 | 0.955 | ZY33.2 | 0.954 |
| ZY26 | 0.954 | ZY33.3 | 0.954 |

（2）一级指标量表敏感性分析。

### 指标 1　司法权力

司法权力指标下量表的 Cronbach's α 系数为 0.894，对该指标下的问题进行逐一删除后的结果显示，在分别对问题 ZY12（即在您所在地区，法院参与当地拆迁的可能性有多大?），ZY23（即在您所在地区，对批捕后的犯罪嫌疑人，如果采取取保候审不至于发生社会危险性的，检察院依法解除逮捕措施或者变更强制措施的可能性有多大?）进行删除后，司法权力指标下量表的 Cronbach's α 系数均有所上升，上升的幅度在 0.004~0.006 之间，后续可重点考虑对这两个问题进行优化处理。

表 1-10　司法权力量表敏感性分析

| 题　目 | 删除题目后 Cronbach's α 系数 | 题　目 | 删除题目后 Cronbach's α 系数 |
|---|---|---|---|
| ZY12 | 0.900 | ZY10.3 | 0.885 |
| ZY23 | 0.898 | ZY32.1 | 0.882 |
| ZY8 | 0.884 | ZY32.2 | 0.883 |
| ZY9.1 | 0.884 | ZY32.3 | 0.884 |
| ZY9.2 | 0.885 | ZY34.1 | 0.884 |
| ZY10.1 | 0.885 | ZY34.2 | 0.882 |
| ZY10.2 | 0.885 | | |

### 指标 2　当事人诉讼权利

当事人诉讼权利指标下量表的 Cronbach's α 系数为 0.779，对该指标下的问题进行逐一删除后的结果显示，在分别对问题 ZY17（即在您所在地区的刑事审判中，法官要求被告人提供对己不利证据的可能性有多大?），ZY18（即在您所在地区，律师去检察院阅卷遇到无理障碍的可能性有多大?），ZY19（即在您所在地区的刑事审判中，被告人要求证人出庭作证时，法官传唤该证人出庭作证的可能性有多大?）进行删除后，当事人诉讼权利指标下量表的 Cronbach's α 系数均有所上升，上升的幅度在 0.001~0.032 之间，以删除问题 ZY17 和 ZY18 后的增幅最为明显，后续可重点考虑对这两个问题进行优化处理。

表 1-11　当事人诉讼权利量表敏感性分析

| 题　目 | 删除题目后 Cronbach's α 系数 | 题　目 | 删除题目后 Cronbach's α 系数 |
|---|---|---|---|
| ZY17 | 0.798 | ZY27.1 | 0.688 |
| ZY18 | 0.811 | ZY27.2 | 0.677 |
| ZY19 | 0.780 | ZY27.3 | 0.671 |

### 指标 3　民事司法程序

民事司法程序指标下量表的 Cronbach's α 系数为 0.565，对该指标下的问题进行逐一删除后，Cronbach's α 系数均有所下降，说明这些问题的保留有助于量表信度的提高，无需对问题再进行优化处理。

表 1-12　民事司法程序量表敏感性分析

| 题　目 | 删除题目后 Cronbach's α 系数 |
|---|---|
| ZY11.1 | 0.400 |
| ZY20 | 0.546 |
| ZY21.1 | 0.429 |

### 指标 4　刑事司法程序

刑事司法程序指标下量表的 Cronbach's α 系数为 0.770，对该指标下的问题进行逐一删除后的结果显示，在对问题 ZY25（即在您所在地区，对于公安机关移送审查起诉的案件，检察院经审查认为证据不足，直接作出不起诉决定的可能性有多大?）进行删除后，刑事司法程序指标下量表的 Cronbach's α 系数有所上升，上升的幅度为0.011，后续可重点考虑对该问题进行优化处理。

表1-13 刑事司法程序量表敏感性分析

| 题　目 | 删除题目后 Cronbach's α 系数 | 题　目 | 删除题目后 Cronbach's α 系数 |
|---|---|---|---|
| ZY15 | 0.728 | ZY25 | 0.781 |
| ZY16 | 0.714 | ZY26 | 0.732 |
| ZY24 | 0.729 | ZY11.2 | 0.756 |
| ZY14 | 0.749 | | |

### 指标5　行政司法程序

行政司法程序指标下量表的 Cronbach's α 系数为0.590，对该指标下的问题进行逐一删除后，Cronbach's α 系数均下降至0.177，说明这些问题的保留有助于量表信度的提高，无需对问题再进行优化处理。

表1-14 行政司法程序量表敏感性分析

| 题　目 | 删除题目后 Cronbach's α 系数 |
|---|---|
| ZY11.3 | 0.177 |
| ZY21.2 | 0.177 |

### 指标6　证据制度

证据制度指标下量表的 Cronbach's α 系数为0.788，对该指标下的问题进行逐一删除后的结果显示，在对问题ZY4.2（即在您所在地区，律师执业时发生如下问题的可能性有多大？——庭审中的质证权行使受到限制）进行删除后，证据制度指标下量表的 Cronbach's α 系数有所上升，上升的幅度为0.006，后续可重点考虑对该问题进行优化处理。

表1-15 证据制度量表敏感性分析

| 题　目 | 删除题目后 Cronbach's α 系数 | 题　目 | 删除题目后 Cronbach's α 系数 |
|---|---|---|---|
| ZY29 | 0.767 | ZY31.1 | 0.740 |
| ZY28 | 0.770 | ZY4.2 | 0.794 |
| ZY13 | 0.769 | ZY31.2 | 0.731 |
| ZY30 | 0.748 | | |

### 指标7　司法腐败遏制

司法腐败遏制指标下量表的 Cronbach's α 系数为0.946，对该指标下的问题进行逐一删除后，Cronbach's α 系数均有所下降，说明这些问题的保留有助于量表信度的提高，无需对问题再进行优化处理。

表1-16 司法腐败遏制量表敏感性分析

| 题　目 | 删除题目后 Cronbach's α 系数 | 题　目 | 删除题目后 Cronbach's α 系数 |
|---|---|---|---|
| ZY6.3 | 0.940 | ZY7.2 | 0.936 |
| ZY7.3 | 0.939 | ZY6.1 | 0.933 |

续表

| 题 目 | 删除题目后 Cronbach's α 系数 | 题 目 | 删除题目后 Cronbach's α 系数 |
| --- | --- | --- | --- |
| ZY6. 2 | 0. 937 | ZY7. 1 | 0. 933 |

### 指标 8 法律职业化

法律职业化指标下量表的 Cronbach's α 系数为 0. 659，对该指标下的问题进行逐一删除后的结果显示，在分别对问题 ZY1（即在过去三年，您获得业务培训的总时长是?），ZY4. 3（即在您所在地区，律师执业时发生如下问题的可能性有多大？——被追究“律师伪证罪”），ZY5. 4（即在您所在地区，律师存在下列行为的可能性有多大？——尽职尽责为委托人服务）进行删除后，法律职业化指标下量表的 Cronbach's α 系数均有所上升，上升的幅度在 0. 017~0. 053 之间，后续可重点考虑对这三个问题进行优化处理。

表 1–17 法律职业化量表敏感性分析

| 题 目 | 删除题目后 Cronbach's α 系数 | 题 目 | 删除题目后 Cronbach's α 系数 |
| --- | --- | --- | --- |
| ZY1 | 0. 712 | ZY2. 1 | 0. 605 |
| ZY5. 1 | 0. 582 | ZY2. 2 | 0. 602 |
| ZY5. 2 | 0. 576 | ZY2. 3 | 0. 589 |
| ZY5. 3 | 0. 600 | ZY4. 3 | 0. 676 |
| ZY5. 4 | 0. 703 | | |

### 指标 9 司法公开

司法公开指标下量表的 Cronbach's α 系数为 0. 902，对该指标下的问题进行逐一删除后，Cronbach's α 系数均有所下降，说明这些问题的保留有助于量表信度的提高，无需对问题再进行优化处理。

表 1–18 司法公开量表敏感性分析

| 题 目 | 删除题目后 Cronbach's α 系数 |
| --- | --- |
| ZY33. 1 | 0. 878 |
| ZY33. 2 | 0. 817 |
| ZY33. 3 | 0. 885 |

## 2. 公众卷

（1）总体量表敏感性分析。

公众卷总体量表的 Cronbach's α 系数为 0. 870，除了问题 GZ3. 4（即在您所在地区，律师存在下列行为的可能性有多大？——尽职尽责为委托人服务），对其他所有问题进行删除后，Cronbach's α 系数相对于完整量表的 Cronbach's α 系数均有所下降。因此，要提升总体量表的信度，可重点优化问题 GZ3. 4。

表 1–19 总体量表敏感性分析结果

| 题 目 | 删除题目后 Cronbach's α 系数 | 题 目 | 删除题目后 Cronbach's α 系数 |
| --- | --- | --- | --- |
| GZ4. 1 | 0. 862 | GZ2. 3 | 0. 862 |
| GZ4. 2 | 0. 862 | GZ2. 2 | 0. 861 |

续表

| 题　目 | 删除题目后 Cronbach's α 系数 | 题　目 | 删除题目后 Cronbach's α 系数 |
|---|---|---|---|
| GZ4. 3 | 0. 862 | GZ2. 1 | 0. 861 |
| GZ6. 1 | 0. 862 | GZ3. 1 | 0. 864 |
| GZ6. 2 | 0. 861 | GZ3. 2 | 0. 864 |
| GZ13 | 0. 865 | GZ3. 3 | 0. 862 |
| GZ11 | 0. 865 | GZ3. 4 | 0. 881 |
| GZ15 | 0. 866 | GZ5. 1 | 0. 864 |
| GZ16. 1 | 0. 866 | GZ5. 2 | 0. 863 |
| GZ12 | 0. 865 | GZ1 | 0. 870 |
| GZ17. 1 | 0. 866 | GZ7 | 0. 723 |
| GZ14 | 0. 866 | GZ8 | 0. 725 |
| GZ16. 2 | 0. 866 | GZ9 | 0. 745 |
| GZ18 | 0. 864 | GZ10 | 0. 745 |

（2）一级指标量表敏感性分析。

### 指标 1　司法权力

司法权力指标下量表的 Cronbach's α 系数为 0. 848，对该指标下的问题进行逐一删除后，Cronbach's α 系数均有所下降，说明这些问题的保留有助于量表信度的提高，量表的内在一致性较好。

**表 1-20　司法权力量表敏感性分析**

| 题　目 | 删除题目后 Cronbach's α 系数 | 题　目 | 删除题目后 Cronbach's α 系数 |
|---|---|---|---|
| GZ4. 1 | 0. 801 | GZ6. 1 | 0. 827 |
| GZ4. 2 | 0. 802 | GZ6. 2 | 0. 826 |
| GZ4. 3 | 0. 831 | | |

### 指标 3　民事司法程序

民事司法程序指标下量表的 Cronbach's α 系数为 0. 377，对该指标下的问题进行逐一删除后的结果显示，在对问题 GZ15（即在您所在地区的民事诉讼中，法官强迫或变相强迫当事人接受调解的可能性有多大?）进行删除后，民事司法程序指标下量表的 Cronbach's α 系数有所上升，上升的幅度为 0. 043，后续可重点考虑对该问题进行优化处理，以提升该指标下量表信度。

**表 1-21　民事司法程序量表敏感性分析**

| 题　目 | 删除题目后 Cronbach's α 系数 |
|---|---|
| GZ11 | 0. 139 |
| GZ15 | 0. 420 |
| GZ16. 1 | 0. 264 |

### 指标 4　刑事司法程序

刑事司法程序指标下量表的 Cronbach's α 系数为 0. 477，对该指标下的问题进行逐一删除后的结果显示，在对问题 GZ17.1（即在您所在地区，以下案件得到及时受理的可能性有多大？——老百姓家里被盗到公安局报案）进行删除后，刑事司法程序指标下量表的 Cronbach's α 系数有所上升，上升的幅度为 0.098，后续可重点考虑对该问题进行优化处理，以提升该指标下量表信度。

表 1-22　刑事司法程序量表敏感性分析

| 题　目 | 删除题目后 Cronbach's α 系数 |
| --- | --- |
| GZ12 | 0.289 |
| GZ17.1 | 0.575 |
| GZ14 | 0.266 |

### 指标 7　司法腐败遏制

司法腐败遏制指标下量表的 Cronbach's α 系数为 0.879，对该指标下的问题进行逐一删除后的结果显示，在对问题 GZ2.3（即在您所在地区，下列人员收受贿赂的可能性有多大？——警察）进行删除后，司法腐败遏制指标下量表的 Cronbach's α 系数有所上升，上升的幅度为 0.017，后续可重点考虑对该问题进行优化处理，以提升该指标下量表信度。

表 1-23　司法腐败遏制量表敏感性分析

| 题　目 | 删除题目后 Cronbach's α 系数 |
| --- | --- |
| GZ2.3 | 0.896 |
| GZ2.2 | 0.789 |
| GZ2.1 | 0.800 |

### 指标 8　法律职业化

法律职业化指标下量表的 Cronbach's α 系数为 0.665，对该指标下的问题进行逐一删除后的结果显示，在对问题 GZ3.4（即在您所在地区，律师存在下列行为的可能性有多大？——尽职尽责为委托人服务）进行删除后，法律职业化指标下量表的 Cronbach's α 系数有所上升，上升的幅度为 0.189，后续可重点考虑对该问题进行优化处理，以提升该指标下量表信度。

表 1-24　法律职业化量表敏感性分析

| 题　目 | 删除题目后 Cronbach's α 系数 |
| --- | --- |
| GZ3.1 | 0.448 |
| GZ3.2 | 0.437 |
| GZ3.3 | 0.508 |
| GZ3.4 | 0.854 |

### 指标 9　司法公开

司法公开指标下量表的 Cronbach's α 系数为 0.822，对该指标下的问题进行逐一删除后，Cronbach's α 系数均下降至 0.488，说明这些问题的保留有助于量表信度的提高，量表的内在一致性较好。

表 1-25　司法公开量表敏感性分析

| 题　目 | 删除题目后 Cronbach's α 系数 |
| --- | --- |
| GZ5. 1 | 0. 488 |
| GZ5. 2 | 0. 488 |

### 指标 10　司法文化

司法文化指标下量表的 Cronbach's α 系数为 0. 260，对该指标下的问题进行逐一删除后的结果显示，在对问题 GZ8（即假设审判程序没有问题，但判决结果对您不利，您尊重法院判决的可能性有多大?）进行删除后，司法文化指标下量表的 Cronbach's α 系数有所上升，上升的幅度为 0. 206，后续可重点考虑对该问题进行优化处理，以提升该指标下量表信度。

表 1-26　司法文化量表敏感性分析

| 题　目 | 删除题目后 Cronbach's α 系数 | 题　目 | 删除题目后 Cronbach's α 系数 |
| --- | --- | --- | --- |
| GZ1 | 0. 088 | GZ9 | 0. 466 |
| GZ7 | 0. 120 | GZ10 | 0. 256 |
| GZ8 | 0. 102 | | |

## （三）折半信度检验

折半法也称“分半法”，是评估信度的一种方法，适用于测验没有复本且只能实施一次的调查样本的信度。折半信度是一个综合性信度指标，可以较好地反映一份测验受随机误差影响的程度。折半法的具体操作方法是：将测试后的测验题目分成两半（通常按题目的奇偶顺序进行分半），这两半可视为最短时距内的两次调查，计算两半测验之间的相关系数，并以此评估测验信度。

### 1. 专业卷

对专业卷的整体量表进行折半信度检验，结果显示，整体量表的折半信度系数为 0. 931>0. 9，表明整体量表信度非常好；分半后两部分量表的信度均在 0. 8 以上，说明量表信度能通过检验。

表 1-27　专业卷量表折半信度表

| | Cronbach's α 系数 |
| --- | --- |
| Part 1 | 0. 934 |
| Part 2 | 0. 896 |

### 2. 公众卷

对公众卷的整体量表进行折半信度检验，结果显示，整体量表的折半信度系数为 0. 788>0. 7，表明整体量表信度良好；分半后两部分量表的信度均在 0. 7 以上，说明量表信度能通过检验。

表 1-28　公众卷量表折半信度表

| | Cronbach's α 系数 |
| --- | --- |
| Part 1 | 0. 848 |
| Part 2 | 0. 723 |

### (四) 相关性检验

相关性检验是通过检验各题目与总分之间的相关性来检验整体量表的信度。若各题目的相关性均能通过显著性检验，则说明题目与总分相关性较高，能够提高量表的信度。

#### 1. 专业卷

对专业卷整体进行相关性检验，结果显示，以 0.05 为显著性差异标准，除了问题 ZY5.4（即在您所在地区，律师存在下列行为的可能性有多大？——尽职尽责为委托人服务）外，其他问题均能通过显著性检验。因此，从相关性检验结果来看，要提升专业卷整体的信度，可重点对问题 ZY5.4 进行优化。

表 1-29　专业卷题目与总分间相关性检验

| 题　目 | 相关系数 | t 检验 p 值 | 题　目 | 相关系数 | t 检验 p 值 |
|---|---|---|---|---|---|
| ZY12 | -0.324** | 0.000 | ZY11.2 | 0.593** | 0.000 |
| ZY23 | 0.427** | 0.000 | ZY11.3 | 0.611** | 0.000 |
| ZY8 | -0.631** | 0.000 | ZY21.2 | 0.548** | 0.000 |
| ZY9.1 | -0.624** | 0.000 | ZY29 | 0.437** | 0.000 |
| ZY9.2 | -0.582** | 0.000 | ZY28 | 0.419** | 0.000 |
| ZY10.1 | 0.609** | 0.000 | ZY13 | 0.515** | 0.000 |
| ZY10.2 | 0.603** | 0.000 | ZY30 | 0.479** | 0.000 |
| ZY10.3 | 0.610** | 0.000 | ZY31.1 | 0.578** | 0.000 |
| ZY32.1 | 0.674** | 0.000 | ZY4.2 | -0.395** | 0.000 |
| ZY32.2 | 0.628** | 0.000 | ZY31.2 | 0.553** | 0.000 |
| ZY32.3 | 0.626** | 0.000 | ZY6.3 | -0.628** | 0.000 |
| ZY34.1 | 0.681** | 0.000 | ZY7.3 | -0.643** | 0.000 |
| ZY34.2 | 0.703** | 0.000 | ZY6.2 | -0.645** | 0.000 |
| ZY17 | -0.400** | 0.000 | ZY7.2 | -0.659** | 0.000 |
| ZY18 | -0.380** | 0.000 | ZY6.1 | -0.688** | 0.000 |
| ZY19 | 0.445** | 0.000 | ZY7.1 | -0.686** | 0.000 |
| ZY27.1 | 0.610** | 0.000 | ZY1 | 0.084** | 0.000 |
| ZY27.2 | 0.629** | 0.000 | ZY5.1 | -0.331** | 0.000 |
| ZY27.3 | 0.647** | 0.000 | ZY5.2 | -0.357** | 0.000 |
| ZY11.1 | 0.545** | 0.000 | ZY5.3 | -0.550** | 0.000 |
| ZY20 | -0.548** | 0.000 | ZY5.4 | 0.024 | 0.053 |
| ZY21.1 | 0.523** | 0.000 | ZY2.1 | 0.269** | 0.000 |
| ZY15 | -0.0559** | 0.000 | ZY2.2 | 0.252** | 0.000 |
| ZY16 | -0.0550** | 0.000 | ZY2.3 | 0.379** | 0.000 |
| ZY24 | -0.536** | 0.000 | ZY4.3 | -0.274** | 0.000 |
| ZY14 | 0.478** | 0.000 | ZY33.1 | 0.481** | 0.000 |
| ZY25 | 0.356** | 0.000 | ZY33.2 | 0.558** | 0.000 |
| ZY26 | -0.579** | 0.000 | ZY33.3 | 0.579** | 0.000 |

注：该表中，数据后的 ** 表示在 0.01 的水平上显著，* 表示在 0.05 的水平上显著。

### 2. 公众卷

对公众卷整体进行相关性检验，结果显示，以 0.05 为显著性差异标准，所有题目均能通过显著性检验。从这一检验的结果来看，目前所有的问题设计对提升或保持公众卷总体的信度都有帮助，无需对问题进行再完善。

表 1-30 公众卷题目与总分间相关性检验

| 题 目 | 相关系数 | t 检验 p 值 | 题 目 | 相关系数 | t 检验 p 值 |
|---|---|---|---|---|---|
| GZ4. 1 | 0. 607** | 0. 000 | GZ2. 3 | 0. 583** | 0. 000 |
| GZ4. 2 | 0. 614** | 0. 000 | GZ2. 2 | 0. 613** | 0. 000 |
| GZ4. 3 | 0. 574** | 0. 000 | GZ2. 1 | 0. 607** | 0. 000 |
| GZ6. 1 | 0. 606** | 0. 000 | GZ3. 1 | 0. 510** | 0. 000 |
| GZ6. 2 | 0. 618** | 0. 000 | GZ3. 2 | 0. 530** | 0. 000 |
| GZ13 | 0. 478** | 0. 000 | GZ3. 3 | 0. 592** | 0. 000 |
| GZ11 | 0. 467** | 0. 000 | GZ3. 4 | -0. 114** | 0. 000 |
| GZ15 | 0. 433** | 0. 000 | GZ5. 1 | 0. 533** | 0. 000 |
| GZ16. 1 | 0. 440** | 0. 000 | GZ5. 2 | 0. 568** | 0. 000 |
| GZ12 | 0. 487** | 0. 000 | GZ1 | 0. 337** | 0. 000 |
| GZ17. 1 | 0. 437** | 0. 000 | GZ7 | 0. 366** | 0. 000 |
| GZ14 | 0. 439** | 0. 000 | GZ8 | 0. 407** | 0. 000 |
| GZ16. 2 | 0. 449** | 0. 000 | GZ9 | 0. 108** | 0. 000 |
| GZ18 | 0. 508** | 0. 000 | GZ10 | 0. 191** | 0. 000 |

注：该表中，数据后的 ** 表示在 0.01 的水平上显著，* 表示在 0.05 的水平上显著。

## 三、量表效度

效度（Validity）即有效性，是指测量工具或手段能够准确测出所需测量的事物的程度，亦即所测量到的结果反映所想要考察的内容的程度。测量结果与要考察的内容越吻合，则效度越高；反之，则效度越低。效度分为三种类型：内容效度、准则效度和结构效度。这里主要分析结构效度，采用的方法主要包括两类：第一类为 KMO 值与 Bartlett 球形检验，第二类为因子分析。

一般认为，KMO 值接近于 1，Bartlett 球形检验通过，则该问卷效度较好。在 Bartlett 球形检验的 p 值小于 0.05 的显著性差异标准的前提下，如果 KMO 值在 0.9 以上，表明非常适合做因子分析，亦即问卷结构效度非常好；如果 KMO 值在 0.8~0.9 之间，则问卷效度较好；以此类推，如果 KMO 值在 0.5 以下，则表示问卷不适合做因子分析，问卷结构效度很差，需要针对性地进行优化。

因子分析的主要功能是将量表全部变量（题目）按某种规则分成几个群（如司法权力等），从每个群中提取一个公因子，各公因子分别与某一群特定变量（可反映特定指标的题目）高度关联，这些公因子即代表了量表的基本结构。

量表结构效度可用于考察基于量表各题目的实际测量结果间的分类情况与量表设计者所设计的量表结构的一致程度，即通过因子分析结果可以测量量表实际得分的分组情况与量表设计者对各亚量表的划分的一致性，在因子贡献率不低于 40%的前提下，若划分的一致性高，则说明本量表的结构效度良好。

### （一）专业卷

专业卷的 KMO 值为 0.936>0.9，且 Bartlett 球形检验的 p 值小于 0.05，说明专业卷适合做因子分析。

对专业卷中的题目进行因子分析，参照设计者设定的 9 个一级指标，我们设定提取 9 个因子。数据分析结果显示，前 9 个因子的累积贡献率达到 61.848%，超过 40%，因子能较好地反映专业卷数据结构。

表 1-31　专业卷因子分析方差贡献率表（前 9 个因子）

| 组件 | 初始特征值 | | | 提取载荷平方和 | | | 旋转载荷平方和 | | |
|---|---|---|---|---|---|---|---|---|---|
| | 总　计 | 方差百分比 | 累积% | 总　计 | 方差百分比 | 累积% | 总　计 | 方差百分比 | 累积% |
| 1 | 16.503 | 29.470 | 29.470 | 16.503 | 29.470 | 29.470 | 7.603 | 13.577 | 13.577 |
| 2 | 5.328 | 9.514 | 38.984 | 5.328 | 9.514 | 38.984 | 5.067 | 9.048 | 22.625 |
| 3 | 2.915 | 5.206 | 44.190 | 2.915 | 5.206 | 44.190 | 4.027 | 7.191 | 29.816 |
| 4 | 2.072 | 3.700 | 47.889 | 2.072 | 3.700 | 47.889 | 3.980 | 7.107 | 36.924 |
| 5 | 1.895 | 3.383 | 51.273 | 1.895 | 3.383 | 51.273 | 3.894 | 6.954 | 43.878 |
| 6 | 1.751 | 3.127 | 54.399 | 1.751 | 3.127 | 54.399 | 3.585 | 6.402 | 50.280 |
| 7 | 1.501 | 2.680 | 57.080 | 1.501 | 2.680 | 57.080 | 2.530 | 4.517 | 54.797 |
| 8 | 1.425 | 2.544 | 59.624 | 1.425 | 2.544 | 59.624 | 2.181 | 3.894 | 58.691 |
| 9 | 1.246 | 2.224 | 61.848 | 1.246 | 2.224 | 61.848 | 1.768 | 3.157 | 61.848 |

将因子轴进行方差最大化正交旋转，提取前 9 个因子与原有的专业卷指标体系相对照，其中司法腐败遏制中的题目都归于第一个因子中，司法公开中的题目都归于第二个因子中。第七个以及第八个因子下的指标均为法律职业化中的题目。其余因子均和指标体系有一定差异。整体上划分出的因子与指标体系吻合度较低，且个别问题的因子载荷得分低于 0.3，因此可考虑将吻合度较低的问题进行优化或重新归类到其他指标。

表 1-32　专业卷因子载荷表

| 题　目 | 因子 1 | 因子 2 | 因子 3 | 因子 4 | 因子 5 | 因子 6 | 因子 7 | 因子 8 | 因子 9 |
|---|---|---|---|---|---|---|---|---|---|
| ZY7.1 | 0.824 | -0.214 | 0.164 | -0.169 | -0.059 | -0.064 | 0.012 | 0.072 | -0.030 |
| ZY6.1 | 0.816 | -0.172 | 0.150 | -0.152 | -0.098 | -0.083 | -0.009 | 0.128 | -0.006 |
| ZY7.2 | 0.807 | -0.187 | 0.191 | -0.144 | -0.139 | 0.022 | -0.009 | 0.069 | -0.028 |
| ZY6.2 | 0.798 | -0.142 | 0.165 | -0.129 | -0.176 | 0.011 | -0.016 | 0.126 | 0.003 |
| ZY7.3 | 0.767 | -0.069 | 0.275 | -0.099 | -0.091 | -0.091 | 0.005 | 0.079 | -0.109 |
| ZY6.3 | 0.764 | -0.029 | 0.240 | -0.080 | -0.114 | -0.111 | 0.005 | 0.125 | -0.095 |
| ZY9.1 | 0.742 | 0.007 | 0.214 | -0.064 | -0.041 | -0.196 | -0.192 | 0.116 | -0.053 |
| ZY8 | 0.738 | -0.043 | 0.213 | -0.061 | -0.031 | -0.221 | -0.148 | 0.101 | -0.048 |
| ZY9.2 | 0.727 | 0.000 | 0.198 | -0.018 | -0.045 | -0.187 | -0.198 | 0.121 | -0.017 |
| ZY5.3 | 0.589 | -0.104 | 0.096 | -0.140 | -0.014 | -0.117 | -0.001 | 0.543 | -0.040 |
| ZY12 | 0.346 | -0.025 | 0.291 | 0.038 | 0.079 | -0.109 | -0.049 | 0.033 | -0.088 |

续表

| 题　目 | 因子1 | 因子2 | 因子3 | 因子4 | 因子5 | 因子6 | 因子7 | 因子8 | 因子9 |
|---|---|---|---|---|---|---|---|---|---|
| ZY33. 2 | -0. 066 | 0. 828 | -0. 157 | 0. 147 | 0. 115 | 0. 130 | 0. 044 | 0. 029 | 0. 024 |
| ZY33. 1 | -0. 042 | 0. 821 | -0. 092 | 0. 141 | 0. 095 | 0. 075 | 0. 040 | 0. 041 | -0. 023 |
| ZY33. 3 | -0. 085 | 0. 785 | -0. 212 | 0. 118 | 0. 133 | 0. 147 | 0. 040 | -0. 018 | 0. 043 |
| ZY34. 1 | -0. 250 | 0. 656 | -0. 126 | 0. 275 | 0. 171 | 0. 202 | 0. 025 | 0. 016 | 0. 227 |
| ZY34. 2 | -0. 289 | 0. 635 | -0. 142 | 0. 250 | 0. 169 | 0. 224 | 0. 022 | 0. 009 | 0. 255 |
| ZY32. 1 | -0. 305 | 0. 513 | -0. 075 | 0. 210 | 0. 174 | 0. 164 | 0. 103 | -0. 065 | 0. 502 |
| ZY31. 1 | -0. 065 | 0. 492 | -0. 178 | 0. 075 | 0. 304 | 0. 307 | 0. 017 | -0. 075 | 0. 057 |
| ZY31. 2 | -0. 093 | 0. 427 | -0. 183 | 0. 086 | 0. 329 | 0. 354 | 0. 039 | -0. 102 | 0. 078 |
| ZY16 | 0. 258 | -0. 053 | 0. 724 | -0. 115 | -0. 167 | -0. 088 | 0. 007 | -0. 002 | -0. 135 |
| ZY15 | 0. 327 | -0. 026 | 0. 670 | -0. 073 | -0. 076 | -0. 154 | -0. 049 | 0. 050 | -0. 184 |
| ZY24 | 0. 315 | -0. 083 | 0. 628 | -0. 083 | -0. 073 | -0. 109 | -0. 022 | 0. 054 | -0. 164 |
| ZY17 | 0. 189 | -0. 175 | 0. 589 | -0. 091 | -0. 031 | 0. 003 | -0. 032 | -0. 006 | 0. 107 |
| ZY18 | 0. 165 | -0. 162 | 0. 568 | -0. 088 | -0. 095 | 0. 074 | -0. 027 | -0. 016 | 0. 048 |
| ZY26 | 0. 334 | -0. 167 | 0. 566 | -0. 116 | -0. 048 | -0. 202 | -0. 019 | 0. 056 | -0. 102 |
| ZY20 | 0. 329 | -0. 209 | 0. 521 | -0. 091 | -0. 034 | -0. 181 | -0. 039 | 0. 093 | 0. 037 |
| ZY4. 2 | 0. 185 | -0. 317 | 0. 426 | -0. 091 | -0. 164 | 0. 053 | 0. 173 | 0. 312 | 0. 329 |
| ZY4. 3 | 0. 135 | -0. 227 | 0. 379 | -0. 045 | -0. 112 | 0. 130 | 0. 166 | 0. 372 | 0. 317 |
| ZY10. 2 | -0. 084 | 0. 160 | -0. 200 | 0. 732 | 0. 265 | 0. 051 | 0. 063 | -0. 086 | 0. 266 |
| ZY10. 1 | -0. 126 | 0. 245 | -0. 163 | 0. 729 | 0. 206 | 0. 113 | 0. 026 | -0. 071 | 0. 199 |
| ZY11. 1 | -0. 196 | 0. 260 | -0. 010 | 0. 725 | 0. 108 | 0. 273 | 0. 011 | 0. 062 | -0. 173 |
| ZY11. 2 | -0. 184 | 0. 226 | -0. 100 | 0. 714 | 0. 204 | 0. 262 | -0. 001 | 0. 068 | -0. 113 |
| ZY11. 3 | -0. 245 | 0. 184 | -0. 094 | 0. 675 | 0. 142 | 0. 345 | 0. 007 | 0. 037 | -0. 107 |
| ZY10. 3 | -0. 095 | 0. 083 | -0. 274 | 0. 674 | 0. 240 | 0. 118 | 0. 063 | -0. 106 | 0. 307 |
| ZY14 | -0. 064 | 0. 111 | -0. 107 | 0. 182 | 0. 744 | 0. 071 | 0. 028 | -0. 016 | 0. 046 |
| ZY29 | -0. 046 | 0. 037 | 0. 054 | 0. 071 | 0. 730 | 0. 101 | -0. 003 | 0. 013 | 0. 069 |
| ZY23 | -0. 101 | 0. 057 | 0. 012 | 0. 109 | 0. 659 | 0. 178 | 0. 055 | -0. 005 | 0. 050 |
| ZY13 | -0. 094 | 0. 168 | -0. 213 | 0. 246 | 0. 581 | 0. 028 | 0. 067 | -0. 059 | 0. 075 |
| ZY29 | -0. 100 | 0. 171 | -0. 094 | 0. 091 | 0. 538 | 0. 227 | -0. 081 | 0. 080 | 0. 057 |
| ZY30 | -0. 028 | 0. 351 | -0. 178 | 0. 061 | 0. 535 | 0. 210 | -0. 008 | 0. 074 | -0. 052 |
| ZY28 | -0. 051 | 0. 366 | -0. 024 | 0. 209 | 0. 372 | 0. 143 | -0. 016 | 0. 061 | 0. 025 |
| ZY19 | -0. 052 | 0. 311 | -0. 056 | 0. 110 | 0. 362 | 0. 239 | 0. 081 | -0. 127 | -0. 034 |
| ZY27. 1 | -0. 185 | 0. 190 | -0. 136 | 0. 134 | 0. 281 | 0. 768 | 0. 022 | -0. 033 | 0. 082 |
| ZY27. 2 | -0. 162 | 0. 233 | -0. 059 | 0. 145 | 0. 290 | 0. 732 | 0. 033 | -0. 030 | 0. 051 |
| ZY27. 3 | -0. 149 | 0. 210 | -0. 125 | 0. 122 | 0. 354 | 0. 695 | 0. 024 | -0. 026 | 0. 109 |
| ZY21. 2 | -0. 171 | 0. 162 | -0. 093 | 0. 276 | 0. 112 | 0. 586 | 0. 082 | -0. 041 | 0. 065 |

续表

| 题　目 | 因子 1 | 因子 2 | 因子 3 | 因子 4 | 因子 5 | 因子 6 | 因子 7 | 因子 8 | 因子 9 |
|---|---|---|---|---|---|---|---|---|---|
| ZY21. 1 | −0. 178 | 0. 182 | 0. 018 | 0. 293 | 0. 094 | 0. 568 | 0. 125 | −0. 072 | 0. 053 |
| ZY2. 2 | −0. 099 | 0. 033 | 0. 007 | 0. 006 | 0. 018 | 0. 052 | 0. 877 | −0. 088 | 0. 015 |
| ZY2. 1 | −0. 130 | 0. 021 | 0. 035 | 0. 013 | 0. 013 | 0. 085 | 0. 858 | −0. 054 | 0. 052 |
| ZY2. 3 | −0. 223 | −0. 010 | −0. 007 | 0. 064 | 0. 083 | 0. 123 | 0. 791 | −0. 135 | 0. 112 |
| ZY1 | 0. 033 | 0. 060 | −0. 091 | 0. 015 | −0. 019 | −0. 026 | 0. 220 | 0. 099 | −0. 004 |
| ZY5. 1 | 0. 351 | 0. 023 | 0. 046 | 0. 005 | 0. 046 | −0. 058 | −0. 094 | 0. 823 | −0. 057 |
| ZY5. 2 | 0. 396 | 0. 066 | 0. 023 | −0. 002 | 0. 029 | −0. 097 | −0. 110 | 0. 798 | −0. 089 |
| ZY5. 4 | 0. 034 | 0. 033 | 0. 197 | 0. 251 | 0. 058 | −0. 031 | 0. 245 | 0. 253 | 0. 073 |
| ZY32. 3 | −0. 248 | 0. 273 | −0. 215 | 0. 122 | 0. 214 | 0. 221 | 0. 105 | −0. 087 | 0. 607 |
| ZY32. 2 | −0. 248 | 0. 425 | −0. 093 | 0. 177 | 0. 240 | 0. 089 | 0. 147 | −0. 056 | 0. 570 |

共同度反映了每个问题中所含原始信息能被提取的公因子所代表的程度，共同度高代表某个问题与其他问题相关性高，共同度低代表该问题与其他问题相关性低，不适合在因子分析时加入。若共同度低于 0. 2 则可考虑将问题删除后再进行因子分析。

因子分析共同度的结果显示，在专业卷的所有问题中，ZY1（即在过去三年，您获得业务培训的总时长是?）的共同度为 0. 140，ZY12（即在您所在地区，法院参与当地拆迁的可能性有多大?）的共同度为 0. 328，ZY19（即在您所在地区的刑事审判中，被告人要求证人出庭作证时，法官传唤该证人出庭作证的可能性有多大?）的共同度为 0. 330，可考虑将上述共同度较低的题目删除后重新进行因子分析，检验因子与指标体系的吻合度。

表 1-33　专业卷因子分析共同度

| 题　目 | 共同度 | 题　目 | 共同度 |
|---|---|---|---|
| ZY12 | 0. 328 | ZY11. 2 | 0. 732 |
| ZY23 | 0. 506 | ZY11. 3 | 0. 713 |
| ZY8 | 0. 680 | ZY21. 2 | 0. 518 |
| ZY9. 1 | 0. 695 | ZY29 | 0. 424 |
| ZY9. 2 | 0. 660 | ZY28 | 0. 405 |
| ZY10. 1 | 0. 738 | ZY13 | 0. 495 |
| ZY10. 2 | 0. 767 | ZY30 | 0. 500 |
| ZY10. 3 | 0. 743 | ZY31. 1 | 0. 492 |
| ZY32. 1 | 0. 732 | ZY4. 2 | 0. 646 |
| ZY32. 2 | 0. 706 | ZY31. 2 | 0. 480 |
| ZY32. 3 | 0. 713 | ZY6. 3 | 0. 719 |
| ZY34. 1 | 0. 710 | ZY7. 3 | 0. 724 |
| ZY34. 2 | 0. 715 | ZY6. 2 | 0. 754 |
| ZY17 | 0. 502 | ZY7. 2 | 0. 771 |
| ZY18 | 0. 424 | ZY6. 1 | 0. 779 |

续表

| 题　目 | 共同度 | 题　目 | 共同度 |
|---|---|---|---|
| ZY19 | 0.330 | ZY7.1 | 0.794 |
| ZY27.1 | 0.735 | ZY1 | 0.140 |
| ZY27.2 | 0.733 | ZY5.1 | 0.871 |
| ZY27.3 | 0.804 | ZY5.2 | 0.876 |
| ZY11.1 | 0.752 | ZY5.3 | 0.706 |
| ZY20 | 0.496 | ZY5.4 | 0.453 |
| ZY21.1 | 0.518 | ZY2.1 | 0.774 |
| ZY15 | 0.630 | ZY2.2 | 0.802 |
| ZY16 | 0.662 | ZY2.3 | 0.737 |
| ZY24 | 0.558 | ZY4.3 | 0.633 |
| ZY14 | 0.628 | ZY33.1 | 0.730 |
| ZY25 | 0.560 | ZY33.2 | 0.773 |
| ZY26 | 0.539 | ZY33.3 | 0.726 |

经过多次尝试，在删除共同度低的问题ZY1（即在过去三年，您获得业务培训的总时长是?），ZY12（即在您所在地区，法院参与当地拆迁的可能性有多大?），ZY19（即在您所在地区的刑事审判中，被告人要求证人出庭作证时，法官传唤该证人出庭作证的可能性有多大?）后，因子分析的结果显示，所有问题的共同度均高于0.2，说明每个问题与其余问题的关联度较好。

**表1-34　删除ZY1、ZY12、ZY19后因子分析共同度**

| 题　目 | 共同度 | 题　目 | 共同度 |
|---|---|---|---|
| ZY23 | 0.501 | ZY11.3 | 0.710 |
| ZY8 | 0.678 | ZY21.2 | 0.508 |
| ZY9.1 | 0.691 | ZY29 | 0.426 |
| ZY9.2 | 0.657 | ZY28 | 0.360 |
| ZY10.1 | 0.737 | ZY13 | 0.490 |
| ZY10.2 | 0.764 | ZY30 | 0.496 |
| ZY10.3 | 0.730 | ZY31.1 | 0.474 |
| ZY32.1 | 0.729 | ZY4.2 | 0.586 |
| ZY32.2 | 0.697 | ZY31.2 | 0.472 |
| ZY32.3 | 0.690 | ZY6.3 | 0.704 |
| ZY34.1 | 0.706 | ZY7.3 | 0.720 |
| ZY34.2 | 0.714 | ZY6.2 | 0.748 |
| ZY17 | 0.442 | ZY7.2 | 0.770 |
| ZY18 | 0.405 | ZY6.1 | 0.776 |
| ZY27.1 | 0.736 | ZY7.1 | 0.795 |

续表

| 题　目 | 共同度 | 题　目 | 共同度 |
|---|---|---|---|
| ZY27. 2 | 0. 724 | ZY5. 1 | 0. 824 |
| ZY27. 3 | 0. 793 | ZY5. 2 | 0. 834 |
| ZY11. 1 | 0. 752 | ZY5. 3 | 0. 700 |
| ZY20 | 0. 480 | ZY5. 4 | 0. 247 |
| ZY21. 1 | 0. 504 | ZY2. 1 | 0. 772 |
| ZY15 | 0. 633 | ZY2. 2 | 0. 795 |
| ZY16 | 0. 664 | ZY2. 3 | 0. 741 |
| ZY24 | 0. 559 | ZY4. 3 | 0. 512 |
| ZY14 | 0. 627 | ZY33. 1 | 0. 727 |
| ZY25 | 0. 569 | ZY33. 2 | 0. 774 |
| ZY26 | 0. 530 | ZY33. 3 | 0. 723 |
| ZY11. 2 | 0. 731 | | |

删除共同度低的问题后的因子分析结果显示，前 9 个因子的累积贡献率达到 64. 392%，高于所有题目的前 9 个因子累积贡献率（61. 848%）。

表 1-35　删除 ZY1、ZY12、ZY19 后因子分析方差贡献率表（前 9 个因子）

| 组件 | 初始特征值 | | | 提取载荷平方和 | | | 旋转载荷平方和 | | |
|---|---|---|---|---|---|---|---|---|---|
| | 总　计 | 方差百分比 | 累积% | 总　计 | 方差百分比 | 累积% | 总　计 | 方差百分比 | 累积% |
| 1 | 16. 220 | 30. 603 | 30. 603 | 16. 220 | 30. 603 | 30. 603 | 7. 388 | 13. 941 | 13. 941 |
| 2 | 5. 199 | 9. 809 | 40. 411 | 5. 199 | 9. 809 | 40. 411 | 4. 951 | 9. 342 | 23. 283 |
| 3 | 2. 907 | 5. 486 | 45. 897 | 2. 907 | 5. 486 | 45. 897 | 4. 007 | 7. 560 | 30. 843 |
| 4 | 2. 056 | 3. 879 | 49. 776 | 2. 056 | 3. 879 | 49. 776 | 3. 952 | 7. 456 | 38. 298 |
| 5 | 1. 871 | 3. 531 | 53. 307 | 1. 871 | 3. 531 | 53. 307 | 3. 654 | 6. 894 | 45. 193 |
| 6 | 1. 734 | 3. 272 | 56. 579 | 1. 734 | 3. 272 | 56. 579 | 3. 623 | 6. 837 | 52. 029 |
| 7 | 1. 485 | 2. 802 | 59. 381 | 1. 485 | 2. 802 | 59. 381 | 2. 579 | 4. 867 | 56. 896 |
| 8 | 1. 418 | 2. 675 | 62. 056 | 1. 418 | 2. 675 | 62. 056 | 2. 169 | 4. 093 | 60. 989 |
| 9 | 1. 238 | 2. 336 | 64. 392 | 1. 238 | 2. 336 | 64. 392 | 1. 804 | 3. 403 | 64. 392 |

将因子轴进行方差最大化正交旋转，提取前 9 个因子与原有的专业卷指标体系相对照，其中司法腐败遏制中的题目都归于第一个因子中，司法公开中的题目都归于第二个因子中。第七个以及第八个因子下的指标均为法律职业化中的题目。其余划分出的因子与指标体系吻合度较低。结果显示，删除 ZY1、ZY9、ZY12 之后的因子组成与未删除之前的因子组成大体相同，因子划分与整体指标体系的设定仍然有较大差异，在后期的问卷设计阶段，可参考因子分析的划分结果，并结合专业知识，对原有指标体系或指标体系下的问题进行优化处理。

表 1-36　删除 ZY1、ZY12、ZY19 后因子载荷表

| 题　目 | 因子 1 | 因子 2 | 因子 3 | 因子 4 | 因子 5 | 因子 6 | 因子 7 | 因子 8 | 因子 9 |
|---|---|---|---|---|---|---|---|---|---|
| ZY7. 1 | 0. 824 | −0. 212 | 0. 173 | −0. 163 | −0. 050 | −0. 073 | 0. 002 | 0. 079 | −0. 037 |
| ZY6. 1 | 0. 816 | −0. 169 | 0. 159 | −0. 146 | −0. 088 | −0. 093 | −0. 021 | 0. 134 | −0. 016 |
| ZY7. 2 | 0. 807 | −0. 187 | 0. 202 | −0. 136 | −0. 132 | 0. 011 | −0. 018 | 0. 077 | −0. 034 |
| ZY6. 2 | 0. 797 | −0. 141 | 0. 176 | −0. 121 | −0. 169 | −0. 001 | −0. 028 | 0. 134 | −0. 005 |
| ZY7. 3 | 0. 768 | −0. 065 | 0. 283 | −0. 091 | −0. 074 | −0. 104 | −0. 002 | 0. 078 | −0. 127 |
| ZY6. 3 | 0. 764 | −0. 024 | 0. 247 | −0. 073 | −0. 097 | −0. 123 | −0. 006 | 0. 124 | −0. 115 |
| ZY9. 1 | 0. 736 | 0. 005 | 0. 218 | −0. 065 | −0. 032 | −0. 193 | −0. 208 | 0. 112 | −0. 059 |
| ZY8 | 0. 732 | −0. 044 | 0. 220 | −0. 061 | −0. 020 | −0. 220 | −0. 165 | 0. 096 | −0. 054 |
| ZY9. 2 | 0. 721 | 0. 000 | 0. 205 | −0. 019 | −0. 034 | −0. 184 | −0. 214 | 0. 115 | −0. 025 |
| ZY5. 3 | 0. 585 | −0. 098 | 0. 092 | −0. 138 | −0. 009 | −0. 121 | −0. 033 | 0. 550 | −0. 049 |
| ZY33. 2 | −0. 061 | 0. 830 | −0. 163 | 0. 148 | 0. 112 | 0. 136 | 0. 030 | 0. 018 | 0. 021 |
| ZY33. 1 | −0. 038 | 0. 823 | −0. 098 | 0. 142 | 0. 095 | 0. 078 | 0. 025 | 0. 029 | −0. 030 |
| ZY33. 3 | −0. 082 | 0. 782 | −0. 220 | 0. 119 | 0. 121 | 0. 155 | 0. 024 | −0. 022 | 0. 053 |
| ZY34. 1 | −0. 247 | 0. 659 | −0. 124 | 0. 272 | 0. 170 | 0. 210 | 0. 021 | 0. 006 | 0. 219 |
| ZY34. 2 | −0. 287 | 0. 638 | −0. 141 | 0. 247 | 0. 165 | 0. 233 | 0. 021 | 0. 001 | 0. 249 |
| ZY32. 1 | −0. 304 | 0. 516 | −0. 069 | 0. 207 | 0. 166 | 0. 172 | 0. 107 | −0. 059 | 0. 500 |
| ZY31. 1 | −0. 064 | 0. 485 | −0. 178 | 0. 081 | 0. 288 | 0. 315 | 0. 006 | −0. 076 | 0. 082 |
| ZY31. 2 | −0. 093 | 0. 417 | −0. 188 | 0. 090 | 0. 306 | 0. 364 | 0. 032 | −0. 094 | 0. 111 |
| ZY16 | 0. 254 | −0. 049 | 0. 726 | −0. 109 | −0. 154 | −0. 099 | 0. 019 | 0. 002 | −0. 157 |
| ZY15 | 0. 322 | −0. 022 | 0. 668 | −0. 068 | −0. 061 | −0. 164 | −0. 039 | 0. 050 | −0. 208 |
| ZY24 | 0. 312 | −0. 078 | 0. 628 | −0. 080 | −0. 057 | −0. 116 | −0. 013 | 0. 051 | −0. 187 |
| ZY17 | 0. 182 | −0. 177 | 0. 597 | −0. 088 | −0. 030 | 0. 001 | −0. 023 | 0. 005 | 0. 106 |
| ZY18 | 0. 159 | −0. 165 | 0. 574 | −0. 083 | −0. 096 | 0. 069 | −0. 016 | −0. 003 | 0. 047 |
| ZY26 | 0. 330 | −0. 163 | 0. 565 | −0. 114 | −0. 035 | −0. 207 | −0. 014 | 0. 059 | −0. 117 |
| ZY20 | 0. 323 | −0. 207 | 0. 527 | −0. 090 | −0. 024 | −0. 185 | −0. 039 | 0. 098 | 0. 027 |
| ZY4. 2 | 0. 183 | −0. 305 | 0. 434 | −0. 087 | −0. 158 | 0. 036 | 0. 181 | 0. 337 | 0. 300 |
| ZY10. 2 | −0. 086 | 0. 160 | −0. 197 | 0. 732 | 0. 260 | 0. 054 | 0. 058 | −0. 083 | 0. 276 |
| ZY10. 1 | −0. 129 | 0. 244 | −0. 160 | 0. 730 | 0. 200 | 0. 116 | 0. 020 | −0. 071 | 0. 208 |
| ZY11. 1 | −0. 198 | 0. 259 | −0. 020 | 0. 724 | 0. 106 | 0. 275 | 0. 007 | 0. 054 | −0. 176 |
| ZY11. 2 | −0. 185 | 0. 225 | −0. 110 | 0. 713 | 0. 199 | 0. 266 | −0. 006 | 0. 063 | −0. 110 |
| ZY10. 3 | −0. 097 | 0. 079 | −0. 271 | 0. 674 | 0. 226 | 0. 123 | 0. 056 | −0. 096 | 0. 329 |
| ZY11. 3 | −0. 247 | 0. 181 | −0. 104 | 0. 674 | 0. 133 | 0. 350 | 0. 006 | 0. 035 | −0. 101 |
| ZY14 | −0. 064 | 0. 114 | −0. 115 | 0. 185 | 0. 743 | 0. 079 | 0. 036 | −0. 019 | 0. 051 |
| ZY29 | −0. 046 | 0. 042 | 0. 050 | 0. 072 | 0. 736 | 0. 109 | 0. 012 | 0. 006 | 0. 062 |
| ZY23 | −0. 100 | 0. 061 | 0. 006 | 0. 112 | 0. 659 | 0. 183 | 0. 069 | −0. 006 | 0. 048 |

续表

| 题　目 | 因子 1 | 因子 2 | 因子 3 | 因子 4 | 因子 5 | 因子 6 | 因子 7 | 因子 8 | 因子 9 |
|---|---|---|---|---|---|---|---|---|---|
| ZY13 | -0.095 | 0.166 | -0.226 | 0.247 | 0.569 | 0.037 | 0.067 | -0.053 | 0.093 |
| ZY29 | -0.098 | 0.177 | -0.093 | 0.086 | 0.549 | 0.239 | -0.072 | 0.057 | 0.040 |
| ZY30 | -0.029 | 0.348 | -0.188 | 0.060 | 0.527 | 0.224 | -0.017 | 0.065 | -0.042 |
| ZY28 | -0.048 | 0.373 | -0.017 | 0.210 | 0.388 | 0.146 | -0.017 | 0.035 | 0.002 |
| ZY27.1 | -0.180 | 0.187 | -0.134 | 0.131 | 0.270 | 0.780 | 0.035 | -0.039 | 0.083 |
| ZY27.2 | -0.157 | 0.230 | -0.058 | 0.144 | 0.282 | 0.741 | 0.047 | -0.037 | 0.046 |
| ZY27.3 | -0.145 | 0.207 | -0.122 | 0.120 | 0.344 | 0.706 | 0.036 | -0.032 | 0.109 |
| ZY21.2 | -0.168 | 0.160 | -0.094 | 0.279 | 0.100 | 0.586 | 0.094 | -0.035 | 0.067 |
| ZY21.1 | -0.175 | 0.181 | 0.016 | 0.297 | 0.083 | 0.565 | 0.142 | -0.062 | 0.051 |
| ZY2.2 | -0.081 | 0.050 | -0.023 | 0.009 | 0.006 | 0.040 | 0.884 | -0.050 | 0.009 |
| ZY2.1 | -0.112 | 0.039 | 0.008 | 0.017 | 0.003 | 0.072 | 0.866 | -0.016 | 0.043 |
| ZY2.3 | -0.206 | 0.006 | -0.035 | 0.066 | 0.070 | 0.112 | 0.809 | -0.096 | 0.107 |
| ZY5.1 | 0.344 | 0.029 | 0.039 | 0.003 | 0.049 | -0.056 | -0.139 | 0.821 | -0.068 |
| ZY5.2 | 0.388 | 0.070 | 0.015 | -0.004 | 0.030 | -0.095 | -0.158 | 0.796 | -0.097 |
| ZY4.3 | 0.131 | -0.217 | 0.386 | -0.039 | -0.111 | 0.112 | 0.170 | 0.399 | 0.290 |
| ZY5.4 | 0.031 | 0.043 | 0.192 | 0.261 | 0.060 | -0.050 | 0.239 | 0.271 | 0.055 |
| ZY32.3 | -0.248 | 0.271 | -0.210 | 0.118 | 0.193 | 0.233 | 0.108 | -0.068 | 0.624 |
| ZY32.2 | -0.248 | 0.425 | -0.093 | 0.177 | 0.240 | 0.089 | 0.147 | -0.056 | 0.570 |

## （二）公众卷

公众卷的 KMO 值为 0.879>0.8，且 Bartlett 球形检验的 p 值小于 0.05，说明公众卷适合做因子分析。

对公众卷中的题目进行因子分析，数据分析结果显示，前 10 个因子的累积贡献率达到 66.919%，接近 70%，结果可靠。

**表 1-37　公众卷因子分析方差贡献率表（前 10 个因子）**

| 组件 | 初始特征值 | | | 提取载荷平方和 | | | 旋转载荷平方和 | | |
|---|---|---|---|---|---|---|---|---|---|
| | 总　计 | 方差百分比 | 累积% | 总　计 | 方差百分比 | 累积% | 总　计 | 方差百分比 | 累积% |
| 1 | 6.459 | 23.069 | 23.069 | 6.459 | 23.069 | 23.069 | 2.451 | 8.753 | 8.753 |
| 2 | 3.721 | 13.291 | 36.360 | 3.721 | 13.291 | 36.360 | 2.410 | 8.608 | 17.362 |
| 3 | 1.331 | 4.753 | 41.112 | 1.331 | 4.753 | 41.112 | 2.293 | 8.189 | 25.550 |
| 4 | 1.225 | 4.376 | 45.489 | 1.225 | 4.376 | 45.489 | 2.124 | 7.586 | 33.137 |
| 5 | 1.189 | 4.246 | 49.735 | 1.189 | 4.246 | 49.735 | 1.871 | 6.683 | 39.820 |
| 6 | 1.096 | 3.915 | 53.650 | 1.096 | 3.915 | 53.650 | 1.801 | 6.431 | 46.250 |
| 7 | 1.003 | 3.581 | 57.232 | 1.003 | 3.581 | 57.232 | 1.700 | 6.070 | 52.320 |
| 8 | 0.973 | 3.475 | 60.706 | 0.973 | 3.475 | 60.706 | 1.546 | 5.523 | 57.843 |
| 9 | 0.903 | 3.225 | 63.931 | 0.903 | 3.225 | 63.931 | 1.325 | 4.731 | 62.574 |

续表

| 组件 | 初始特征值 | | | 提取载荷平方和 | | | 旋转载荷平方和 | | |
|---|---|---|---|---|---|---|---|---|---|
| | 总　计 | 方差百分比 | 累积% | 总　计 | 方差百分比 | 累积% | 总　计 | 方差百分比 | 累积% |
| 10 | 0.837 | 2.988 | 66.919 | 0.837 | 2.988 | 66.919 | 1.217 | 4.345 | 66.919 |

将因子轴进行方差最大化正交旋转，提取前10个因子后的结果显示，第一个因子中的指标为司法腐败遏制中的题目，第二个因子以及第八个因子中的指标均为司法权力中的题目，第三个因子中的指标为法律职业化中的题目，第七个因子中的指标为司法公开中的题目，第十个因子中的指标为司法文化中的题目。但整体因子与指标体系吻合度不高，可考虑将共同度较低的题目删除后再进行因子分析并与指标体系对照分析。

表 1-38　公众卷因子载荷表

| 题　目 | 因子 1 | 因子 2 | 因子 3 | 因子 4 | 因子 5 | 因子 6 | 因子 7 | 因子 8 | 因子 9 | 因子 10 |
|---|---|---|---|---|---|---|---|---|---|---|
| GZ2.2 | 0.856 | −0.078 | 0.249 | 0.178 | −0.023 | −0.058 | −0.034 | −0.046 | −0.046 | −0.017 |
| GZ2.1 | 0.843 | −0.083 | 0.253 | 0.190 | −0.021 | −0.054 | −0.034 | −0.068 | −0.052 | −0.031 |
| GZ2.3 | 0.769 | −0.120 | 0.214 | 0.227 | −0.067 | −0.078 | −0.009 | −0.021 | 0.093 | 0.032 |
| GZ4.2 | −0.086 | 0.836 | −0.039 | −0.079 | 0.136 | 0.137 | 0.160 | 0.145 | 0.140 | 0.009 |
| GZ4.1 | −0.092 | 0.829 | −0.046 | −0.064 | 0.137 | 0.153 | 0.160 | 0.152 | 0.128 | 0.006 |
| GZ4.3 | −0.108 | 0.770 | −0.032 | −0.137 | 0.165 | 0.154 | 0.117 | 0.110 | 0.035 | −0.039 |
| GZ3.2 | 0.225 | −0.029 | 0.855 | 0.191 | −0.037 | −0.025 | 0.003 | −0.027 | −0.008 | −0.002 |
| GZ3.1 | 0.233 | −0.026 | 0.852 | 0.176 | −0.014 | −0.006 | 0.013 | −0.028 | −0.033 | 0.013 |
| GZ3.3 | 0.363 | −0.084 | 0.673 | 0.260 | −0.042 | −0.059 | −0.016 | −0.049 | 0.039 | 0.006 |
| GZ14 | 0.091 | −0.057 | 0.130 | 0.730 | −0.121 | 0.021 | −0.011 | 0.042 | −0.008 | −0.007 |
| GZ12 | 0.194 | −0.096 | 0.142 | 0.688 | −0.095 | 0.020 | 0.008 | −0.047 | −0.047 | −0.013 |
| GZ15 | 0.116 | −0.024 | 0.174 | 0.675 | 0.105 | −0.072 | −0.013 | −0.106 | −0.100 | 0.016 |
| GZ18 | 0.214 | −0.112 | 0.066 | 0.565 | −0.026 | −0.258 | −0.100 | −0.030 | 0.246 | 0.007 |
| GZ16.1 | −0.028 | 0.103 | −0.011 | 0.017 | 0.804 | 0.112 | 0.105 | 0.140 | 0.091 | 0.017 |
| GZ16.2 | −0.035 | 0.116 | −0.021 | −0.017 | 0.733 | 0.155 | 0.096 | 0.167 | −0.041 | −0.053 |
| GZ17.1 | −0.035 | 0.176 | −0.036 | −0.145 | 0.590 | 0.171 | 0.101 | −0.026 | 0.144 | −0.026 |
| GZ11 | −0.084 | 0.155 | −0.018 | −0.071 | 0.122 | 0.689 | 0.057 | 0.197 | −0.028 | −0.032 |
| GZ13 | −0.107 | 0.096 | 0.029 | −0.066 | 0.214 | 0.639 | 0.250 | −0.022 | 0.050 | 0.062 |
| GZ8 | −0.006 | 0.138 | −0.041 | −0.035 | 0.100 | 0.605 | 0.022 | 0.101 | 0.192 | −0.034 |
| GZ5.1 | −0.030 | 0.205 | 0.015 | −0.019 | 0.173 | 0.169 | 0.833 | 0.174 | 0.084 | 0.006 |
| GZ5.2 | −0.030 | 0.230 | −0.004 | −0.049 | 0.158 | 0.130 | 0.806 | 0.229 | 0.126 | 0.001 |
| GZ6.2 | −0.077 | 0.243 | −0.065 | −0.085 | 0.172 | 0.205 | 0.228 | 0.753 | 0.116 | −0.037 |
| GZ6.1 | −0.085 | 0.233 | −0.036 | −0.070 | 0.189 | 0.226 | 0.261 | 0.735 | 0.109 | −0.021 |
| GZ1 | −0.008 | 0.183 | −0.104 | 0.007 | 0.034 | 0.158 | 0.155 | −0.047 | 0.651 | −0.157 |
| GZ3.4 | −0.023 | 0.121 | 0.308 | −0.061 | 0.131 | −0.026 | 0.030 | 0.275 | 0.582 | 0.150 |
| GZ7 | 0.046 | 0.045 | −0.133 | 0.029 | 0.138 | 0.390 | 0.047 | 0.219 | 0.455 | −0.019 |

续表

| 题　目 | 因子 1 | 因子 2 | 因子 3 | 因子 4 | 因子 5 | 因子 6 | 因子 7 | 因子 8 | 因子 9 | 因子 10 |
|---|---|---|---|---|---|---|---|---|---|---|
| GZ9 | -0. 066 | -0. 050 | 0. 026 | -0. 064 | -0. 038 | 0. 069 | 0. 126 | -0. 168 | 0. 160 | 0. 798 |
| GZ10 | 0. 060 | 0. 032 | -0. 011 | 0. 073 | -0. 020 | -0. 098 | -0. 136 | 0. 147 | -0. 292 | 0. 718 |

因子分析共同度的结果显示，在公众卷的所有问题中，GZ8（即假设审判程序没有问题，但判决结果对您不利，您尊重法院判决的可能性有多大?）的共同度为 0. 446，GZ7（即在您所在地区，当矛盾双方无法通过协商、调解等方式解决纠纷时，人们到法院起诉的可能性有多大?）的共同度为 0. 452，GZ17. 1（即在您所在地区，以下案件得到及时受理的可能性有多大？——老百姓家里被盗到公安局报案）的共同度为 0. 464，可考虑将上述三个问题依次删除后再进行因子分析，并与指标体系相对照。

表 1-39　公众卷因子分析共同度

| 题　目 | 共同度 | 题　目 | 共同度 |
|---|---|---|---|
| GZ4. 1 | 0. 810 | GZ2. 3 | 0. 723 |
| GZ4. 2 | 0. 818 | GZ2. 2 | 0. 843 |
| GZ4. 3 | 0. 703 | GZ2. 1 | 0. 830 |
| GZ6. 1 | 0. 775 | GZ3. 1 | 0. 814 |
| GZ6. 2 | 0. 782 | GZ3. 2 | 0. 822 |
| GZ13 | 0. 550 | GZ3. 3 | 0. 669 |
| GZ11 | 0. 570 | GZ3. 4 | 0. 569 |
| GZ15 | 0. 538 | GZ5. 1 | 0. 833 |
| GZ16. 1 | 0. 710 | GZ5. 2 | 0. 816 |
| GZ12 | 0. 554 | GZ1 | 0. 545 |
| GZ17. 1 | 0. 464 | GZ7 | 0. 452 |
| GZ14 | 0. 579 | GZ8 | 0. 446 |
| GZ16. 2 | 0. 619 | GZ9 | 0. 724 |
| GZ18 | 0. 520 | GZ10 | 0. 661 |

经过多次尝试，在删除共同度低的问题 GZ8（即假设审判程序没有问题，但判决结果对您不利，您尊重法院判决的可能性有多大?）后，因子分析的结果显示，所有问题的共同度均高于 0. 45，说明每个问题与其余问题的关联度较好。

表 1-40　删除 GZ8 后因子分析共同度

| 题　目 | 共同度 | 题　目 | 共同度 |
|---|---|---|---|
| GZ4. 1 | 0. 810 | GZ2. 3 | 0. 724 |
| GZ4. 2 | 0. 818 | GZ2. 2 | 0. 844 |
| GZ4. 3 | 0. 703 | GZ2. 1 | 0. 831 |
| GZ6. 1 | 0. 776 | GZ3. 1 | 0. 814 |
| GZ6. 2 | 0. 782 | GZ3. 2 | 0. 823 |

续表

| 题　目 | 共同度 | 题　目 | 共同度 |
|---|---|---|---|
| GZ13 | 0.632 | GZ3.3 | 0.669 |
| GZ11 | 0.647 | GZ3.4 | 0.550 |
| GZ15 | 0.538 | GZ5.1 | 0.831 |
| GZ16.1 | 0.718 | GZ5.2 | 0.814 |
| GZ12 | 0.560 | GZ1 | 0.554 |
| GZ17.1 | 0.461 | GZ7 | 0.471 |
| GZ14 | 0.583 | GZ9 | 0.722 |
| GZ16.2 | 0.631 | GZ10 | 0.664 |
| GZ18 | 0.528 | | |

删除GZ8后的因子分析结果显示，前10个因子的累积贡献率达到68.514%，高于全部问题前10个因子的累积贡献率66.919%。

**表1-41　删除GZ8后因子分析方差贡献率表（前10个因子）**

| 组件 | 初始特征值 | | | 提取载荷平方和 | | | 旋转载荷平方和 | | |
|---|---|---|---|---|---|---|---|---|---|
| | 总　计 | 方差百分比 | 累积% | 总　计 | 方差百分比 | 累积% | 总　计 | 方差百分比 | 累积% |
| 1 | 6.315 | 23.388 | 23.388 | 6.315 | 23.388 | 23.388 | 2.451 | 9.077 | 9.077 |
| 2 | 3.683 | 13.642 | 37.031 | 3.683 | 13.642 | 37.031 | 2.436 | 9.024 | 18.100 |
| 3 | 1.319 | 4.887 | 41.918 | 1.319 | 4.887 | 41.918 | 2.298 | 8.511 | 26.611 |
| 4 | 1.222 | 4.525 | 46.443 | 1.222 | 4.525 | 46.443 | 2.109 | 7.812 | 34.424 |
| 5 | 1.188 | 4.402 | 50.845 | 1.188 | 4.402 | 50.845 | 1.874 | 6.941 | 41.365 |
| 6 | 1.085 | 4.020 | 54.865 | 1.085 | 4.020 | 54.865 | 1.690 | 6.261 | 47.626 |
| 7 | 1.000 | 3.702 | 58.567 | 1.000 | 3.702 | 58.567 | 1.589 | 5.885 | 53.511 |
| 8 | 0.963 | 3.567 | 62.134 | 0.963 | 3.567 | 62.134 | 1.458 | 5.399 | 58.910 |
| 9 | 0.886 | 3.281 | 65.415 | 0.886 | 3.281 | 65.415 | 1.378 | 5.105 | 64.016 |
| 10 | 0.837 | 3.099 | 68.514 | 0.837 | 3.099 | 68.514 | 1.214 | 4.498 | 68.514 |

最大方差旋转后的因子载荷矩阵中，所有因子的载荷得分均在0.5以上。因子分析划分的因子中，第一个因子中的指标均为司法腐败遏制中的题目，第二个因子以及第七个因子中的指标均为司法权力中的题目，第三个因子中的指标为法律职业化中的题目，第六个因子中的指标为司法公开中的题目，第十个因子中的指标为司法文化中的题目。删除GZ8之后的因子组成与未删除之前的因子组成大体相同，因子划分与整体指标体系的设定仍然有差异，但大部分因子均能体现同一个一级指标，说明公众卷的结构效度可以接受但还有待提升，可参考因子分析的划分结果并结合专业知识，对原有指标体系或指标体系下的问题进行优化处理。

**表1-42　删除GZ8后因子载荷表**

| 题　目 | 因子1 | 因子2 | 因子3 | 因子4 | 因子5 | 因子6 | 因子7 | 因子8 | 因子9 | 因子10 |
|---|---|---|---|---|---|---|---|---|---|---|
| GZ2.2 | 0.858 | −0.079 | 0.247 | 0.177 | −0.024 | −0.035 | −0.049 | −0.051 | −0.045 | −0.018 |

续表

| 题　目 | 因子 1 | 因子 2 | 因子 3 | 因子 4 | 因子 5 | 因子 6 | 因子 7 | 因子 8 | 因子 9 | 因子 10 |
|---|---|---|---|---|---|---|---|---|---|---|
| GZ2. 1 | 0. 844 | −0. 084 | 0. 251 | 0. 188 | −0. 022 | −0. 036 | −0. 071 | −0. 045 | −0. 050 | −0. 033 |
| GZ2. 3 | 0. 768 | −0. 121 | 0. 216 | 0. 224 | −0. 067 | −0. 008 | −0. 023 | −0. 089 | 0. 090 | 0. 033 |
| GZ4. 2 | −0. 087 | 0. 839 | −0. 038 | −0. 078 | 0. 138 | 0. 163 | 0. 150 | 0. 092 | 0. 146 | 0. 010 |
| GZ4. 1 | −0. 092 | 0. 833 | −0. 046 | −0. 062 | 0. 137 | 0. 160 | 0. 158 | 0. 117 | 0. 138 | 0. 005 |
| GZ4. 3 | −0. 107 | 0. 774 | −0. 034 | −0. 134 | 0. 165 | 0. 117 | 0. 115 | 0. 127 | 0. 045 | −0. 041 |
| GZ3. 2 | 0. 224 | −0. 032 | 0. 857 | 0. 189 | −0. 034 | 0. 008 | −0. 028 | −0. 023 | −0. 018 | −0. 003 |
| GZ3. 1 | 0. 232 | −0. 028 | 0. 852 | 0. 174 | −0. 011 | 0. 017 | −0. 028 | −0. 002 | −0. 041 | 0. 012 |
| GZ3. 3 | 0. 363 | −0. 085 | 0. 675 | 0. 257 | −0. 042 | −0. 015 | −0. 051 | −0. 058 | 0. 029 | 0. 007 |
| GZ14 | 0. 095 | −0. 057 | 0. 128 | 0. 732 | −0. 121 | −0. 016 | 0. 043 | 0. 027 | 0. 001 | −0. 009 |
| GZ12 | 0. 200 | −0. 096 | 0. 138 | 0. 690 | −0. 098 | −0. 001 | −0. 046 | 0. 044 | −0. 035 | −0. 015 |
| GZ15 | 0. 117 | −0. 027 | 0. 174 | 0. 674 | 0. 105 | −0. 013 | −0. 110 | −0. 064 | −0. 104 | 0. 016 |
| GZ18 | 0. 206 | −0. 117 | 0. 078 | 0. 556 | −0. 020 | −0. 083 | −0. 038 | −0. 320 | 0. 215 | 0. 013 |
| GZ16. 1 | −0. 032 | 0. 107 | −0. 006 | 0. 012 | 0. 812 | 0. 114 | 0. 143 | 0. 060 | 0. 095 | 0. 019 |
| GZ16. 2 | −0. 040 | 0. 119 | −0. 018 | −0. 022 | 0. 747 | 0. 113 | 0. 172 | 0. 098 | −0. 031 | −0. 054 |
| GZ17. 1 | −0. 026 | 0. 186 | −0. 040 | −0. 140 | 0. 572 | 0. 072 | −0. 023 | 0. 212 | 0. 163 | −0. 022 |
| GZ5. 1 | −0. 031 | 0. 209 | 0. 019 | −0. 020 | 0. 174 | 0. 832 | 0. 181 | 0. 153 | 0. 090 | 0. 010 |
| GZ5. 2 | −0. 032 | 0. 235 | 0. 001 | −0. 051 | 0. 158 | 0. 805 | 0. 235 | 0. 106 | 0. 125 | 0. 006 |
| GZ6. 2 | −0. 079 | 0. 247 | −0. 064 | −0. 086 | 0. 181 | 0. 234 | 0. 761 | 0. 138 | 0. 128 | −0. 038 |
| GZ6. 1 | −0. 086 | 0. 237 | −0. 036 | −0. 070 | 0. 197 | 0. 263 | 0. 743 | 0. 171 | 0. 125 | −0. 022 |
| GZ11 | −0. 067 | 0. 171 | −0. 040 | −0. 054 | 0. 122 | 0. 030 | 0. 225 | 0. 733 | 0. 062 | −0. 045 |
| GZ13 | −0. 089 | 0. 112 | 0. 010 | −0. 051 | 0. 206 | 0. 215 | 0. 003 | 0. 707 | 0. 134 | 0. 053 |
| GZ1 | −0. 016 | 0. 185 | −0. 096 | 0. 002 | 0. 045 | 0. 169 | −0. 038 | 0. 060 | 0. 672 | −0. 152 |
| GZ1 | −0. 016 | 0. 130 | 0. 312 | −0. 060 | 0. 105 | −0. 004 | 0. 276 | −0. 016 | 0. 564 | 0. 161 |
| GZ7 | 0. 048 | 0. 053 | −0. 136 | 0. 031 | 0. 148 | 0. 046 | 0. 236 | 0. 330 | 0. 507 | −0. 021 |
| GZ9 | −0. 071 | −0. 051 | 0. 030 | −0. 067 | −0. 027 | 0. 139 | −0. 161 | 0. 038 | 0. 158 | 0. 798 |
| GZ10 | 0. 065 | 0. 031 | −0. 016 | 0. 077 | −0. 029 | −0. 147 | 0. 141 | −0. 045 | −0. 310 | 0. 716 |

# 第二章　司法文明指标评分比较

本章对全国31个省/自治区/直辖市的受访者就各指标下的问题回答进行频数、频率统计，有效问卷样本总量共计25 857份，其中公众卷19 472份，专业卷6385份，就普通公众和职业群体对各指标的评分情况进行比较分析。对专业卷与公众卷共同涉及的指标进行检验，结果显示，专业卷与公众卷在所共同涉及的指标结果上均有明显差异，说明职业群体与普通公众对于司法文明指标的评分存在显著差别。

## 指标1　司法权力

### 1.1　司法权力依法行使

为测量这一指标，调查问卷设计两个问题：

问题一：“在您所在地区，法院参与当地拆迁的可能性有多大？”（专业卷Q12）

问题二：“在您所在地区，对批捕后的犯罪嫌疑人，如果采取取保候审不至于发生社会危险性的，检察院依法解除逮捕措施或者变更强制措施的可能性有多大？”（专业卷Q23）

对于问题一，调查数据显示，有52.0%的受访者认为，法院可能（含有可能、很可能和非常可能）参与当地拆迁。

表2-1　法院参与当地拆迁的可能性

| | 法　官 | | 检察官 | | 警　察 | | 律　师 | | 全　体 | |
|---|---|---|---|---|---|---|---|---|---|---|
| | 计数 | 频率% | 计数 | 频率% | 计数 | 频率% | 计数 | 频率% | 计数 | 频率% |
| 非常不可能 | 266 | 16.8 | 145 | 9.2 | 149 | 9.6 | 125 | 7.6 | 685 | 10.8 |
| 不太可能 | 571 | 36.2 | 588 | 37.2 | 632 | 40.7 | 568 | 34.6 | 2359 | 37.1 |
| 有可能 | 509 | 32.2 | 593 | 37.6 | 593 | 38.2 | 701 | 42.7 | 2396 | 37.7 |
| 很可能 | 139 | 8.8 | 164 | 10.4 | 124 | 8.0 | 175 | 10.7 | 602 | 9.5 |
| 非常可能 | 94 | 6.0 | 88 | 5.6 | 53 | 3.4 | 73 | 4.4 | 308 | 4.8 |
| 拒答/说不清 | 0 | 0.0 | 1 | 0.1 | 0 | 0.0 | 0 | 0.0 | 1 | 0.0 |

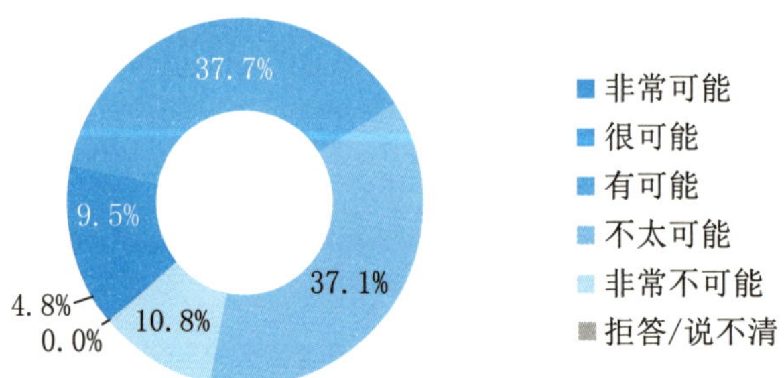


图2-1　法院参与当地拆迁的可能性

不同法律职业群体认为法院可能（含有可能、很可能和非常可能）参与当地拆迁的比例都超过

45.0%，其中律师认为存在这种可能性的比例最高，达57.8%；法官的比例最低，也有47.0%。

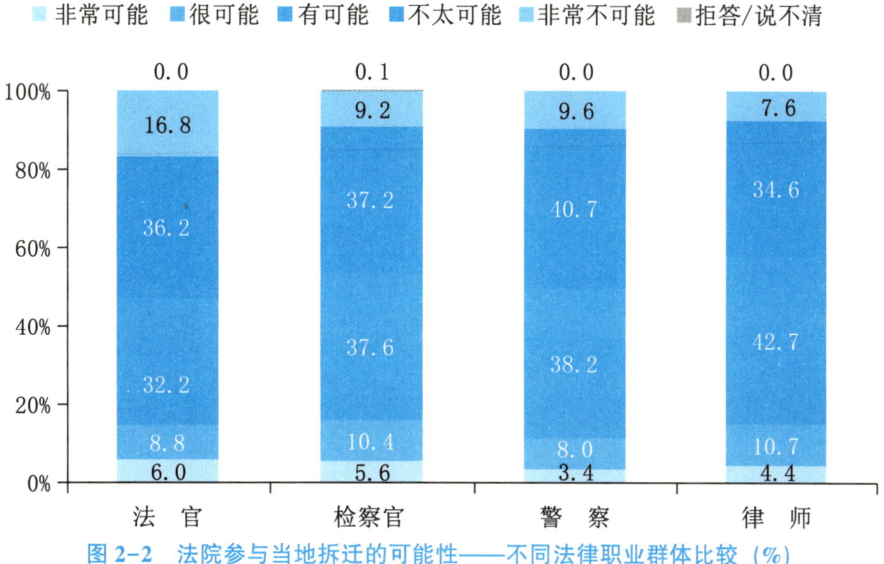


图 2-2 法院参与当地拆迁的可能性——不同法律职业群体比较（%）

对于问题二，调查数据显示，对批捕后的犯罪嫌疑人，如果采取取保候审不至于发生社会危险性的，有83.9%的受访者认为检察院可能（含有可能、很可能和非常可能）依法解除逮捕措施或者变更强制措施，有16.1%的受访者则认为检察院不可能（含不太可能和非常不可能）依法解除逮捕措施或者变更强制措施。

表 2-2 检察院依法解除逮捕措施或者变更强制措施的可能性

| | 法 官 | | 检察官 | | 警 察 | | 律 师 | | 全 体 | |
|---|---|---|---|---|---|---|---|---|---|---|
| | 计数 | 频率% | 计数 | 频率% | 计数 | 频率% | 计数 | 频率% | 计数 | 频率% |
| 非常不可能 | 20 | 1.3 | 22 | 1.4 | 40 | 2.6 | 29 | 1.8 | 111 | 1.7 |
| 不太可能 | 174 | 11.1 | 174 | 11.0 | 243 | 15.6 | 324 | 19.7 | 915 | 14.4 |
| 有可能 | 815 | 51.9 | 746 | 47.1 | 803 | 51.7 | 951 | 57.8 | 3315 | 52.2 |
| 很可能 | 391 | 24.9 | 423 | 26.7 | 339 | 21.8 | 253 | 15.4 | 1406 | 22.1 |
| 非常可能 | 169 | 10.8 | 220 | 13.9 | 129 | 8.3 | 88 | 5.3 | 606 | 9.5 |

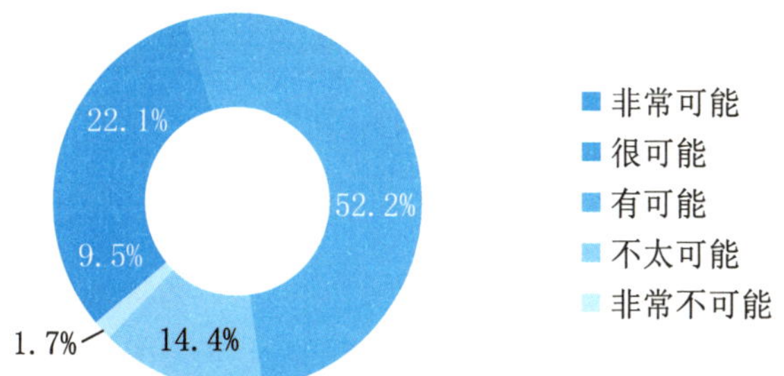


图 2-3 检察院依法解除逮捕措施或者变更强制措施的可能性

不同法律职业群体都有七成以上的受访者认为，对批捕后的犯罪嫌疑人，如果采取取保候审不至于发生社会危险性的，检察院可能（含有可能、很可能和非常可能）依法解除逮捕措施或者变更强制措施，其中检察官和法官认为存在这种可能性的比例最高，达87.6%；律师的比例相对偏低，也有78.5%。

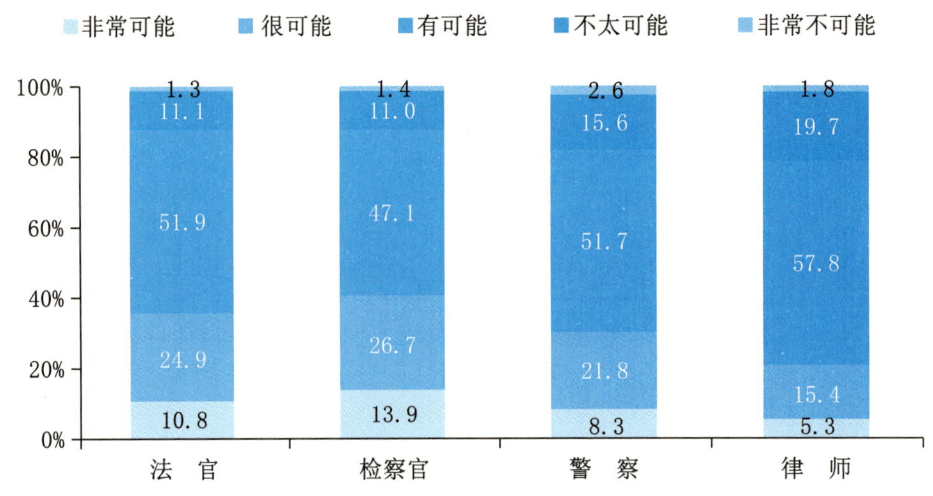

图 2-4 检察院依法解除逮捕措施或者变更强制措施的可能性——不同法律职业群体比较（%）

### 1.2 司法权力独立行使

为测量这一指标，调查问卷设计三个问题：

问题一："在您所在地区，法官办案受到本院领导行政干涉的可能性有多大？"（专业卷 Q8）

问题二："在您所在地区，法院办案受到党政机关干涉的可能性有多大？"（专业卷 Q9.1）

问题三："在您所在地区，检察院办案受到党政机关干涉的可能性有多大？"（专业卷 Q9.2）

对于问题一，调查数据显示，有 63.0%的受访者认为，法官办案可能（含有可能、很可能和非常可能）受到本院领导行政干涉。

表 2-3 法官办案受到本院领导行政干涉的可能性

| | 法 官 | | 检察官 | | 警 察 | | 律 师 | | 全 体 | |
|---|---|---|---|---|---|---|---|---|---|---|
| | 计数 | 频率% | 计数 | 频率% | 计数 | 频率% | 计数 | 频率% | 计数 | 频率% |
| 非常不可能 | 263 | 16.7 | 167 | 10.6 | 143 | 9.3 | 78 | 4.7 | 651 | 10.3 |
| 不太可能 | 563 | 35.7 | 452 | 28.7 | 428 | 27.7 | 252 | 15.3 | 1695 | 26.7 |
| 有可能 | 559 | 35.4 | 704 | 44.6 | 673 | 43.6 | 772 | 46.9 | 2708 | 42.7 |
| 很可能 | 136 | 8.6 | 158 | 10.0 | 197 | 12.8 | 363 | 22.0 | 854 | 13.5 |
| 非常可能 | 58 | 3.7 | 95 | 6.0 | 104 | 6.7 | 182 | 11.1 | 439 | 6.9 |
| 拒答/说不清 | 0 | 0.0 | 1 | 0.1 | 0 | 0.0 | 0 | 0.0 | 1 | 0.0 |

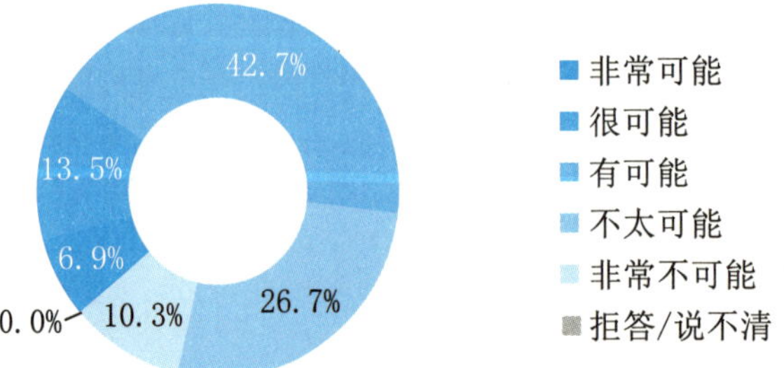

图 2-5 法官办案受到本院领导行政干涉的可能性

不同法律职业群体中，除法官外，其他法律职业群体认为法官办案可能（含有可能、很可能和非常可能）受到本院领导行政干涉的比例都在六成以上，其中律师的比例最高，达 80.0%；法官的比例最低，只有47.7%。

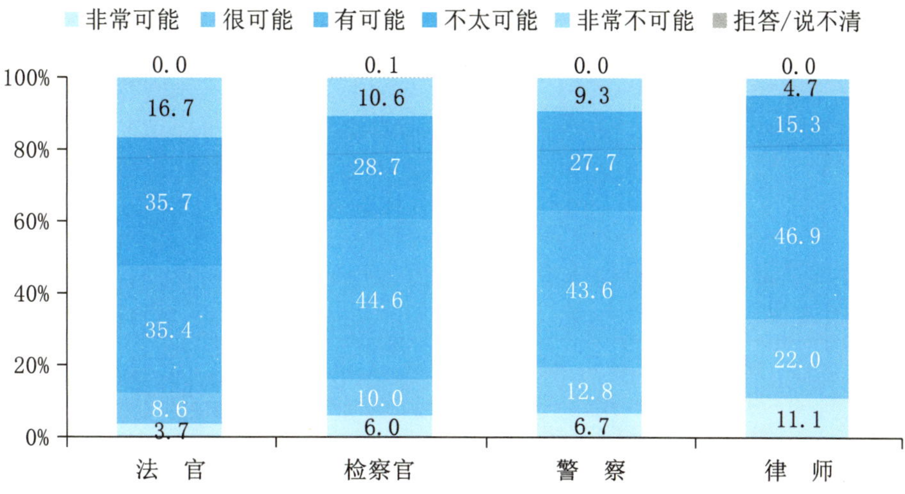


图2-6　法官办案受到本院领导行政干涉的可能性——不同法律职业群体比较（%）

对于问题二，调查数据显示，有67.9%的受访者认为，法院办案可能（含有可能、很可能和非常可能）受到党政机关干涉。

表2-4　法院办案受到党政机关干涉的可能性

| | 法　官 | | 检察官 | | 警　察 | | 律　师 | | 全　体 | |
|---|---|---|---|---|---|---|---|---|---|---|
| | 计数 | 频率% | 计数 | 频率% | 计数 | 频率% | 计数 | 频率% | 计数 | 频率% |
| 非常不可能 | 233 | 14.7 | 162 | 10.3 | 131 | 8.4 | 80 | 4.9 | 606 | 9.5 |
| 不太可能 | 415 | 26.2 | 387 | 24.5 | 378 | 24.4 | 258 | 15.7 | 1438 | 22.6 |
| 有可能 | 589 | 37.2 | 613 | 38.9 | 631 | 40.7 | 674 | 41.0 | 2507 | 39.5 |
| 很可能 | 225 | 14.2 | 258 | 16.4 | 274 | 17.7 | 400 | 24.3 | 1157 | 18.2 |
| 非常可能 | 120 | 7.6 | 157 | 10.0 | 137 | 8.8 | 232 | 14.1 | 646 | 10.2 |

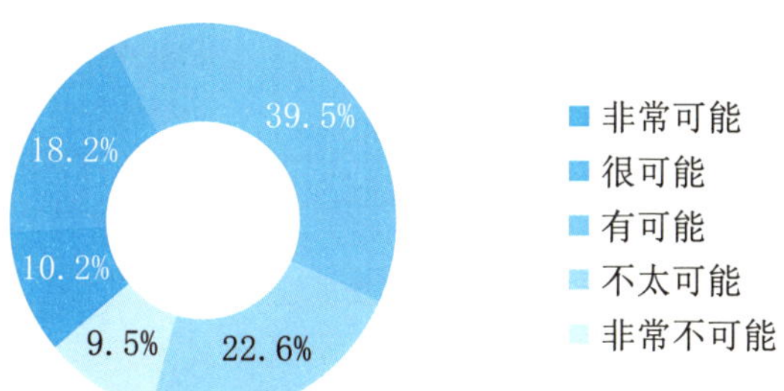


图2-7　法院办案受到党政机关干涉的可能性

不同法律职业群体中，律师认为法院办案可能（含有可能、很可能和非常可能）受到党政机关干涉的比例最高，达79.4%；法官的比例最低，只有59.0%，二者相差20.4个百分点。

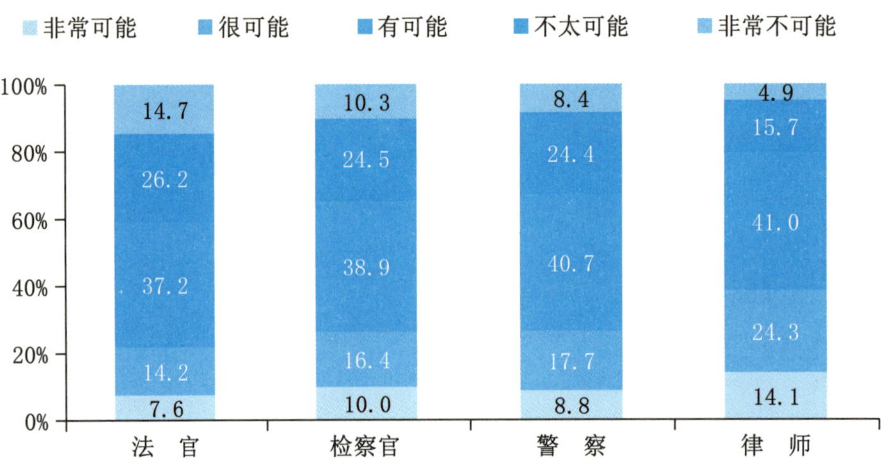

图 2-8 法院办案受到党政机关干涉的可能性——不同法律职业群体比较（%）

对于问题三，调查数据显示，有67.2%的受访者认为，检察院办案可能（含有可能、很可能和非常可能）受到党政机关干涉。

表 2-5 检察院办案受到党政机关干涉的可能性

| | 法官 | | 检察官 | | 警察 | | 律师 | | 全体 | |
|---|---|---|---|---|---|---|---|---|---|---|
| | 计数 | 频率% | 计数 | 频率% | 计数 | 频率% | 计数 | 频率% | 计数 | 频率% |
| 非常不可能 | 217 | 14.0 | 170 | 10.8 | 133 | 8.7 | 82 | 5.0 | 602 | 9.5 |
| 不太可能 | 416 | 26.8 | 402 | 25.4 | 386 | 25.1 | 260 | 15.9 | 1464 | 23.2 |
| 有可能 | 579 | 37.3 | 614 | 38.8 | 624 | 40.6 | 679 | 41.4 | 2496 | 39.6 |
| 很可能 | 222 | 14.3 | 244 | 15.4 | 268 | 17.4 | 384 | 23.4 | 1118 | 17.7 |
| 非常可能 | 117 | 7.5 | 151 | 9.6 | 125 | 8.1 | 234 | 14.3 | 627 | 9.9 |

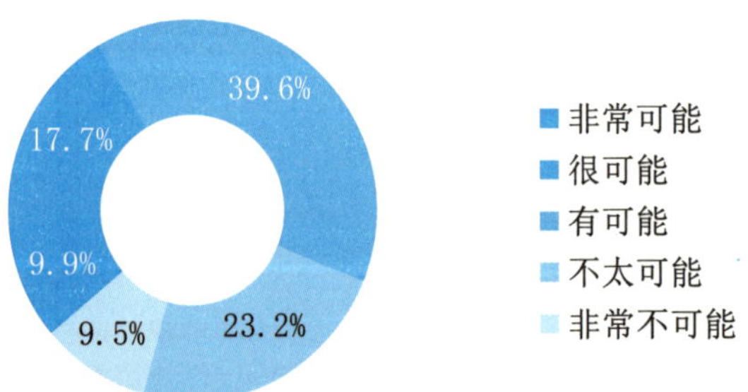

图 2-9 检察院办案受到党政机关干涉的可能性

不同法律职业群体中，认为检察院办案可能（含有可能、很可能和非常可能）受到党政机关干涉的，比例最高的是律师，达79.1%；认为检察院办案不可能（含不太可能和非常不可能）受到党政机关干涉的，比例最高的不是检察官，而是法官，占40.8%，比检察官高了4.6个百分点。

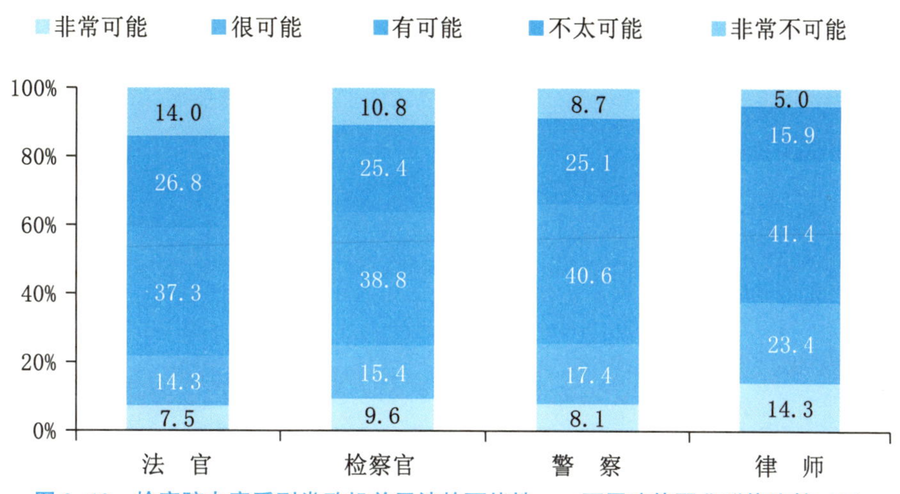

图 2-10 检察院办案受到党政机关干涉的可能性——不同法律职业群体比较（%）

## 1.3 司法权力公正行使

为测量这一指标，调查问卷设计三个问题：

问题一："在您所在地区，法院公正办案的可能性有多大?"（专业卷 Q10.1）

问题二："在您所在地区，检察院公正办案的可能性有多大?"（专业卷 Q10.2）

问题三："在您所在地区，公安机关公正办案的可能性有多大?"（专业卷 Q10.3）

对于问题一，调查数据显示，有 96.8%的受访者认为，法院可能（含有可能、很可能和非常可能）公正办案。

表 2-6 法院公正办案的可能性

| | 法官 | | 检察官 | | 警察 | | 律师 | | 全体 | |
|---|---|---|---|---|---|---|---|---|---|---|
| | 计数 | 频率% | 计数 | 频率% | 计数 | 频率% | 计数 | 频率% | 计数 | 频率% |
| 非常不可能 | 8 | 0.5 | 7 | 0.4 | 14 | 0.9 | 6 | 0.4 | 35 | 0.5 |
| 不太可能 | 22 | 1.4 | 41 | 2.6 | 76 | 4.9 | 33 | 2.0 | 172 | 2.7 |
| 有可能 | 136 | 8.6 | 282 | 17.8 | 410 | 26.5 | 559 | 33.9 | 1387 | 21.8 |
| 很可能 | 617 | 38.9 | 677 | 42.7 | 632 | 40.8 | 774 | 46.9 | 2700 | 42.4 |
| 非常可能 | 804 | 50.7 | 578 | 36.5 | 416 | 26.9 | 277 | 16.8 | 2075 | 32.6 |

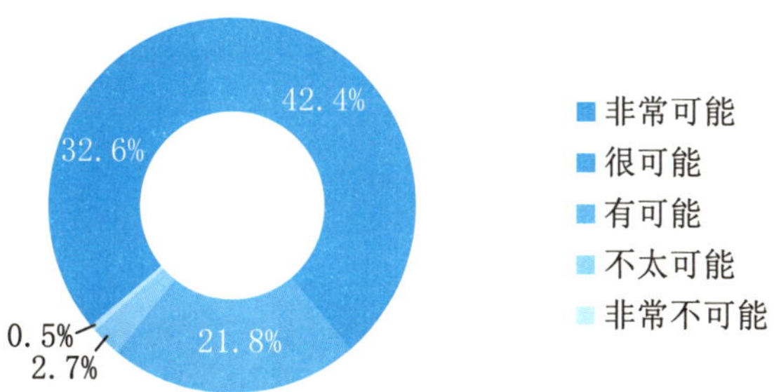

图 2-11 法院公正办案的可能性

不同法律职业群体中，认为法院可能（含有可能、很可能和非常可能）公正办案的，比例最高的是法官，达 98.2%；比例最低的不是律师，而是警察，占 94.2%。不过，认为法院"非常可能"公正办案的，比例最低的则是律师，只有 16.8%。与法官的 50.7%相比，少了 33.9 个百分点。

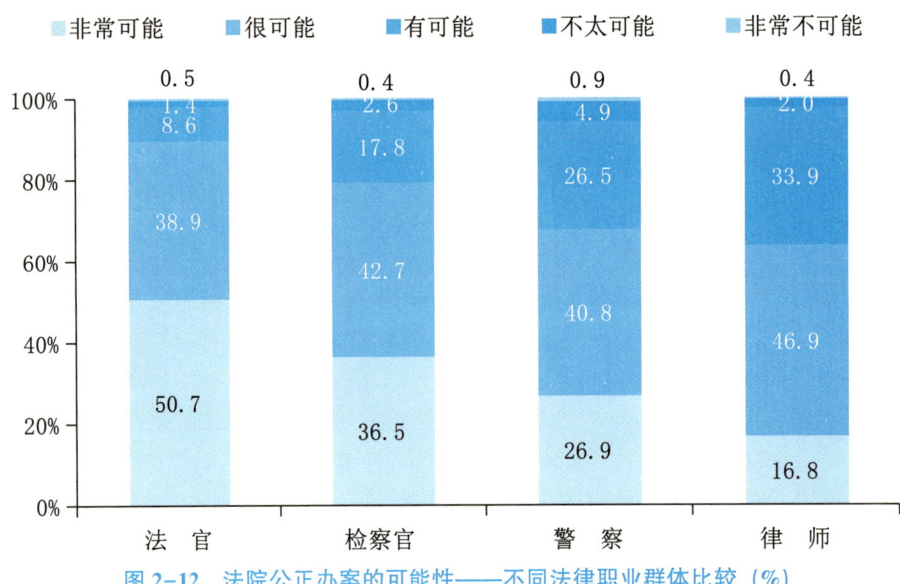


图 2-12 法院公正办案的可能性——不同法律职业群体比较（%）

对于问题二，调查数据显示，有96.8%的受访者认为，检察院可能（含有可能、很可能和非常可能）公正办案。

表 2-7 检察院公正办案的可能性

| | 法官 | | 检察官 | | 警察 | | 律师 | | 全体 | |
|---|---|---|---|---|---|---|---|---|---|---|
| | 计数 | 频率% | 计数 | 频率% | 计数 | 频率% | 计数 | 频率% | 计数 | 频率% |
| 非常不可能 | 6 | 0.4 | 10 | 0.6 | 12 | 0.8 | 6 | 0.4 | 34 | 0.5 |
| 不太可能 | 25 | 1.6 | 34 | 2.1 | 75 | 4.8 | 35 | 2.1 | 169 | 2.7 |
| 有可能 | 184 | 11.7 | 216 | 13.6 | 405 | 26.2 | 544 | 33.0 | 1349 | 21.2 |
| 很可能 | 687 | 43.8 | 644 | 40.6 | 634 | 41.0 | 795 | 48.2 | 2760 | 43.5 |
| 非常可能 | 666 | 42.5 | 684 | 43.1 | 421 | 27.2 | 268 | 16.3 | 2039 | 32.1 |

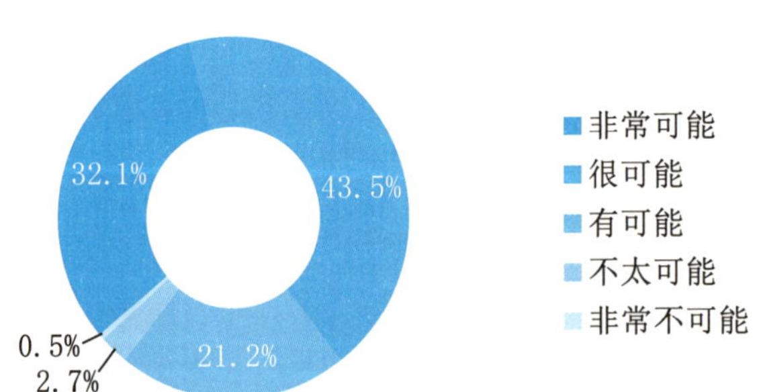


图 2-13 检察院公正办案的可能性

不同法律职业群体中，认为检察院可能（含有可能、很可能和非常可能）公正办案的，比例最高的不是检察官，而是法官，达98.0%；比例最低的不是律师，而是警察，占94.4%。不过，认为检察院“非常可能”公正办案的，比例最高的则是检察官，达43.1%；比例最低的则是律师，只有16.3%。

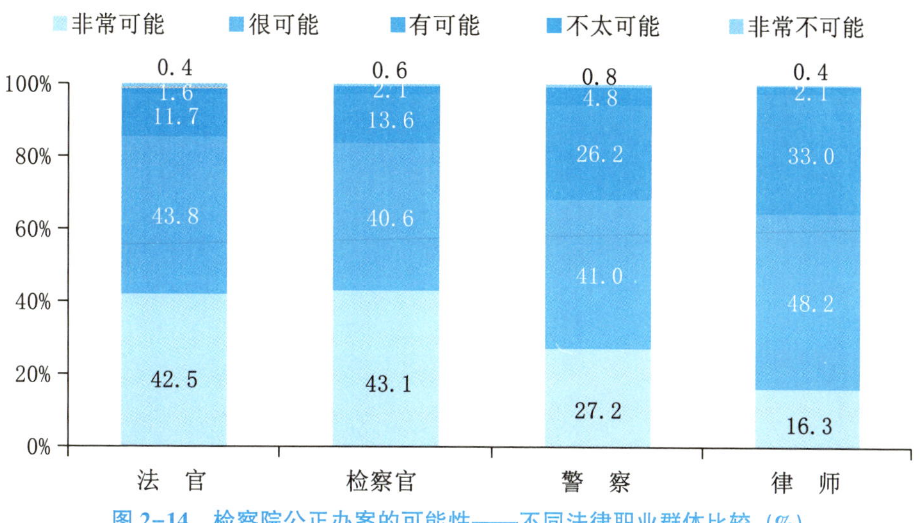


图 2-14　检察院公正办案的可能性——不同法律职业群体比较（%）

对于问题三，调查数据显示，有95.1%的受访者认为，公安机关可能（含有可能、很可能和非常可能）公正办案。

表 2-8　公安机关公正办案的可能性

| | 法官 | | 检察官 | | 警察 | | 律师 | | 全体 | |
|---|---|---|---|---|---|---|---|---|---|---|
| | 计数 | 频率% | 计数 | 频率% | 计数 | 频率% | 计数 | 频率% | 计数 | 频率% |
| 非常不可能 | 8 | 0.5 | 8 | 0.5 | 11 | 0.7 | 15 | 0.9 | 42 | 0.7 |
| 不太可能 | 33 | 2.1 | 51 | 3.2 | 83 | 5.3 | 98 | 6.0 | 265 | 4.2 |
| 有可能 | 313 | 20.0 | 352 | 22.2 | 339 | 21.8 | 700 | 42.6 | 1704 | 26.8 |
| 很可能 | 670 | 42.8 | 662 | 41.8 | 591 | 38.0 | 631 | 38.4 | 2554 | 40.2 |
| 非常可能 | 542 | 34.6 | 511 | 32.3 | 530 | 34.1 | 201 | 12.2 | 1784 | 28.1 |

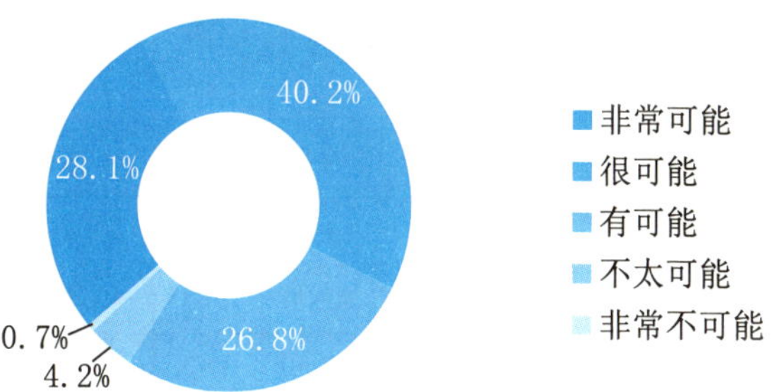


图 2-15　公安机关公正办案的可能性

不同法律职业群体中，认为公安机关可能（含有可能、很可能和非常可能）公正办案的，比例最高的是法官，达97.4%；比例最低的是律师，但也有93.2%。不过，律师认为公安机关“非常可能”公正办案的比例则很低，只有12.2%，远远低于其他三类法律职业群体。

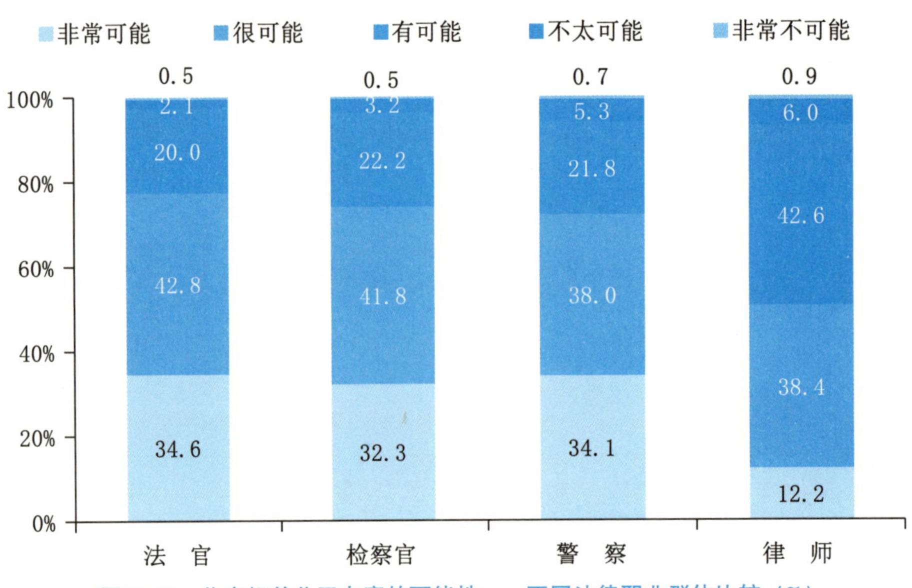

图 2-16　公安机关公正办案的可能性——不同法律职业群体比较（%）

## 1.4　司法权力主体受到信任与认同

为测量这一指标，调查问卷设计三个问题：

问题一："您对自己所在地区法官的总体满意程度如何?"（专业卷 Q32.1 和公众卷 Q4.1）

问题二："您对自己所在地区检察官的总体满意程度如何?"（专业卷 Q32.2 和公众卷 Q4.2）

问题三："您对自己所在地区警察的总体满意程度如何?"（专业卷 Q32.3 和公众卷 Q4.3）

对于问题一，调查数据显示，有 55.4%的受访者对自己所在地区法官在总体上感到满意（含比较满意、非常满意），其中"非常满意"的比例只有 11.7%。

表 2-9　对法官总体满意程度

| | 法官 | | 检察官 | | 警察 | | 律师 | | 公众 | | 全体 | |
|---|---|---|---|---|---|---|---|---|---|---|---|---|
| | 计数 | 频率% | 计数 | 频率% | 计数 | 频率% | 计数 | 频率% | 计数 | 频率% | 计数 | 频率% |
| 非常不满意 | 7 | 0.4 | 11 | 0.7 | 23 | 1.5 | 12 | 0.7 | 182 | 0.9 | 235 | 0.9 |
| 不太满意 | 23 | 1.5 | 32 | 2.0 | 83 | 5.3 | 57 | 3.5 | 866 | 4.5 | 1061 | 4.1 |
| 一般 | 227 | 14.3 | 353 | 22.3 | 492 | 31.7 | 581 | 35.3 | 8491 | 43.9 | 10 144 | 39.4 |
| 比较满意 | 749 | 47.3 | 826 | 52.1 | 662 | 42.6 | 810 | 49.2 | 8199 | 42.4 | 11 246 | 43.7 |
| 非常满意 | 577 | 36.4 | 363 | 22.9 | 294 | 18.9 | 187 | 11.4 | 1598 | 8.3 | 3019 | 11.7 |
| 拒答/说不清 | 0 | 0.0 | 0 | 0.0 | 0 | 0.0 | 0 | 0.0 | 24 | 0.1 | 24 | 0.1 |

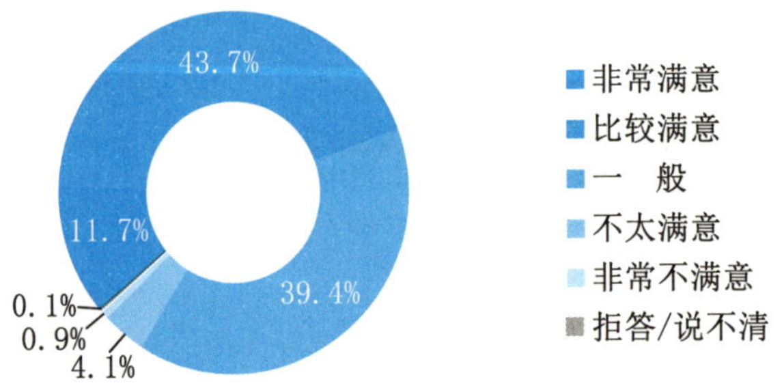

图 2-17　对法官总体满意程度

不同法律职业群体和公众中，法律职业群体的法官、检察官对自己所在地区法官总体上感到满意的比例较高，达75%以上，其中法官自评满意的比例最高，达83.7%。公众对法官总体上感到满意的比例较低，只有50.7%，其中对法官“非常满意”的只有8.3%。此外，律师对法官满意的比例与警察基本持平，但“非常满意”的比例则很低，只有11.4%。

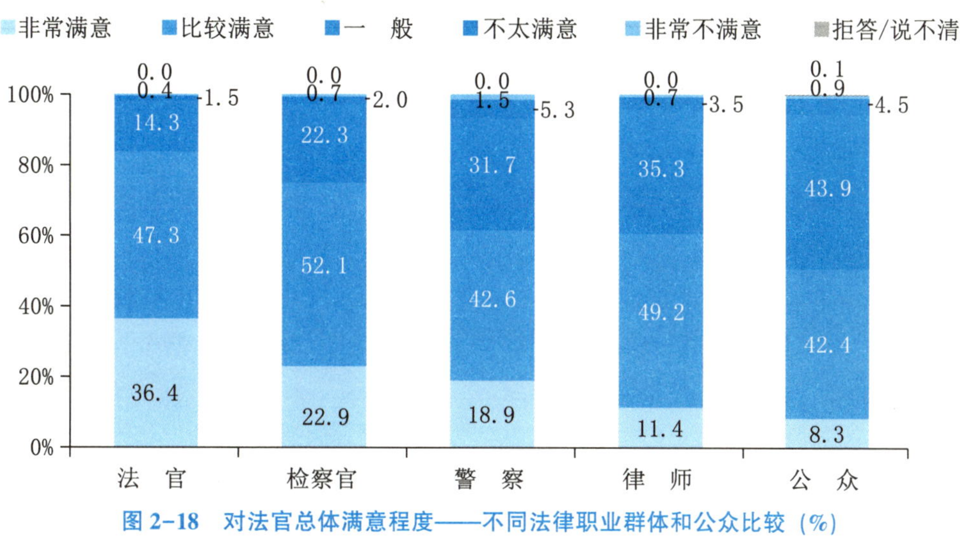

图2-18　对法官总体满意程度——不同法律职业群体和公众比较（%）

对于问题二，调查数据显示，有55.1%的受访者对自己所在地区检察官在总体上感到满意（含比较满意、非常满意），其中“非常满意”的比例只有12.1%。

表2-10　对检察官总体满意程度

| | 法　官 | | 检察官 | | 警　察 | | 律　师 | | 公　众 | | 全　体 | |
|---|---|---|---|---|---|---|---|---|---|---|---|---|
| | 计数 | 频率% | 计数 | 频率% | 计数 | 频率% | 计数 | 频率% | 计数 | 频率% | 计数 | 频率% |
| 非常不满意 | 9 | 0.6 | 7 | 0.4 | 32 | 2.1 | 10 | 0.6 | 160 | 0.8 | 218 | 0.8 |
| 不太满意 | 29 | 1.8 | 20 | 1.3 | 87 | 5.6 | 53 | 3.2 | 1066 | 5.5 | 1255 | 4.9 |
| 一　般 | 307 | 19.5 | 247 | 15.6 | 470 | 30.3 | 562 | 34.3 | 8429 | 43.6 | 10 015 | 39.0 |
| 比较满意 | 816 | 51.9 | 794 | 50.1 | 668 | 43.1 | 819 | 50.0 | 7947 | 41.1 | 11 044 | 43.0 |
| 非常满意 | 412 | 26.2 | 517 | 32.6 | 293 | 18.9 | 195 | 11.9 | 1701 | 8.8 | 3118 | 12.1 |
| 拒答/说不清 | 0 | 0.0 | 0 | 0.0 | 0 | 0.0 | 0 | 0.0 | 29 | 0.2 | 29 | 0.1 |

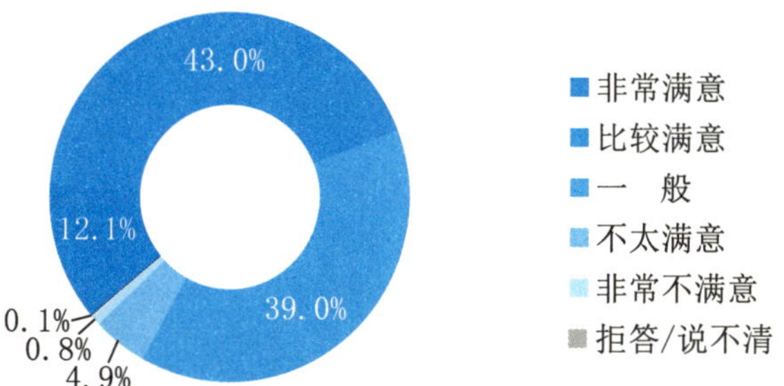

图2-19　对检察官总体满意程度

不同法律职业群体和公众中，法律职业群体的法官、检察官和警察对自己所在地区检察官总体上感到满意的比例较高，达74.3%，其中检察官自评满意的比例最高，达82.7%。公众对检察官总体上感到满意的比例较低，只有49.9%，其中对检察官“非常满意”的只有8.8%。此外，律师对检察官满意的比例与警察基本持平，但“非常满意”的比例则很低，只有11.9%。

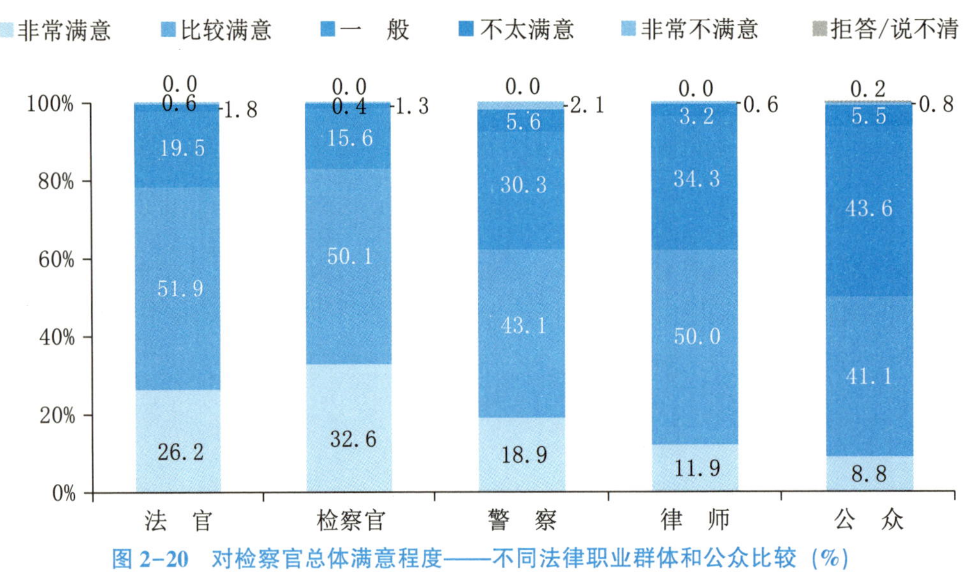


图2-20 对检察官总体满意程度——不同法律职业群体和公众比较（%）

对于问题三，调查数据显示，有46.5%的受访者对自己所在地区警察在总体上感到满意（含比较满意、非常满意），对警察的满意程度远远低于法官、检察官。

表2-11 对警察总体满意程度

| | 法 官 | | 检察官 | | 警 察 | | 律 师 | | 公 众 | | 全 体 | |
|---|---|---|---|---|---|---|---|---|---|---|---|---|
| | 计数 | 频率% | 计数 | 频率% | 计数 | 频率% | 计数 | 频率% | 计数 | 频率% | 计数 | 频率% |
| 非常不满意 | 19 | 1.2 | 20 | 1.3 | 19 | 1.2 | 55 | 3.4 | 559 | 2.9 | 672 | 2.6 |
| 不太满意 | 77 | 4.9 | 81 | 5.1 | 68 | 4.4 | 204 | 12.5 | 2423 | 12.5 | 2853 | 11.1 |
| 一 般 | 426 | 27.1 | 493 | 31.2 | 362 | 23.4 | 688 | 42.0 | 8254 | 42.7 | 10 223 | 39.8 |
| 比较满意 | 727 | 46.2 | 677 | 42.8 | 622 | 40.1 | 535 | 32.7 | 6503 | 33.6 | 9064 | 35.3 |
| 非常满意 | 323 | 20.5 | 310 | 19.6 | 479 | 30.9 | 155 | 9.5 | 1602 | 8.3 | 2869 | 11.2 |
| 拒答/说不清 | 0 | 0.0 | 0 | 0.0 | 0 | 0.0 | 0 | 0.0 | 11 | 0.1 | 11 | 0.0 |

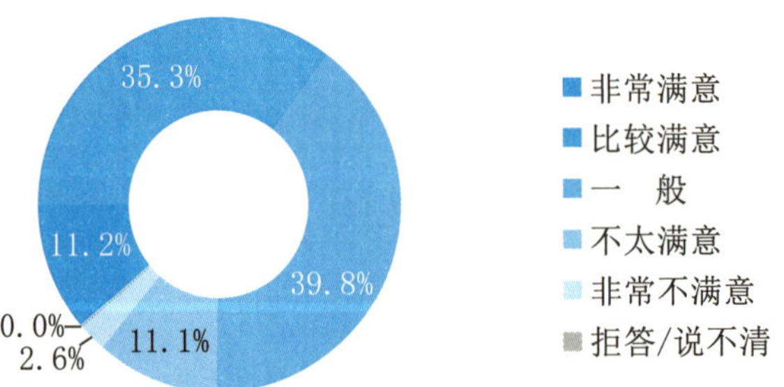


图2-21 对警察总体满意程度

不同法律职业群体和公众中，法律职业群体的法官、检察官和警察对自己所在地区警察总体上感到满意的比例较高，达66.7%，其中警察自评满意的比例最高，达71.0%。公众对警察总体上感到满意的比例较低，只有41.9%，其中对警察“非常满意”的只有8.3%。此外，律师对警察满意的比例与公众基本持平，其中“非常满意”的比例也很低，只有9.5%。

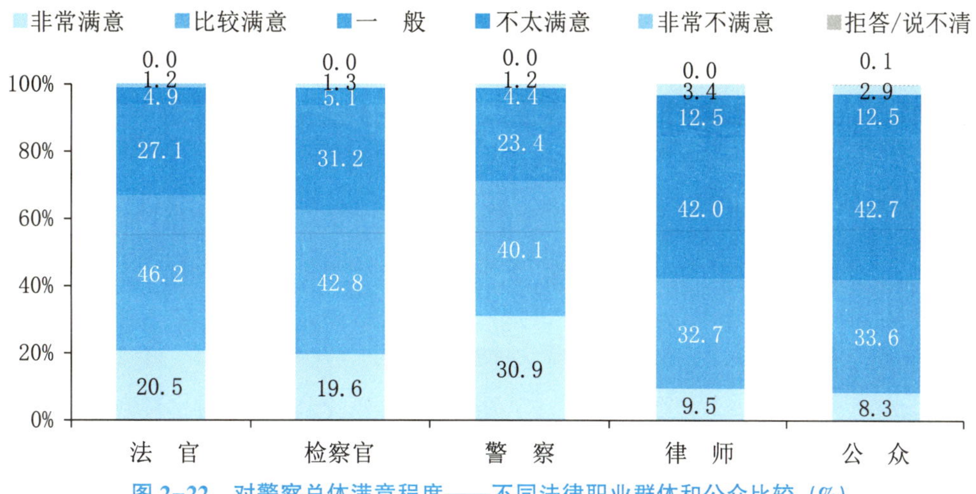


图 2-22　对警察总体满意程度——不同法律职业群体和公众比较（%）

## 1.5　司法裁判受到信任与认同

为测量这一指标，调查问卷设计两个问题：

问题一："在您所在地区，法院审判过程公正的可能性有多大？"（专业卷 Q34.1 和公众卷 Q6.1）

问题二："在您所在地区，法院判决结果公正的可能性有多大？"（专业卷 Q34.2 和公众卷 Q6.2）

对于问题一，调查数据显示，有 95.9%的受访者认为，法院审判过程可能（含有可能、很可能和非常可能）是公正的。

表 2-12　法院审判过程公正的可能性

| | 法　官 | | 检察官 | | 警　察 | | 律　师 | | 公　众 | | 全　体 | |
|---|---|---|---|---|---|---|---|---|---|---|---|---|
| | 计数 | 频率% | 计数 | 频率% | 计数 | 频率% | 计数 | 频率% | 计数 | 频率% | 计数 | 频率% |
| 非常不可能 | 0 | 0.0 | 6 | 0.4 | 7 | 0.5 | 2 | 0.1 | 110 | 0.6 | 125 | 0.5 |
| 不太可能 | 7 | 0.4 | 10 | 0.6 | 33 | 2.1 | 29 | 1.8 | 811 | 4.2 | 890 | 3.5 |
| 有可能 | 108 | 6.8 | 256 | 16.1 | 411 | 26.4 | 530 | 32.2 | 6985 | 36.1 | 8290 | 32.2 |
| 很可能 | 418 | 26.4 | 703 | 44.3 | 639 | 41.1 | 730 | 44.4 | 8564 | 44.2 | 11 054 | 43.0 |
| 非常可能 | 1049 | 66.3 | 612 | 38.6 | 465 | 29.9 | 353 | 21.5 | 2849 | 14.7 | 5328 | 20.7 |
| 拒答/说不清 | 0 | 0.0 | 0 | 0.0 | 0 | 0.0 | 0 | 0.0 | 44 | 0.2 | 44 | 0.2 |

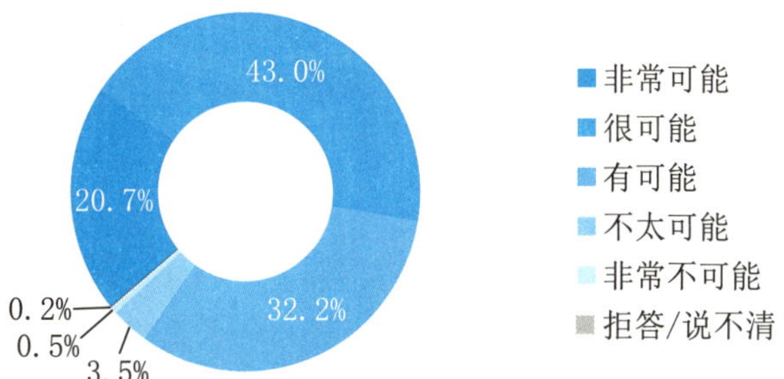


图 2-23　法院审判过程公正的可能性

不同法律职业群体和公众中，法律职业群体认为法院审判过程可能（含有可能、很可能和非常可能）公正的比例较高，达 98.5%，其中法官自评所占比例最高，达 99.6%；公众认为法院审判过程可能（含有可能、很可能和非常可能）公正的比例较低，但也有 95.0%。不过，公众认为法院审判过程"非常可能”公正的比例则很低，只有14.7%；律师持此看法的比例也不高，只有21.5%，远远低于法官、检察官和警察。

法律职业群体中，四类法律职业群体均有九成以上认为在其所在地区，法院审判过程可能（含有可能、很可能和非常可能）是公正的，其中法官认为审判过程公正的比例最高，达99.6%，而警察认为审判过程公正的比例最低，但也有97.4%。

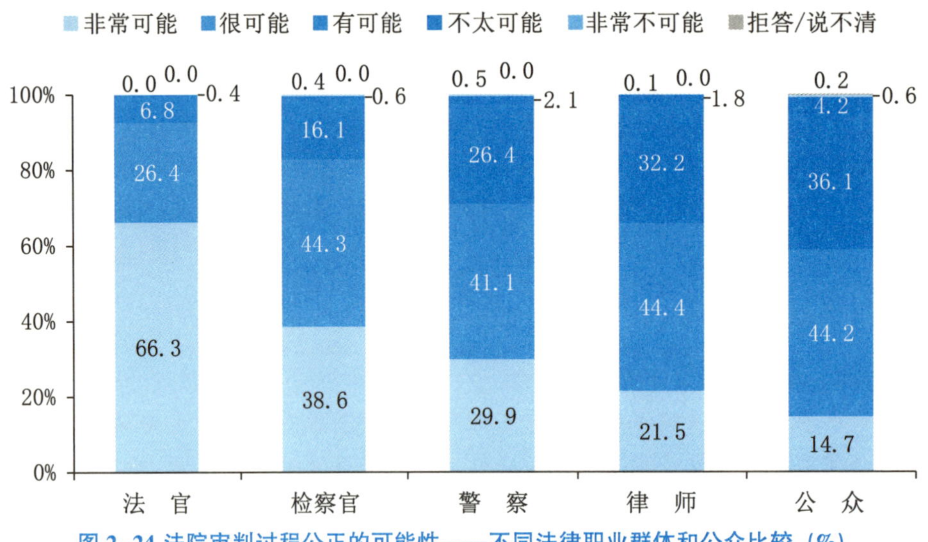

图2-24 法院审判过程公正的可能性——不同法律职业群体和公众比较（%）

对于问题二，调查数据显示，有94.6%的受访者认为，法院判决结果可能（含有可能、很可能和非常可能）是公正的。

表2-13 法院判决结果公正的可能性

| | 法 官 | | 检察官 | | 警 察 | | 律 师 | | 公 众 | | 全 体 | |
|---|---|---|---|---|---|---|---|---|---|---|---|---|
| | 计数 | 频率% | 计数 | 频率% | 计数 | 频率% | 计数 | 频率% | 计数 | 频率% | 计数 | 频率% |
| 非常不可能 | 0 | 0.0 | 7 | 0.4 | 10 | 0.6 | 4 | 0.2 | 117 | 0.6 | 138 | 0.5 |
| 不太可能 | 8 | 0.5 | 14 | 0.9 | 44 | 2.8 | 37 | 2.3 | 1102 | 5.7 | 1205 | 4.7 |
| 有可能 | 123 | 7.8 | 298 | 18.8 | 415 | 26.8 | 656 | 40.0 | 7891 | 40.9 | 9383 | 36.6 |
| 很可能 | 461 | 29.2 | 679 | 42.8 | 650 | 42.0 | 665 | 40.5 | 7622 | 39.5 | 10 077 | 39.3 |
| 非常可能 | 987 | 62.5 | 587 | 37.0 | 430 | 27.8 | 278 | 17.0 | 2503 | 13.0 | 4785 | 18.7 |
| 拒答/说不清 | 0 | 0.0 | 0 | 0.0 | 0 | 0.0 | 0 | 0.0 | 45 | 0.2 | 45 | 0.2 |

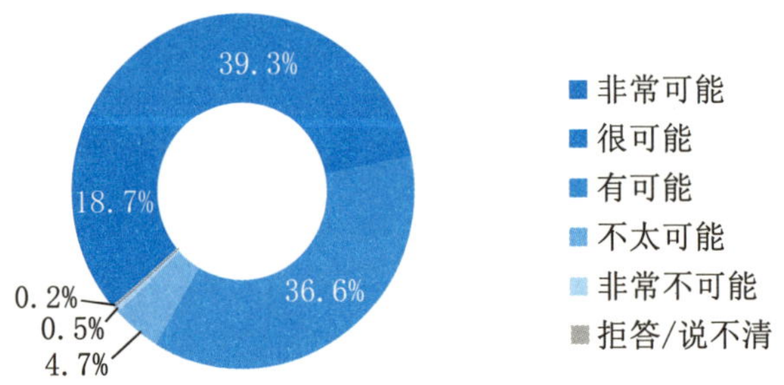

图2-25 法院判决结果公正的可能性

不同法律职业群体和公众中，法律职业群体认为法院判决结果可能（含有可能、很可能和非常可能）公正的比例较高，达98.0%，其中法官自评所占比例最高，达99.5%；公众认为法院判决结果可能（含有可能、很可能和非常可能）公正的比例较低，但也有93.4%。不过，公众认为法院判决结果“非常可能”公正的比例则很低，只有13.0%；律师持此看法的比例也不高，只有17.0%，远远低于法官、检察官和警察。

法律职业群体中，四类法律职业群体均有九成以上认为在其所在地区，法院判决结果可能（含有可能、很可能和非常可能）是公正的，其中法官认为判决结果公正的比例最高，达99.5%，而警察认为判决结果公正的比例最低，但也有96.5%。

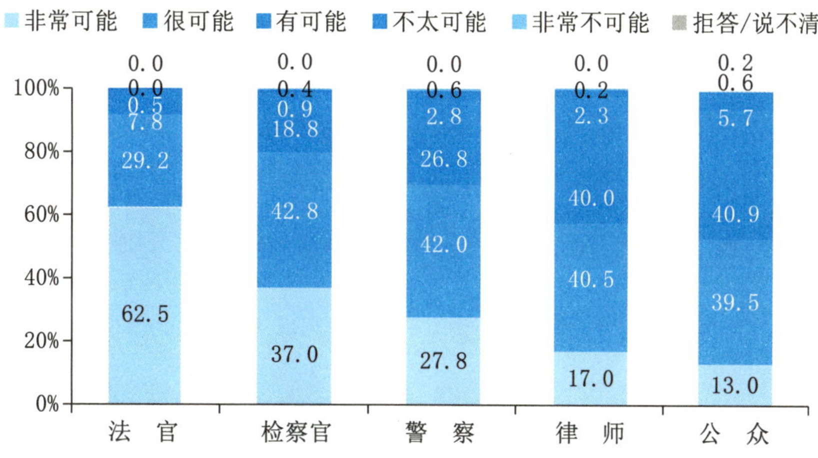


图 2-26 法院判决结果公正的可能性——不同法律职业群体和公众比较（%）

## 指标2 当事人诉讼权利

### 2.1 当事人享有不被强迫自证其罪的权利

为测量这一指标，调查问卷设计一个问题：

问题：“在您所在地区的刑事审判中，法官要求被告人提供对己不利证据的可能性有多大？”（专业卷Q17）

对于这一问题，调查数据显示，有32.2%的受访者认为，在刑事审判中，法官可能（含有可能、很可能和非常可能）要求被告人提供对己不利证据。

表 2-14 刑事审判中法官要求被告人提供对己不利证据的可能性

| | 法官 | | 检察官 | | 警察 | | 律师 | | 全体 | |
|---|---|---|---|---|---|---|---|---|---|---|
| | 计数 | 频率% | 计数 | 频率% | 计数 | 频率% | 计数 | 频率% | 计数 | 频率% |
| 非常不可能 | 432 | 27.4 | 275 | 17.4 | 224 | 14.4 | 134 | 8.1 | 1065 | 16.8 |
| 不太可能 | 805 | 51.1 | 881 | 55.8 | 746 | 48.1 | 815 | 49.4 | 3247 | 51.1 |
| 有可能 | 293 | 18.6 | 361 | 22.9 | 500 | 32.2 | 587 | 35.6 | 1741 | 27.4 |
| 很可能 | 36 | 2.3 | 49 | 3.1 | 54 | 3.5 | 94 | 5.7 | 233 | 3.7 |
| 非常可能 | 9 | 0.6 | 13 | 0.8 | 28 | 1.8 | 20 | 1.2 | 70 | 1.1 |

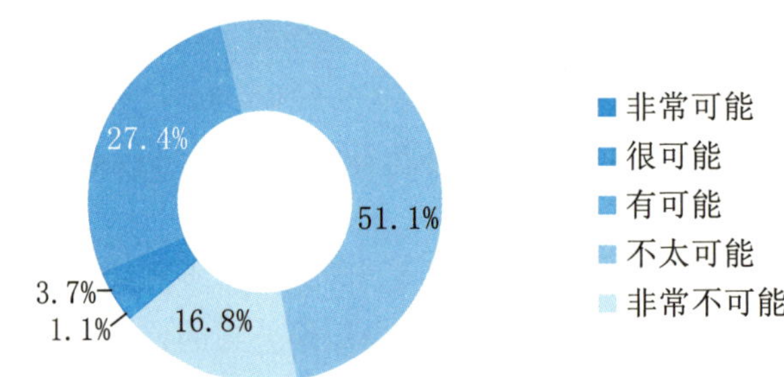


图 2-27　刑事审判中法官要求被告人提供对己不利证据的可能性

不同法律职业群体中，认为法官可能（含有可能、很可能和非常可能）要求被告人提供对己不利证据的比例最低的是法官，只有21.5%；比例最高的是律师，高达42.5%。值得注意的是，认为法官“很可能”和“非常可能”要求被告人提供对己不利证据的比例均不太高；相比较而言，律师的比例最高，有6.9%。

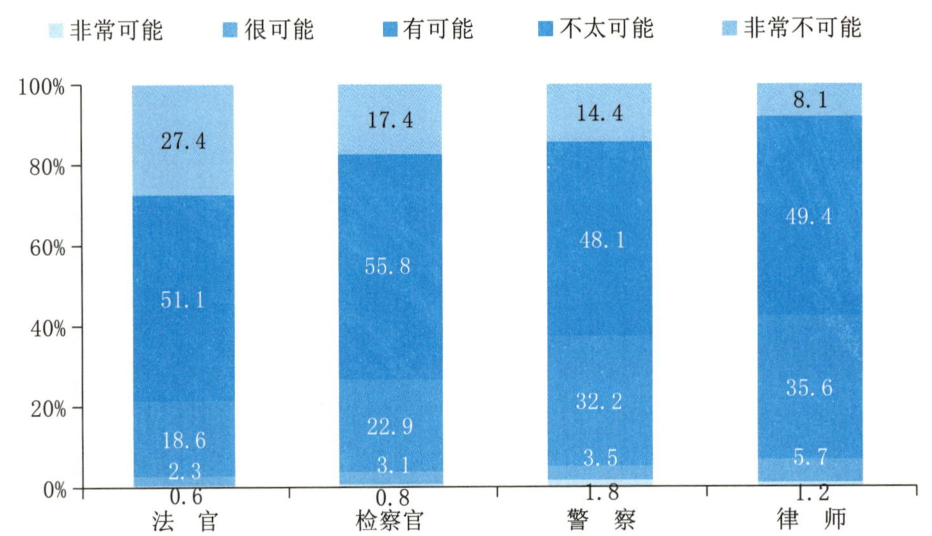


图 2-28　刑事审判中法官要求被告人提供对己不利证据的可能性——不同法律职业群体比较（%）

## 2.2　当事人享有获得辩护、代理的权利

为测量这一指标，调查问卷设计两个问题：

问题一：“在您所在地区，律师去检察院阅卷遇到无理障碍的可能性有多大?”（专业卷 Q18）

问题二：“在您所在地区，被告人如果请不起律师，他/她得到免费法律援助的可能性有多大?”（公众卷 Q13）

对于问题一，调查数据显示，有39.7%的受访者认为，律师去检察院阅卷可能（含有可能、很可能和非常可能）遇到无理障碍。

表 2-15　律师去检察院阅卷遇到无理障碍的可能性

| | 法　官 | | 检察官 | | 警　察 | | 律　师 | | 全　体 | |
|---|---|---|---|---|---|---|---|---|---|---|
| | 计数 | 频率% | 计数 | 频率% | 计数 | 频率% | 计数 | 频率% | 计数 | 频率% |
| 非常不可能 | 289 | 18.3 | 469 | 29.6 | 178 | 11.5 | 72 | 4.4 | 1008 | 15.9 |
| 不太可能 | 795 | 50.4 | 693 | 43.8 | 683 | 44.0 | 652 | 39.6 | 2823 | 44.4 |
| 有可能 | 378 | 24.0 | 299 | 18.9 | 541 | 34.9 | 677 | 41.1 | 1895 | 29.8 |

续表

| | 法官 | | 检察官 | | 警察 | | 律师 | | 全体 | |
|---|---|---|---|---|---|---|---|---|---|---|
| | 计数 | 频率% | 计数 | 频率% | 计数 | 频率% | 计数 | 频率% | 计数 | 频率% |
| 很可能 | 86 | 5.5 | 78 | 4.9 | 124 | 8.0 | 195 | 11.8 | 483 | 7.6 |
| 非常可能 | 28 | 1.8 | 45 | 2.8 | 25 | 1.6 | 50 | 3.0 | 148 | 2.3 |

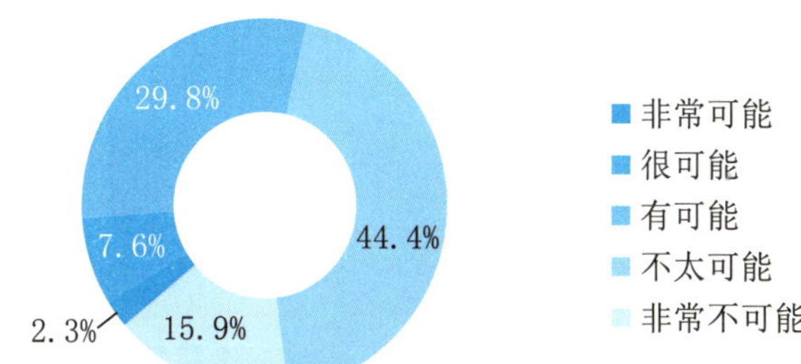


图 2-29　律师去检察院阅卷遇到无理障碍的可能性

不同法律职业群体中，有 55.9%的律师反映，他们去检察院阅卷，可能（含有可能、很可能、非常可能）遇到无理障碍；警察和法官认为存在这种可能性的比例不足五成，分别为 44.5%和 31.3%；而检察官的比例最低，只有 26.6%认为存在这种可能性。

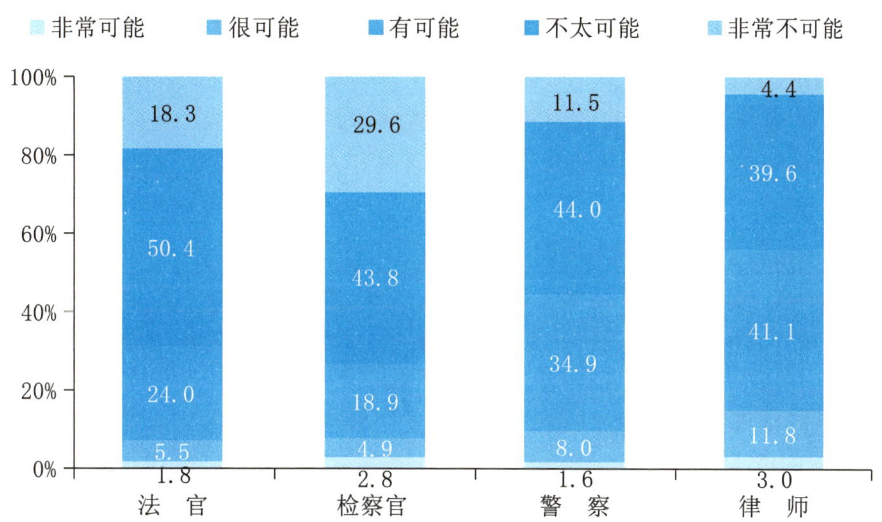


图 2-30　律师去检察院阅卷遇到无理障碍的可能性——不同法律职业群体比较（%）

对于问题二，调查数据显示，有 75.3%的普通公众反映，被告人如果请不起律师，他/她可能（含有可能、很可能和非常可能）得到免费法律援助。不过，认为被告人“非常可能”得到免费法律援助的公众比例偏低，只有 7.0%。

表 2-16　被告人得到免费法律援助的可能性

| | 公众 | |
|---|---|---|
| | 计数 | 频率% |
| 非常不可能 | 483 | 2.5 |
| 不太可能 | 4265 | 22.0 |
| 有可能 | 8773 | 45.2 |

续表

| | 公众 | |
|---|---|---|
| | 计数 | 频率% |
| 很可能 | 4497 | 23.2 |
| 非常可能 | 1353 | 7.0 |
| 拒答/说不清 | 44 | 0.2 |

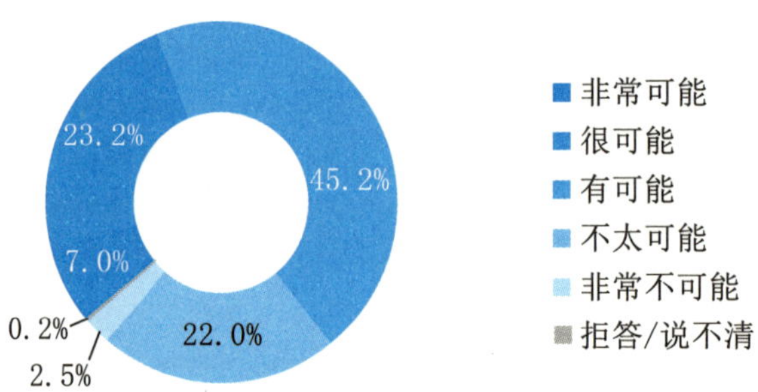


图 2-31　被告人得到免费法律援助的可能性

## 2.3　当事人享有证据性权利

为测量这一指标，调查问卷设计一个问题：

问题："在您所在地区的刑事审判中，被告人要求证人出庭作证时，法官传唤该证人出庭作证的可能性有多大?"（专业卷 Q19）

对于这一问题，调查数据显示，有 85.3%的受访者认为，在刑事审判中，如果被告人要求证人出庭作证，法官可能（含有可能、很可能和非常可能）传唤该证人出庭作证。

表 2-17　刑事审判中法官传唤证人出庭作证的可能性

| | 法官 | | 检察官 | | 警察 | | 律师 | | 全体 | |
|---|---|---|---|---|---|---|---|---|---|---|
| | 计数 | 频率% | 计数 | 频率% | 计数 | 频率% | 计数 | 频率% | 计数 | 频率% |
| 非常不可能 | 12 | 0.8 | 17 | 1.1 | 25 | 1.6 | 45 | 2.7 | 99 | 1.6 |
| 不太可能 | 122 | 7.7 | 201 | 12.7 | 224 | 14.4 | 292 | 17.7 | 839 | 13.2 |
| 有可能 | 674 | 42.7 | 864 | 54.5 | 757 | 48.8 | 844 | 51.2 | 3139 | 49.3 |
| 很可能 | 479 | 30.3 | 353 | 22.3 | 373 | 24.0 | 364 | 22.1 | 1569 | 24.7 |
| 非常可能 | 292 | 18.5 | 151 | 9.5 | 172 | 11.1 | 103 | 6.3 | 718 | 11.3 |

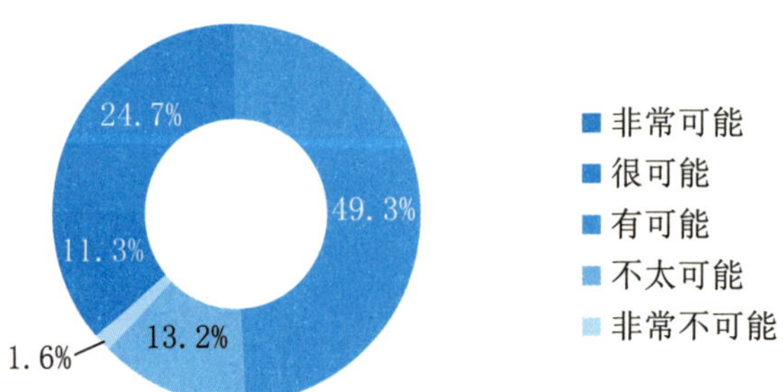


图 2-32　刑事审判中法官传唤证人出庭作证的可能性

不同法律职业群体中，均有七成以上的受访者认为，在刑事审判中，如果被告人要求证人出庭作证，法官可能（含有可能、很可能和非常可能）传唤该证人出庭作证。其中法官认为存在这种可能性的比例最高，达91.5%，律师认为存在这种可能性的比例最低，只有79.6%。法律职业群体中认为法官“非常可能”传唤证人出庭作证的，仅占11.3%。

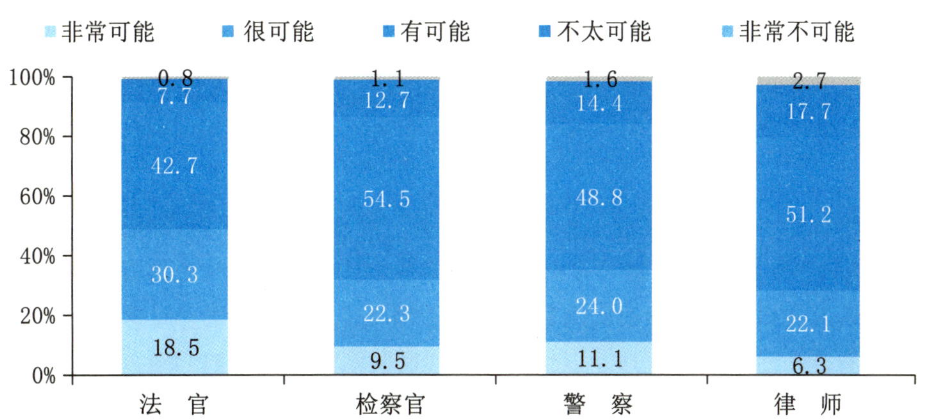

图2-33 刑事审判中法官传唤证人出庭作证的可能性——不同法律职业群体比较（%）

## 2.4 当事人享有获得救济的权利

为测量这一指标，调查问卷设计三个问题：

问题一：“在您所在地区，对确有错误的民事案件生效判决，法院启动再审程序予以纠正的可能性有多大?”（专业卷Q27.1）

问题二：“在您所在地区，对确有错误的刑事案件生效判决，法院启动再审程序予以纠正的可能性有多大?”（专业卷Q27.2）

问题三：“在您所在地区，对确有错误的行政案件生效判决，法院启动再审程序予以纠正的可能性有多大?”（专业卷Q27.3）

对于问题一，调查数据显示，有88.5%的受访者认为，对确有错误的民事案件生效判决，法院可能（含有可能、很可能和非常可能）启动再审程序予以纠正。

表2-18 对确有错误的民事案件生效判决，法院启动再审程序予以纠正的可能性

| | 法 官 | | 检察官 | | 警 察 | | 律 师 | | 全 体 | |
|---|---|---|---|---|---|---|---|---|---|---|
| | 计数 | 频率% | 计数 | 频率% | 计数 | 频率% | 计数 | 频率% | 计数 | 频率% |
| 非常不可能 | 2 | 0.1 | 16 | 1.0 | 19 | 1.2 | 46 | 2.8 | 83 | 1.3 |
| 不太可能 | 57 | 3.6 | 141 | 9.0 | 159 | 10.3 | 292 | 17.7 | 649 | 10.2 |
| 有可能 | 459 | 29.0 | 701 | 44.8 | 733 | 47.3 | 763 | 46.2 | 2656 | 41.9 |
| 很可能 | 512 | 32.3 | 436 | 27.9 | 415 | 26.8 | 361 | 21.9 | 1724 | 27.2 |
| 非常可能 | 554 | 35.0 | 269 | 17.2 | 223 | 14.4 | 188 | 11.4 | 1234 | 19.4 |

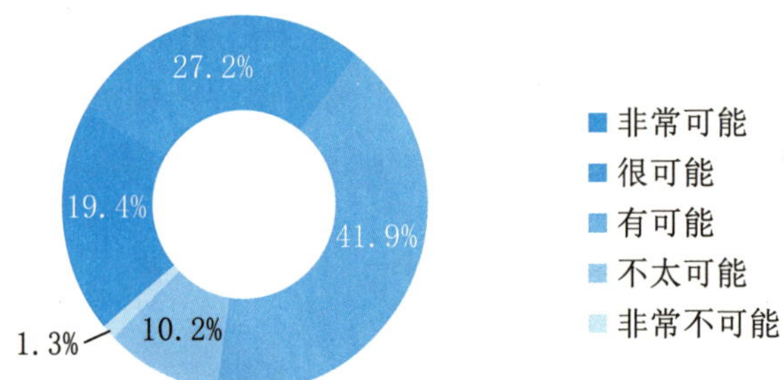

图 2-34　对确有错误的民事案件生效判决，法院启动再审程序予以纠正的可能性

不同法律职业群体中，均有七成以上的受访者认为，对确有错误的民事案件生效判决，法院可能（含有可能、很可能和非常可能）启动再审程序予以纠正。其中法官认为存在这种可能性的比例最高，达96.3%，律师认为存在这种可能性的比例最低，只有79.5%。另外，认为对确有错误的民事案件生效判决，法院"非常可能"启动再审程序予以纠正的律师比例偏低，只有11.4%，而法官持相同看法的比例则有35.0%，较律师高出23.6个百分点。

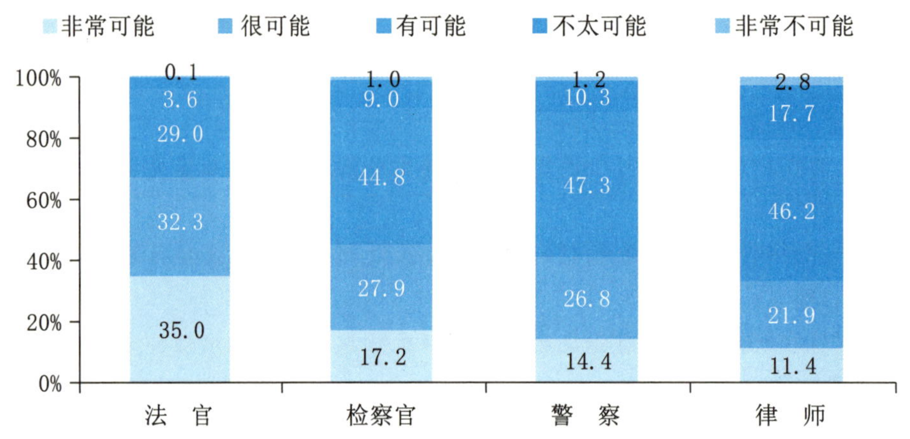

图 2-35　对确有错误的民事案件生效判决，法院启动再审程序予以纠正的可能性——不同法律职业群体比较（%）

对于问题二，调查数据显示，有86.6%的受访者认为，对确有错误的刑事案件生效判决，法院可能（含有可能、很可能和非常可能）启动再审程序予以纠正。

表 2-19　对确有错误的刑事案件生效判决，法院启动再审程序予以纠正的可能性

| | 法　官 | | 检察官 | | 警　察 | | 律　师 | | 全　体 | |
|---|---|---|---|---|---|---|---|---|---|---|
| | 计数 | 频率% | 计数 | 频率% | 计数 | 频率% | 计数 | 频率% | 计数 | 频率% |
| 非常不可能 | 10 | 0.6 | 12 | 0.8 | 26 | 1.7 | 63 | 3.9 | 111 | 1.8 |
| 不太可能 | 77 | 4.9 | 140 | 8.9 | 151 | 9.8 | 368 | 22.6 | 736 | 11.7 |
| 有可能 | 444 | 28.5 | 637 | 40.5 | 669 | 43.3 | 717 | 44.0 | 2467 | 39.1 |
| 很可能 | 471 | 30.3 | 449 | 28.5 | 426 | 27.6 | 295 | 18.1 | 1641 | 26.0 |
| 非常可能 | 555 | 35.6 | 336 | 21.3 | 272 | 17.6 | 188 | 11.5 | 1351 | 21.4 |

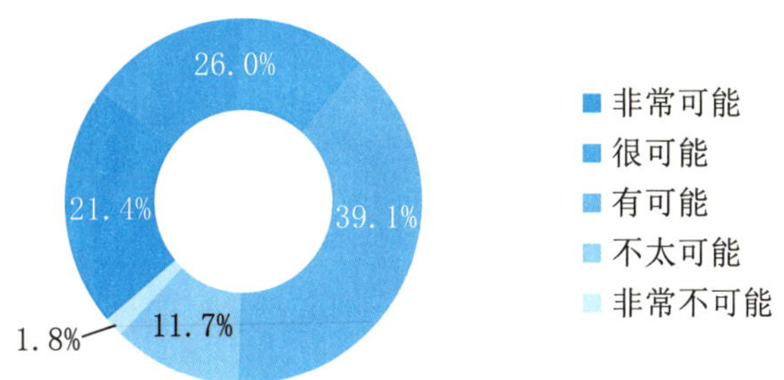


图 2-36　对确有错误的刑事案件生效判决，法院启动再审程序予以纠正的可能性

不同法律职业群体中，均有七成以上的受访者认为，对确有错误的刑事案件生效判决，法院可能（含有可能、很可能和非常可能）启动再审程序予以纠正。其中法官认为存在这种可能性的比例最高，达 94.4%，律师认为存在这种可能性的比例最低，只有 73.6%。另外，认为对确有错误的刑事案件生效判决，法院"非常可能"启动再审程序予以纠正的律师比例偏低，只有 11.5%，而法官持相同看法的比例则有 35.6%，较律师高出 24.1 个百分点。

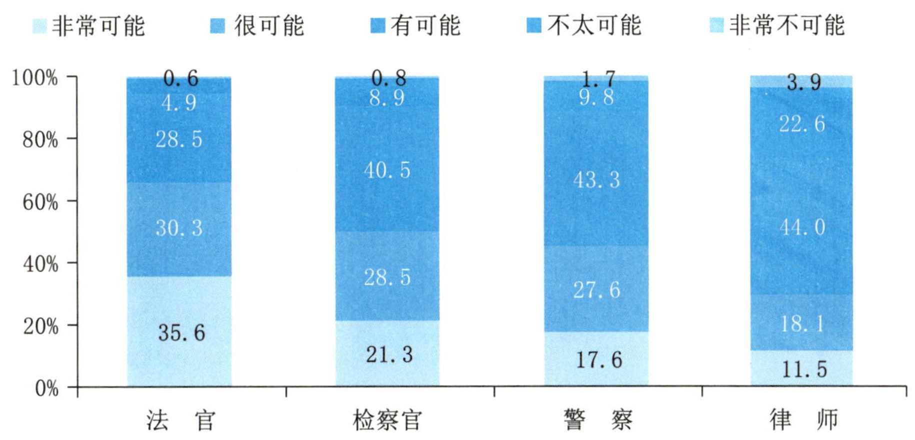


图 2-37　对确有错误的刑事案件生效判决，法院启动再审程序予以纠正的可能性——不同法律职业群体比较（%）

对于问题三，调查数据显示，有 83.7%的受访者认为，对确有错误的行政案件生效判决，法院可能（含有可能、很可能和非常可能）启动再审程序予以纠正。

表 2-20　对确有错误的行政案件生效判决，法院启动再审程序予以纠正的可能性

| | 法　官 | | 检察官 | | 警　察 | | 律　师 | | 全　体 | |
|---|---|---|---|---|---|---|---|---|---|---|
| | 计数 | 频率% | 计数 | 频率% | 计数 | 频率% | 计数 | 频率% | 计数 | 频率% |
| 非常不可能 | 15 | 1.0 | 24 | 1.5 | 28 | 1.8 | 90 | 5.5 | 157 | 2.5 |
| 不太可能 | 77 | 4.9 | 173 | 11.2 | 193 | 12.6 | 424 | 26.0 | 867 | 13.8 |
| 有可能 | 487 | 31.3 | 705 | 45.5 | 680 | 44.3 | 724 | 44.5 | 2596 | 41.4 |
| 很可能 | 461 | 29.6 | 389 | 25.1 | 404 | 26.3 | 226 | 13.9 | 1480 | 23.6 |
| 非常可能 | 516 | 33.2 | 260 | 16.8 | 231 | 15.0 | 164 | 10.1 | 1171 | 18.7 |

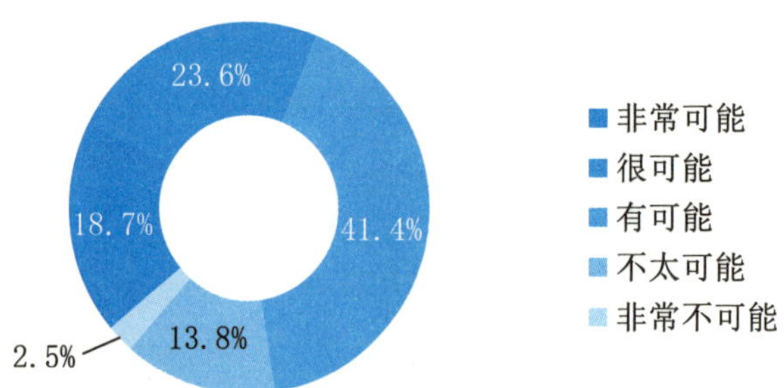


图 2-38　对确有错误的行政案件生效判决，法院启动再审程序予以纠正的可能性

不同法律职业群体中，均有六成以上的受访者认为，对确有错误的行政案件生效判决，法院可能（含有可能、很可能和非常可能）启动再审程序予以纠正。其中法官认为存在这种可能性的比例最高，达 94.1%，律师认为存在这种可能性的比例最低，只有 68.4%。另外，认为对确有错误的行政案件生效判决，法院“非常可能”启动再审程序予以纠正的律师比例偏低，只有 10.1%，而法官持相同看法的比例则有 33.2%，较律师高出 23.1 个百分点。

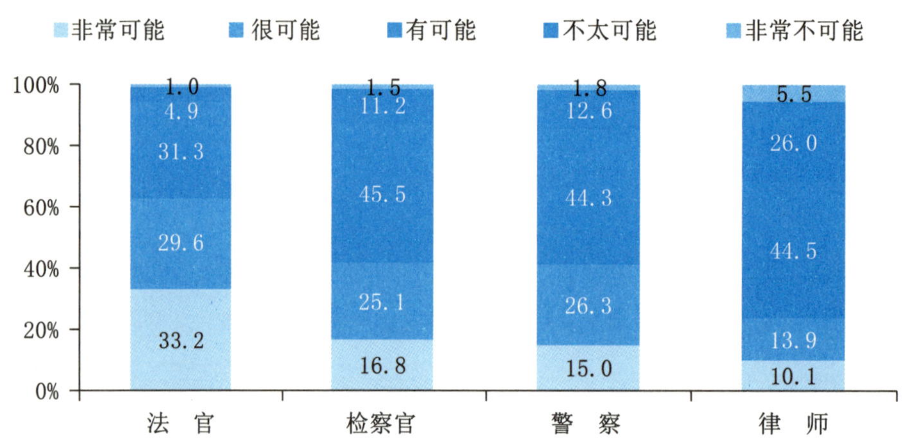


图 2-39　对确有错误的行政案件生效判决，法院启动再审程序予以纠正的可能性——不同法律职业群体比较（%）

## 指标 3　民事司法程序

### 3.1　民事审判符合公正要求

为测量这一指标，调查问卷设计两个问题：

问题一：“在您所在地区，法院对民事诉讼中贫富不同的当事人‘不偏不倚’的可能性有多大?”（专业卷 Q11.1）

问题二：“在您所在地区，贫富不同的当事人受到法院平等对待的可能性有多大?”（公众卷 Q11）

对于问题一，调查数据显示，有 93.2%的受访者认为，法院可能（含有可能、很可能和非常可能）对民事诉讼中贫富不同的当事人“不偏不倚”。

表 2-21　法院对民事诉讼中贫富不同的当事人“不偏不倚”的可能性

| | 法　官 | | 检察官 | | 警　察 | | 律　师 | | 全　体 | |
|---|---|---|---|---|---|---|---|---|---|---|
| | 计数 | 频率% | 计数 | 频率% | 计数 | 频率% | 计数 | 频率% | 计数 | 频率% |
| 非常不可能 | 26 | 1.6 | 25 | 1.6 | 24 | 1.5 | 16 | 1.0 | 91 | 1.4 |
| 不太可能 | 50 | 3.2 | 69 | 4.4 | 145 | 9.3 | 74 | 4.5 | 338 | 5.3 |

续表

| | 法官 | | 检察官 | | 警察 | | 律师 | | 全体 | |
|---|---|---|---|---|---|---|---|---|---|---|
| | 计数 | 频率% | 计数 | 频率% | 计数 | 频率% | 计数 | 频率% | 计数 | 频率% |
| 有可能 | 152 | 9.6 | 399 | 25.4 | 524 | 33.7 | 624 | 37.8 | 1699 | 26.7 |
| 很可能 | 467 | 29.5 | 599 | 38.2 | 530 | 34.1 | 630 | 38.2 | 2226 | 35.0 |
| 非常可能 | 888 | 56.1 | 476 | 30.4 | 332 | 21.4 | 306 | 18.5 | 2002 | 31.5 |

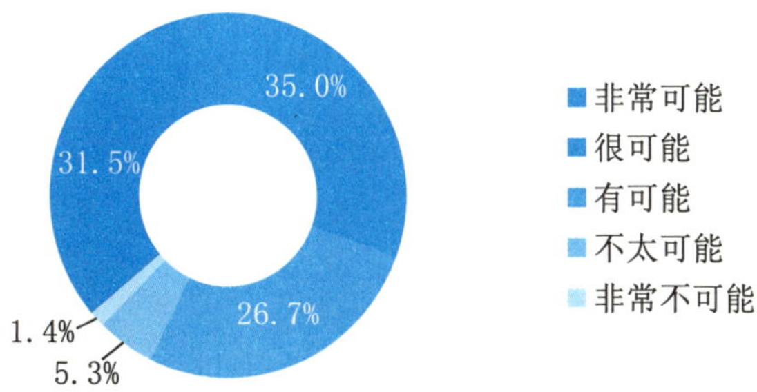


图 2-40　法院对民事诉讼中贫富不同的当事人“不偏不倚”的可能性

不同法律职业群体中，均有八成以上的受访者认为，法院可能（含有可能、很可能和非常可能）对民事诉讼中贫富不同的当事人“不偏不倚”。其中认为存在这种可能性比例最高的是法官，达 95.2%，比例最低的是警察，占 89.1%；认为法院“很可能”和“非常可能”做到“不偏不倚”的，比例最高的是法官，达 85.6%，比例最低的是警察，占 55.5%，二者相差 30.1 个百分点；若再比较不同法律职业群体在“非常可能”这一选项上的数据，差距就更加显著，法官的比例是 56.1%，而律师的比例只有 18.5%，二者相差 37.6 个百分点。

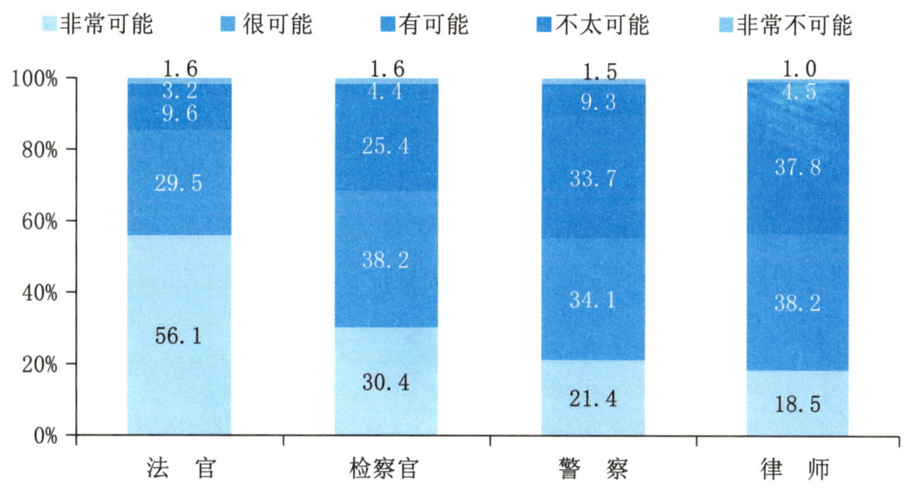


图 2-41　法院对民事诉讼中贫富不同的当事人“不偏不倚”的可能性——不同法律职业群体比较（%）

对于问题二，调查数据显示，有 78.5%的普通公众认为，贫富不同的当事人可能（含有可能、很可能和非常可能）受到法院的平等对待。不过，认为贫富不同的当事人“非常可能”受到法院的平等对待的比例偏低，只有 6.2%。

表 2-22　贫富不同的当事人受到法院平等对待的可能性

| | 公众 | |
|---|---|---|
| | 计数 | 频率% |
| 非常不可能 | 472 | 2.4 |
| 不太可能 | 3704 | 19.1 |
| 有可能 | 9470 | 48.8 |
| 很可能 | 4561 | 23.5 |
| 非常可能 | 1196 | 6.2 |
| 拒答/说不清 | 15 | 0.1 |

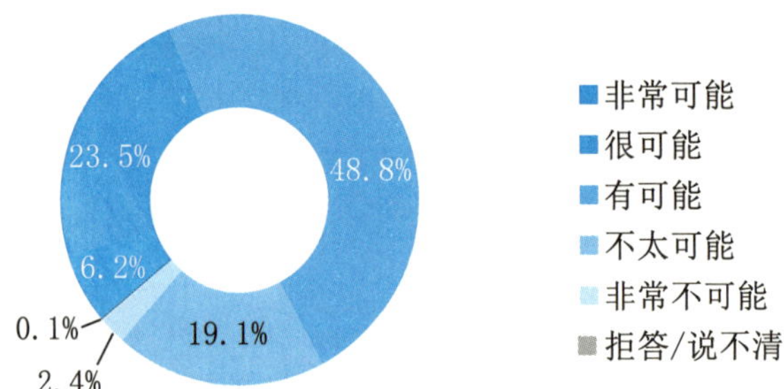


图 2-42　贫富不同的当事人受到法院平等对待的可能性

### 3.2　民事诉讼中的调解自愿、合法

为测量这一指标，调查问卷设计一个问题：

问题："在您所在地区的民事诉讼中，法官强迫或变相强迫当事人接受调解的可能性有多大？"（专业卷 Q20 和公众卷 Q15）

对于这一问题，调查数据显示，有 53.1%的受访者认为，在民事诉讼中，法官可能（含有可能、很可能和非常可能）强迫或变相强迫当事人接受调解。

表 2-23　法官强迫或变相强迫民事当事人接受调解的可能性

| | 法官 | | 检察官 | | 警察 | | 律师 | | 公众 | | 全体 | |
|---|---|---|---|---|---|---|---|---|---|---|---|---|
| | 计数 | 频率% | 计数 | 频率% | 计数 | 频率% | 计数 | 频率% | 计数 | 频率% | 计数 | 频率% |
| 非常不可能 | 388 | 24.5 | 169 | 10.7 | 189 | 12.3 | 100 | 6.1 | 695 | 3.6 | 1541 | 6.0 |
| 不太可能 | 845 | 53.3 | 817 | 51.8 | 731 | 47.6 | 590 | 35.9 | 7485 | 38.6 | 10 468 | 40.7 |
| 有可能 | 308 | 19.4 | 504 | 32.0 | 531 | 34.6 | 698 | 42.5 | 9007 | 46.4 | 11 048 | 42.9 |
| 很可能 | 35 | 2.2 | 71 | 4.5 | 69 | 4.5 | 193 | 11.7 | 1828 | 9.4 | 2196 | 8.5 |
| 非常可能 | 8 | 0.5 | 16 | 1.0 | 16 | 1.0 | 62 | 3.8 | 344 | 1.8 | 446 | 1.7 |
| 拒答/说不清 | 0 | 0.0 | 0 | 0.0 | 0 | 0.0 | 0 | 0.0 | 43 | 0.2 | 43 | 0.2 |

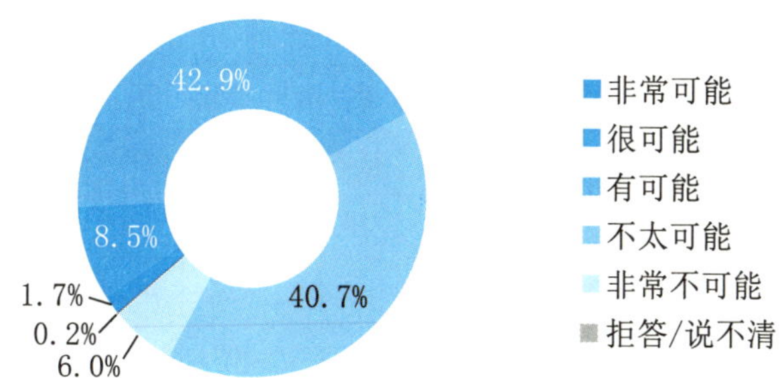


图 2-43　法官强迫或变相强迫民事当事人接受调解的可能性

与法律职业群体相比，公众更倾向于认为法官可能（含有可能、很可能和非常可能）强迫或变相强迫民事当事人接受调解，比例高达 57.6%，而法律职业群体的比例只有 39.6%，二者相差 18.0 个百分点。

在法律职业群体中，有 58.0%的律师认为法官可能（含有可能、很可能和非常可能）强迫或变相强迫民事当事人接受调解，与公众的比例基本相当，在所有法律职业群体中比例最高。相比较而言，法官普遍否认存在这种可能性，认为存在这种可能性的比例只有 22.2%，其中认为“非常可能”的比例仅有 0.5%。

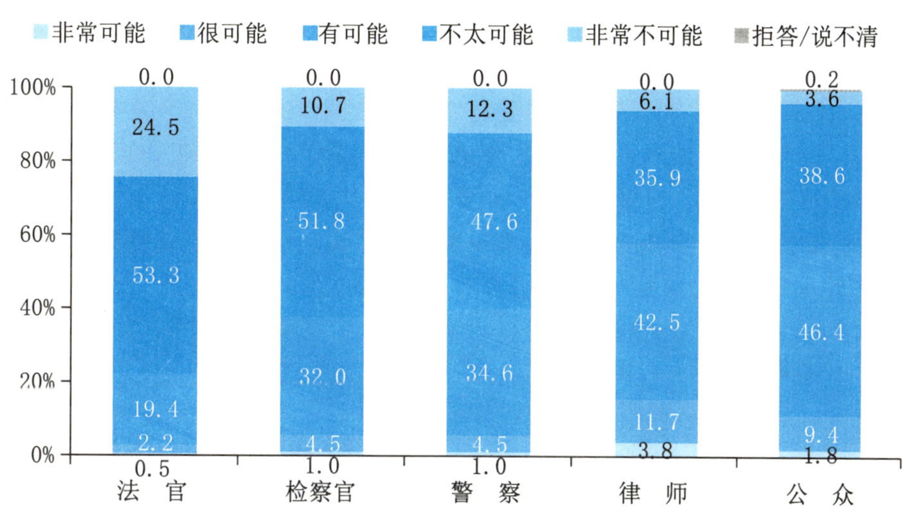


图 2-44　法官强迫或变相强迫民事当事人接受调解的可能性——不同法律职业群体和公众比较（%）

## 3.3　民事诉讼裁判得到有效执行

为测量这一指标，调查问卷设计一个问题：

问题：“在您所在地区，民事案件生效判决得到有效执行的可能性有多大?”（专业卷 Q21.1 和公众卷 Q16.1）

针对这一问题，调查数据显示，有 92.6%的受访者认为，民事判决可能（含有可能、很可能和非常可能）得到有效执行。不过，对于这一问题，回答“非常可能”的比例偏低，只有 12.5%。

表 2-24　民事案件生效判决得到有效执行的可能性

| | 法　官 | | 检察官 | | 警　察 | | 律　师 | | 公　众 | | 全　体 | |
|---|---|---|---|---|---|---|---|---|---|---|---|---|
| | 计数 | 频率% | 计数 | 频率% | 计数 | 频率% | 计数 | 频率% | 计数 | 频率% | 计数 | 频率% |
| 非常不可能 | 2 | 0.1 | 12 | 0.8 | 29 | 1.9 | 17 | 1.0 | 109 | 0.6 | 169 | 0.7 |

续表

| | 法官 | | 检察官 | | 警察 | | 律师 | | 公众 | | 全体 | |
|---|---|---|---|---|---|---|---|---|---|---|---|---|
| | 计数 | 频率% | 计数 | 频率% | 计数 | 频率% | 计数 | 频率% | 计数 | 频率% | 计数 | 频率% |
| 不太可能 | 33 | 2.1 | 78 | 5.0 | 165 | 10.6 | 130 | 7.9 | 1265 | 6.6 | 1671 | 6.5 |
| 有可能 | 479 | 30.2 | 646 | 41.3 | 698 | 45.0 | 817 | 49.5 | 8307 | 43.1 | 10 947 | 42.7 |
| 很可能 | 642 | 40.5 | 560 | 35.8 | 424 | 27.4 | 502 | 30.4 | 7471 | 38.7 | 9599 | 37.4 |
| 非常可能 | 429 | 27.1 | 268 | 17.1 | 234 | 15.1 | 183 | 11.1 | 2098 | 10.9 | 3212 | 12.5 |
| 拒答/说不清 | 0 | 0.0 | 0 | 0.0 | 0 | 0.0 | 0 | 0.0 | 45 | 0.2 | 45 | 0.2 |

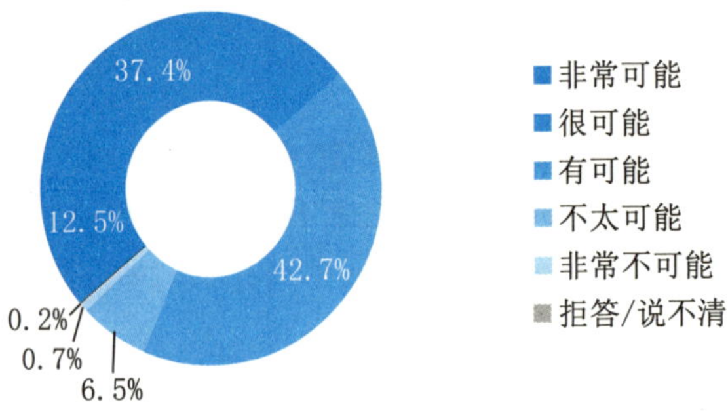


图 2-45　民事案件生效判决得到有效执行的可能性

法律职业群体和普通公众都有九成以上的受访者认为民事判决可能（含有可能、很可能和非常可能）得到有效执行，二者的比例基本一致，都非常高。不过，对于这一问题，回答“非常可能”的比例偏低，尤其是律师和公众的比例，分别只有11.1%和10.9%。

不同法律职业群体认为民事判决可能（含有可能、很可能和非常可能）得到有效执行的比例都很高，其中法官的比例最高，达97.8%，警察的比例最低，占87.5%。

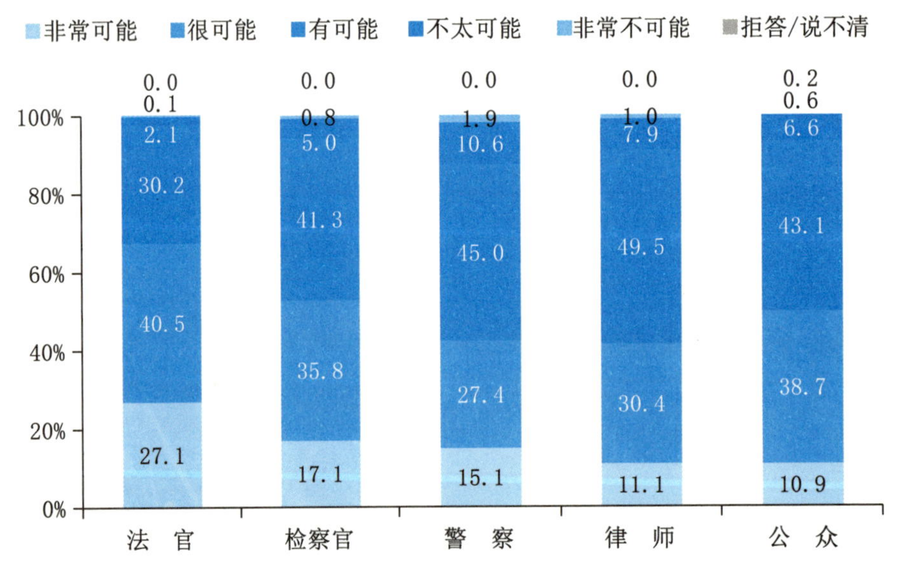


图 2-46　民事案件生效判决得到有效执行的可能性——不同法律职业群体和公众比较（%）

## 指标4　刑事司法程序

### 4.1　侦查措施及时合法

为测量这一指标，调查问卷设计四个问题：

问题一："在您所在地区，警察对犯罪嫌疑人刑讯逼供的可能性有多大?"（专业卷 Q15 和公众卷 Q12）

问题二："在您所在地区，犯罪嫌疑人被超期羁押的可能性有多大?"（专业卷 Q16）

问题三："在您所在地区，侦查机关滥用权力进行非法监听的可能性有多大?"（专业卷 Q24）

问题四："在您所在地区，老百姓家里被盗到公安局报案，得到及时受理的可能性有多大?"（公众卷 Q17.1）

对于问题一，调查数据显示，有 59.1%的受访者认为，警察可能（含有可能、很可能和非常可能）对犯罪嫌疑人刑讯逼供。不过，认为"非常可能"的比例并不高，只有 3.2%。

表 2-25　警察对犯罪嫌疑人刑讯逼供的可能性

| | 法　官 | | 检察官 | | 警　察 | | 律　师 | | 公　众 | | 全　体 | |
|---|---|---|---|---|---|---|---|---|---|---|---|---|
| | 计数 | 频率% | 计数 | 频率% | 计数 | 频率% | 计数 | 频率% | 计数 | 频率% | 计数 | 频率% |
| 非常不可能 | 225 | 14.3 | 208 | 13.1 | 457 | 29.4 | 91 | 5.5 | 774 | 4.0 | 1755 | 6.8 |
| 不太可能 | 781 | 49.6 | 799 | 50.4 | 725 | 46.6 | 573 | 34.8 | 5848 | 30.1 | 8726 | 33.9 |
| 有可能 | 494 | 31.3 | 486 | 30.7 | 307 | 19.7 | 776 | 47.1 | 8698 | 44.8 | 10 761 | 41.7 |
| 很可能 | 66 | 4.2 | 76 | 4.8 | 43 | 2.8 | 166 | 10.1 | 3311 | 17.1 | 3662 | 14.2 |
| 非常可能 | 10 | 0.6 | 16 | 1.0 | 23 | 1.5 | 42 | 2.5 | 745 | 3.8 | 836 | 3.2 |
| 拒答/说不清 | 0 | 0.0 | 0 | 0.0 | 0 | 0.0 | 0 | 0.0 | 38 | 0.2 | 38 | 0.1 |

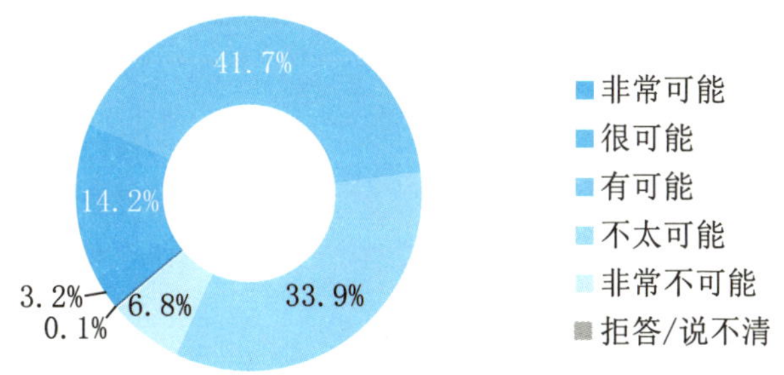


图 2-47　警察对犯罪嫌疑人刑讯逼供的可能性

法律职业群体和公众相比较，法律职业群体认为警察可能（含有可能、很可能和非常可能）对犯罪嫌疑人刑讯逼供的比例为 39.4%，而公众的比例则高达 65.7%，二者相差 26.3 个百分点。

不同法律职业群体对警察是否可能对犯罪嫌疑人刑讯逼供的看法差异显著，有 59.7%的律师认为警察可能对犯罪嫌疑人刑讯逼供，而警察认为存在这种可能性的比例最低，只有 24.0%。

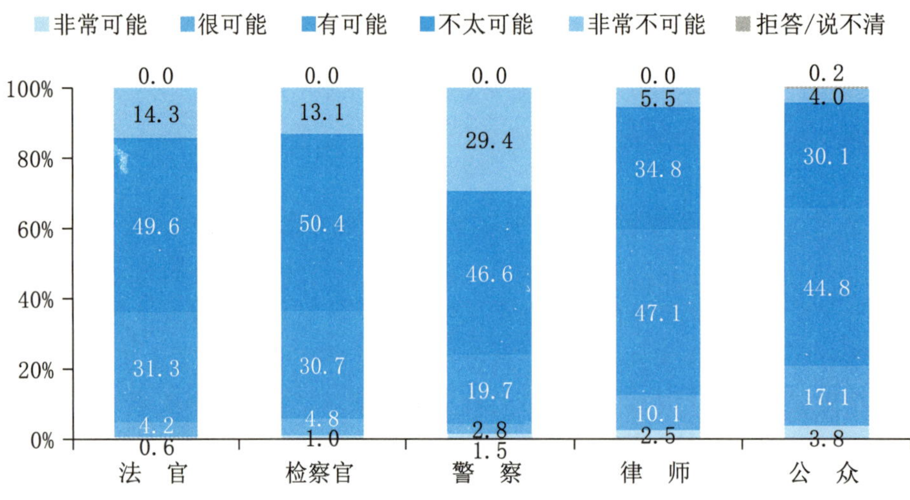

图 2-48　警察对犯罪嫌疑人刑讯逼供的可能性——不同法律职业群体和公众比较（%）

对于问题二，调查数据显示，有34.1%的受访者认为，犯罪嫌疑人可能（含有可能、很可能和非常可能）被超期羁押。不过，认为“非常可能”的比例并不高，只有1.2%。

表 2-26　犯罪嫌疑人被超期羁押的可能性

| | 法官 | | 检察官 | | 警察 | | 律师 | | 全体 | |
|---|---|---|---|---|---|---|---|---|---|---|
| | 计数 | 频率% | 计数 | 频率% | 计数 | 频率% | 计数 | 频率% | 计数 | 频率% |
| 非常不可能 | 328 | 20.8 | 437 | 27.5 | 496 | 31.9 | 116 | 7.0 | 1377 | 21.6 |
| 不太可能 | 771 | 48.9 | 779 | 49.1 | 700 | 45.0 | 570 | 34.6 | 2820 | 44.3 |
| 有可能 | 421 | 26.7 | 328 | 20.7 | 285 | 18.3 | 721 | 43.8 | 1755 | 27.6 |
| 很可能 | 54 | 3.4 | 36 | 2.3 | 57 | 3.7 | 192 | 11.7 | 339 | 5.3 |
| 非常可能 | 4 | 0.3 | 8 | 0.5 | 17 | 1.1 | 48 | 2.9 | 77 | 1.2 |

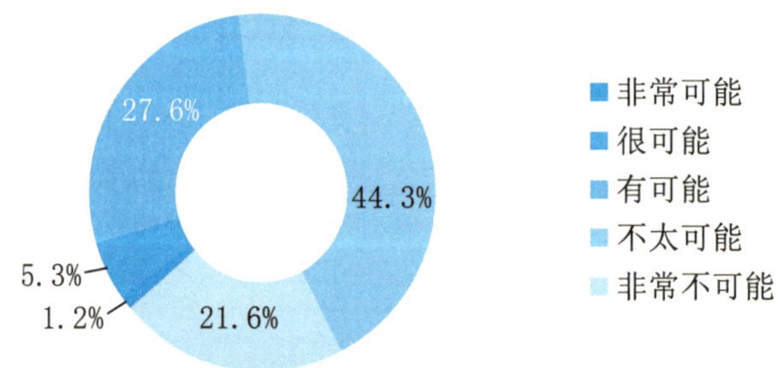

图 2-49　犯罪嫌疑人被超期羁押的可能性

不同法律职业群体中，认为犯罪嫌疑人可能（含有可能、很可能和非常可能）被超期羁押的，比例最高的是律师，达58.4%，比例最低的是警察，只有23.1%，二者相差35.3个百分点。

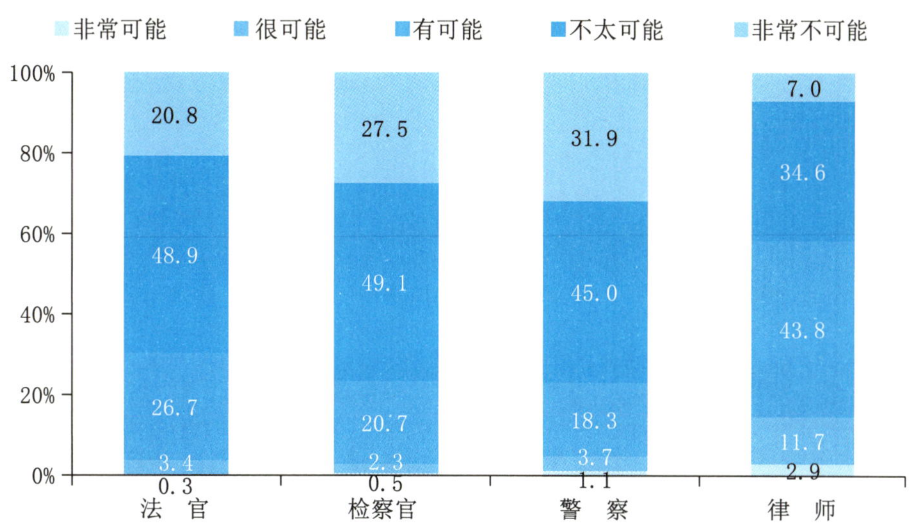

图 2-50　犯罪嫌疑人被超期羁押的可能性——不同法律职业群体比较（%）

对于问题三，调查数据显示，有 36.4%的受访者认为，侦查机关可能（含有可能、很可能和非常可能）滥用权力进行非法监听。不过，认为“非常可能”的比例并不高，只有 1.6%。

表 2-27　侦查机关滥用权力进行非法监听的可能性

| | 法　官 | | 检察官 | | 警　察 | | 律　师 | | 全　体 | |
|---|---|---|---|---|---|---|---|---|---|---|
| | 计数 | 频率% | 计数 | 频率% | 计数 | 频率% | 计数 | 频率% | 计数 | 频率% |
| 非常不可能 | 250 | 15.9 | 295 | 18.6 | 387 | 24.9 | 114 | 6.9 | 1046 | 16.4 |
| 不太可能 | 840 | 53.4 | 849 | 53.6 | 751 | 48.3 | 561 | 34.1 | 3001 | 47.2 |
| 有可能 | 404 | 25.7 | 382 | 24.1 | 326 | 21.0 | 754 | 45.8 | 1866 | 29.3 |
| 很可能 | 64 | 4.1 | 47 | 3.0 | 68 | 4.4 | 170 | 10.3 | 349 | 5.5 |
| 非常可能 | 16 | 1.0 | 12 | 0.8 | 24 | 1.5 | 47 | 2.9 | 99 | 1.6 |

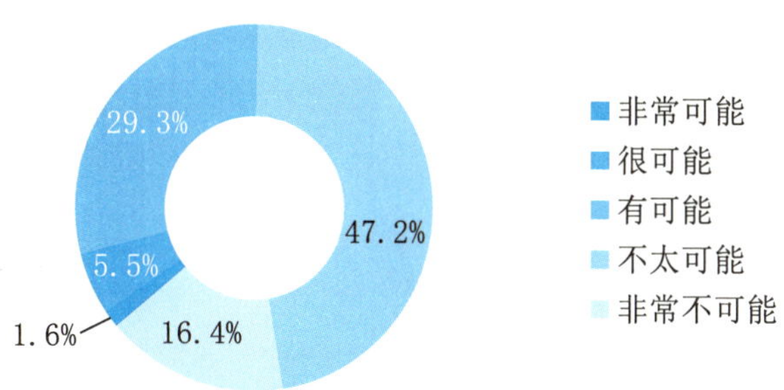

图 2-51　侦查机关滥用权力进行非法监听的可能性

不同法律职业群体中，认为侦查机关可能（含有可能、很可能和非常可能）滥用权力进行非法监听的，比例最高的是律师，达 59.0%，比例最低的是警察，只有 26.9%。

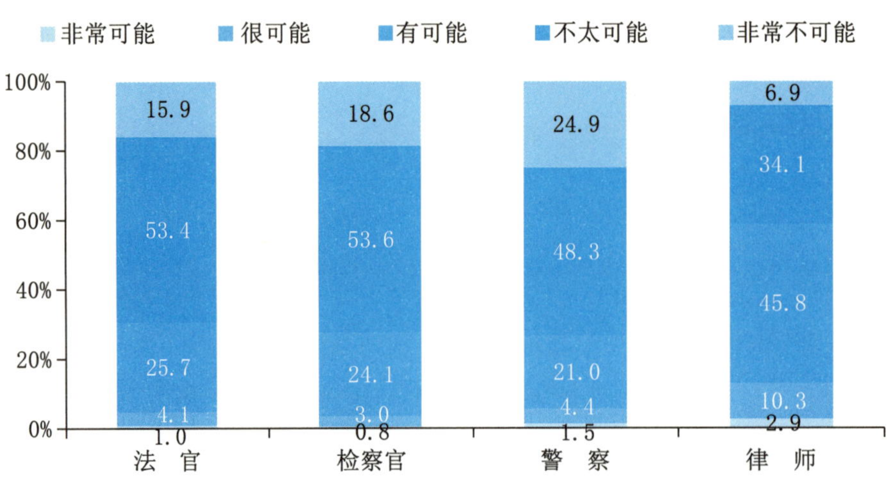


图 2-52　侦查机关滥用权力进行非法监听的可能性——不同法律职业群体比较（%）

对于问题四，调查数据显示，有85.1%的受访者认为，老百姓家里被盗到公安局报案，可能（含有可能、很可能和非常可能）得到及时受理。不过，认为“非常可能”的比例并不高，只有15.9%。

表 2-28　老百姓家里被盗到公安局报案，得到及时受理的可能性

| | 公　众 | |
|---|---|---|
| | 计　数 | 频率% |
| 非常不可能 | 449 | 2.3 |
| 不太可能 | 2433 | 12.6 |
| 有可能 | 6987 | 36.1 |
| 很可能 | 6421 | 33.1 |
| 非常可能 | 3078 | 15.9 |
| 拒答/说不清 | 3 | 0.0 |

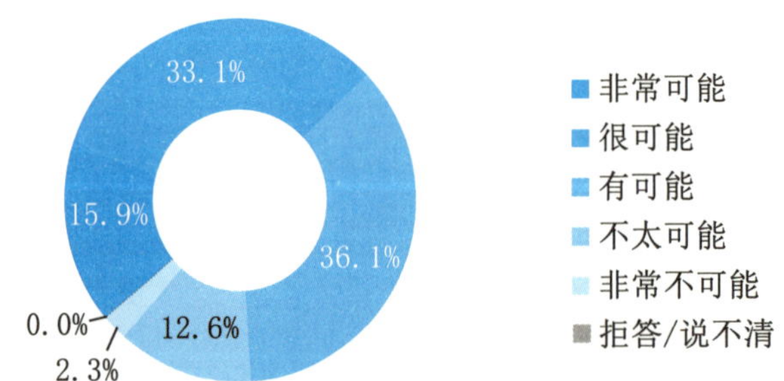


图 2-53　老百姓家里被盗到公安局报案，得到及时受理的可能性

## 4.2　审查起诉公正有效

为测量这一指标，调查问卷设计两个问题：

问题一：“在您所在地区，对于公安机关移送审查起诉的案件，检察院经过审查后认为犯罪情节轻微，依照刑法规定不需要判处刑罚或者可以免除刑罚的，对其作出不起诉决定的可能性有多大？”（专业卷Q14）

问题二：“在您所在地区，对于公安机关移送审查起诉的案件，检察院经审查认为证据不足，直接作出不起诉决定的可能性有多大？”（专业卷Q25）

对于问题一，调查数据显示，有 89.1%的受访者认为，对于公安机关移送审查起诉的案件，检察院经过审查后认为犯罪情节轻微，依照刑法规定不需要判处刑罚或者可以免除刑罚的，可能（含有可能、很可能和非常可能）对其作出不起诉决定。

表 2-29 检察院依法作出酌定不起诉决定的可能性

| | 法官 | | 检察官 | | 警察 | | 律师 | | 全体 | |
|---|---|---|---|---|---|---|---|---|---|---|
| | 计数 | 频率% | 计数 | 频率% | 计数 | 频率% | 计数 | 频率% | 计数 | 频率% |
| 非常不可能 | 10 | 0.6 | 14 | 0.9 | 20 | 1.3 | 27 | 1.6 | 71 | 1.1 |
| 不太可能 | 128 | 8.1 | 61 | 3.8 | 159 | 10.2 | 276 | 16.7 | 624 | 9.8 |
| 有可能 | 748 | 47.6 | 540 | 34.1 | 704 | 45.3 | 860 | 52.2 | 2852 | 44.8 |
| 很可能 | 485 | 30.8 | 517 | 32.6 | 460 | 29.6 | 372 | 22.6 | 1834 | 28.8 |
| 非常可能 | 202 | 12.8 | 453 | 28.6 | 210 | 13.5 | 114 | 6.9 | 979 | 15.4 |

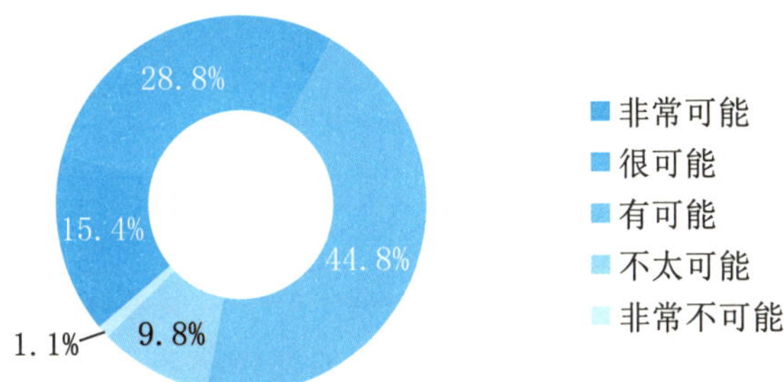


图 2-54 检察院依法作出酌定不起诉决定的可能性

不同法律职业群体均有八成以上的受访者认为，对于公安机关移送审查起诉的案件，检察院经过审查后认为犯罪情节轻微，依照刑法规定不需要判处刑罚或者可以免除刑罚的，可能（含有可能、很可能和非常可能）对其作出不起诉决定。其中，认为检察院可能依法作出酌定不起诉决定的，比例最高的是检察官，达 95.3%，比例最低的是律师，也有 81.6%。

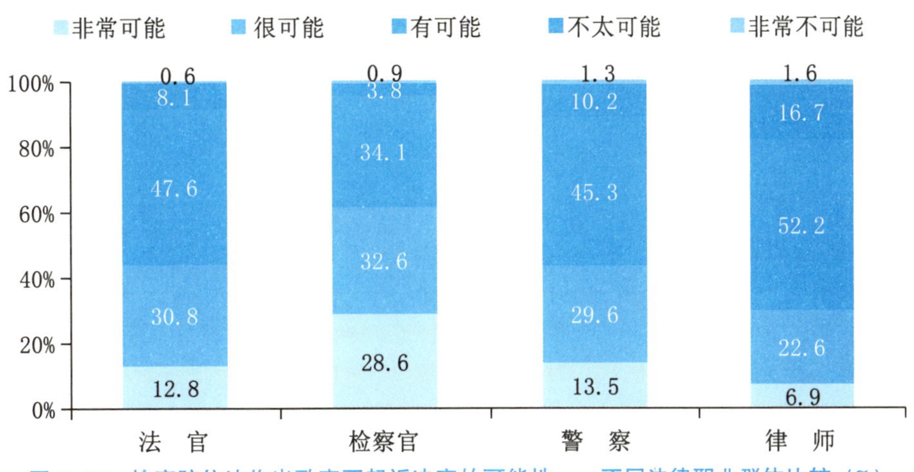


图 2-55 检察院依法作出酌定不起诉决定的可能性——不同法律职业群体比较（%）

对于问题二，调查数据显示，有 79.1%的受访者认为，对于公安机关移送审查起诉的案件，检察院经审查认为证据不足，可能（含有可能、很可能和非常可能）直接作出不起诉决定。

表 2-30 检察院依法作出证据不足不起诉决定的可能性

| | 法官 | | 检察官 | | 警察 | | 律师 | | 全体 | |
|---|---|---|---|---|---|---|---|---|---|---|
| | 计数 | 频率% | 计数 | 频率% | 计数 | 频率% | 计数 | 频率% | 计数 | 频率% |
| 非常不可能 | 39 | 2.5 | 44 | 2.8 | 44 | 2.8 | 45 | 2.7 | 172 | 2.7 |
| 不太可能 | 252 | 16.0 | 221 | 13.9 | 273 | 17.6 | 409 | 24.8 | 1155 | 18.2 |
| 有可能 | 818 | 52.0 | 647 | 40.8 | 780 | 50.4 | 867 | 52.6 | 3112 | 49.0 |
| 很可能 | 316 | 20.1 | 410 | 25.9 | 324 | 20.9 | 256 | 15.5 | 1306 | 20.6 |
| 非常可能 | 147 | 9.4 | 263 | 16.6 | 128 | 8.3 | 71 | 4.3 | 609 | 9.6 |

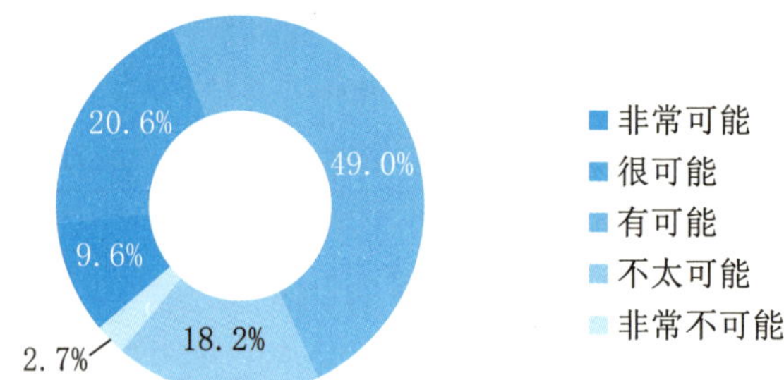


图 2-56 检察院依法作出证据不足不起诉决定的可能性

不同法律职业群体均有七成以上的受访者认为，对于公安机关移送审查起诉的案件，检察院经审查认为证据不足，可能（含有可能、很可能和非常可能）直接作出不起诉决定。其中，认为检察院可能依法作出证据不足不起诉决定的，比例最高的是检察官，达 83.3%，比例最低的是律师，有 72.4%。不过，对于这种情况，认为“非常可能”的比例普遍不高，即使从检察官的自评数据看，也只有 16.6%；律师的比例则更低，仅仅有 4.3%。

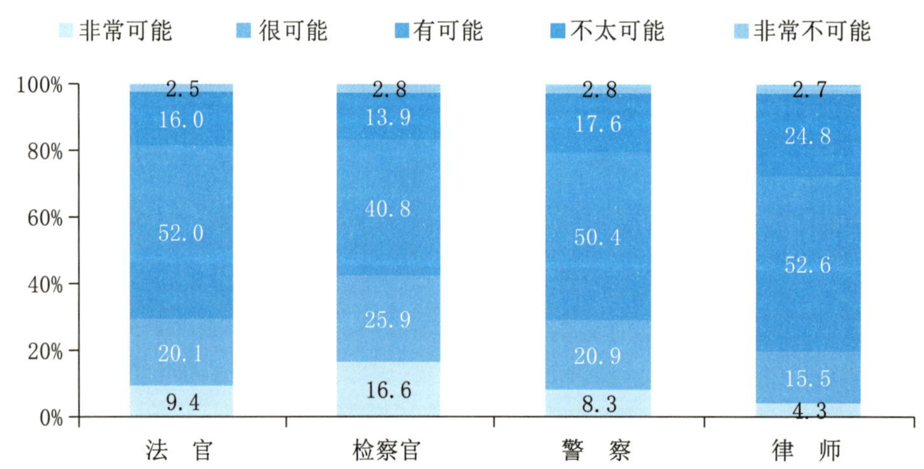


图 2-57 检察院依法作出证据不足不起诉决定的可能性——不同法律职业群体比较（%）

### 4.3 刑事审判公正及时有效

为测量这一指标，调查问卷设计两个问题：

问题一：“在您所在地区，刑事案件审判久拖不决的可能性有多大？”（专业卷 Q26 和公众卷 Q14）

问题二：“在您所在地区，法院对刑事诉讼中控辩双方‘不偏不倚’的可能性有多大？”（专业卷 Q11.2）

对于问题一，调查数据显示，有 64.3%的受访者认为，刑事案件审判可能（含有可能、很可能和非常可能）久拖不决。

表 2-31　刑事案件审判久拖不决的可能性

| | 法　官 | | 检察官 | | 警　察 | | 律　师 | | 公　众 | | 全　体 | |
|---|---|---|---|---|---|---|---|---|---|---|---|---|
| | 计数 | 频率% | 计数 | 频率% | 计数 | 频率% | 计数 | 频率% | 计数 | 频率% | 计数 | 频率% |
| 非常不可能 | 313 | 19.8 | 197 | 12.4 | 163 | 10.6 | 67 | 4.1 | 566 | 2.9 | 1306 | 5.1 |
| 不太可能 | 825 | 52.2 | 761 | 48.0 | 691 | 44.8 | 393 | 23.9 | 5148 | 26.5 | 7818 | 30.4 |
| 有可能 | 394 | 24.9 | 533 | 33.6 | 572 | 37.1 | 900 | 54.7 | 9863 | 50.9 | 12 262 | 47.6 |
| 很可能 | 43 | 2.7 | 71 | 4.5 | 85 | 5.5 | 229 | 13.9 | 3100 | 16.0 | 3528 | 13.7 |
| 非常可能 | 6 | 0.4 | 22 | 1.4 | 31 | 2.0 | 57 | 3.5 | 663 | 3.4 | 779 | 3.0 |
| 拒答/说不清 | 0 | 0.0 | 0 | 0.0 | 0 | 0.0 | 0 | 0.0 | 56 | 0.3 | 56 | 0.2 |

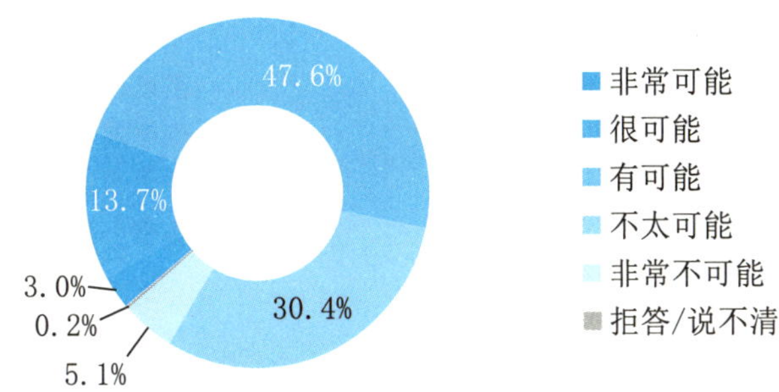


图 2-58　刑事案件审判久拖不决的可能性

法律职业群体和公众相比较，有 70.3%的受访普通公众认为，刑事案件审判可能（含有可能、很可能和非常可能）久拖不决，而在法律职业群体中，认为存在这种可能性的比例仅占 46.3%，二者相差 24.0 个百分点。

不同法律职业群体中，认为刑事案件审判可能久拖不决的，比例最高的是律师，达 72.1%，比例最低的是法官，只有 28.0%，二者相差 44.1 个百分点。

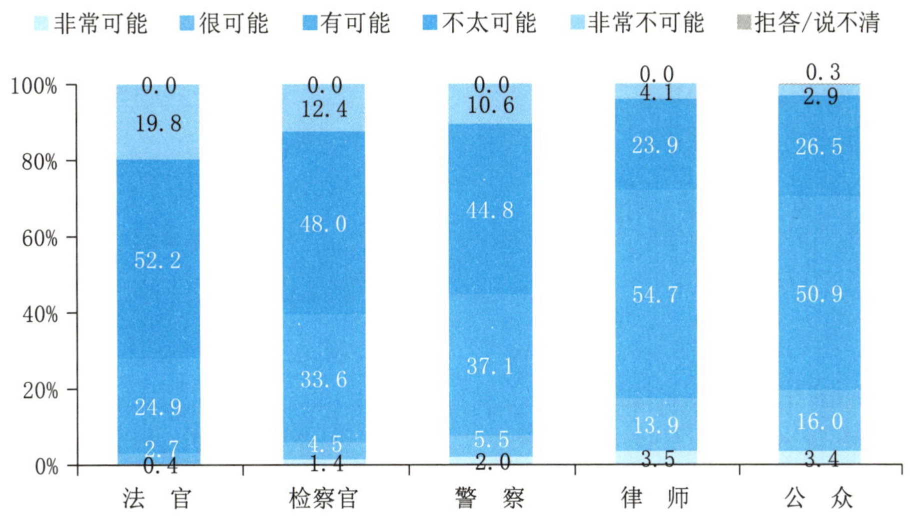


图 2-59　刑事案件审判久拖不决的可能性——不同法律职业群体和公众比较（%）

对于问题二，调查数据显示，有 92.1%的受访者认为，法院可能（含有可能、很可能和非常可能）对刑事诉讼中控辩双方“不偏不倚”。

表 2-32　法院对刑事诉讼中控辩双方“不偏不倚”的可能性

| | 法　官 | | 检察官 | | 警　察 | | 律　师 | | 全　体 | |
|---|---|---|---|---|---|---|---|---|---|---|
| | 计数 | 频率% | 计数 | 频率% | 计数 | 频率% | 计数 | 频率% | 计数 | 频率% |
| 非常不可能 | 24 | 1.5 | 23 | 1.5 | 23 | 1.5 | 26 | 1.6 | 96 | 1.5 |
| 不太可能 | 63 | 4.0 | 64 | 4.0 | 117 | 7.5 | 164 | 10.0 | 408 | 6.4 |
| 有可能 | 162 | 10.3 | 366 | 23.1 | 499 | 32.1 | 639 | 38.8 | 1666 | 26.2 |
| 很可能 | 520 | 33.0 | 630 | 39.8 | 558 | 35.9 | 586 | 35.6 | 2294 | 36.1 |
| 非常可能 | 807 | 51.2 | 501 | 31.6 | 356 | 22.9 | 231 | 14.0 | 1895 | 29.8 |

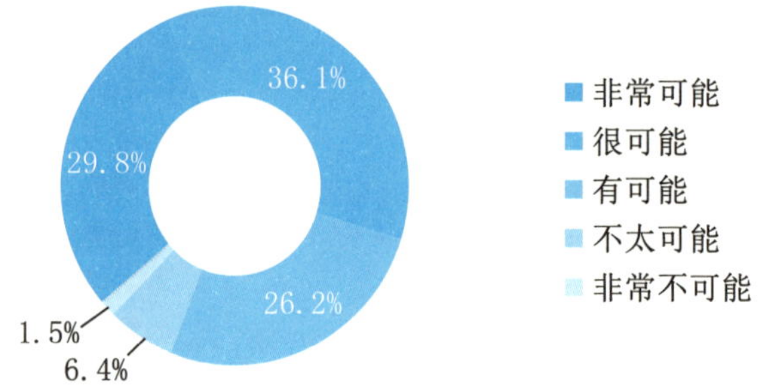


图 2-60　法院对刑事诉讼中控辩双方“不偏不倚”的可能性

不同法律职业群体均有八成以上的受访者认为，法院可能（含有可能、很可能和非常可能）对刑事诉讼中控辩双方“不偏不倚”，其中法官和检察官的比例最高，达 94.5%，律师的比例最低，也有 88.5%。不过，对于这一问题，认为“非常可能”的比例差距显著，法官的比例高达 51.2%，律师的比例只有 14.0%，二者相差 37.2 个百分点。

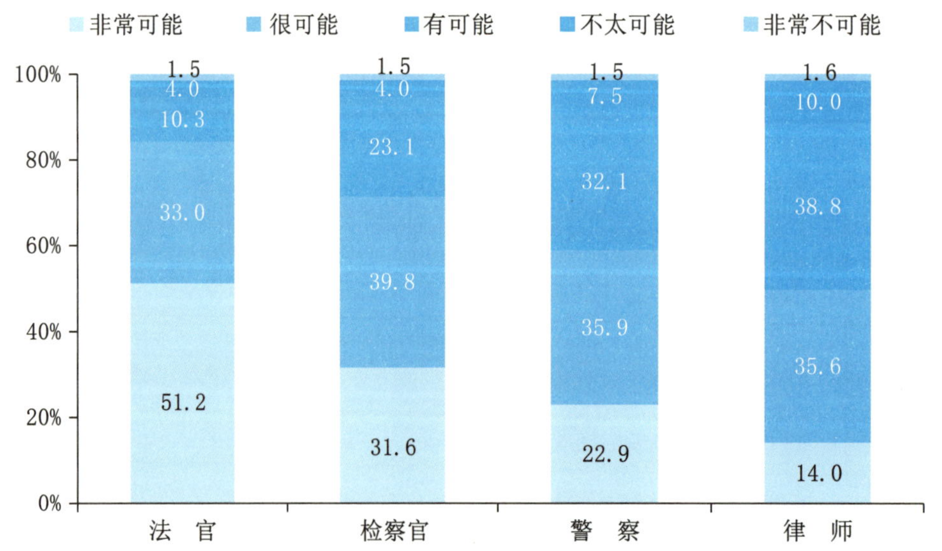


图 2-61　法院对刑事诉讼中控辩双方“不偏不倚”的可能性——不同法律职业群体比较（%）

## 指标 5　行政司法程序

### 5.1　行政审判符合公正要求

为测量这一指标，调查问卷设计一个问题：

问题："在您所在地区，法院对行政诉讼中原告与被告'不偏不倚'的可能性有多大?"（专业卷Q11.3）

对于这一问题，调查数据显示，有87.9%的受访者认为，法院可能（含有可能、很可能和非常可能）对行政诉讼中原告与被告"不偏不倚"。

表2-33 法院对行政诉讼中原告与被告"不偏不倚"的可能性

| | 法官 | | 检察官 | | 警察 | | 律师 | | 全体 | |
|---|---|---|---|---|---|---|---|---|---|---|
| | 计数 | 频率% | 计数 | 频率% | 计数 | 频率% | 计数 | 频率% | 计数 | 频率% |
| 非常不可能 | 25 | 1.6 | 33 | 2.1 | 27 | 1.7 | 44 | 2.7 | 129 | 2.0 |
| 不太可能 | 85 | 5.4 | 129 | 8.2 | 151 | 9.7 | 270 | 16.4 | 635 | 10.0 |
| 有可能 | 253 | 16.1 | 468 | 29.8 | 543 | 35.0 | 687 | 41.8 | 1951 | 30.8 |
| 很可能 | 483 | 30.7 | 541 | 34.5 | 502 | 32.4 | 436 | 26.5 | 1962 | 31.0 |
| 非常可能 | 728 | 46.3 | 397 | 25.3 | 328 | 21.1 | 208 | 12.6 | 1661 | 26.2 |

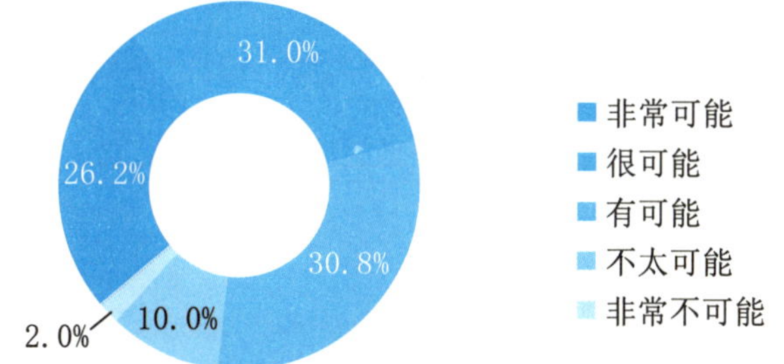


图2-62 法院对行政诉讼中原告与被告"不偏不倚"的可能性

不同法律职业群体中，认为法院可能（含有可能、很可能和非常可能）对行政诉讼中原告与被告"不偏不倚"的，比例最高的是法官，达93.0%，比例最低的是律师，也有80.9%。不过，认为"非常可能"的比例差距显著，其中法官的比例是46.3%，而律师的比例只有12.6%，二者相差33.7个百分点。

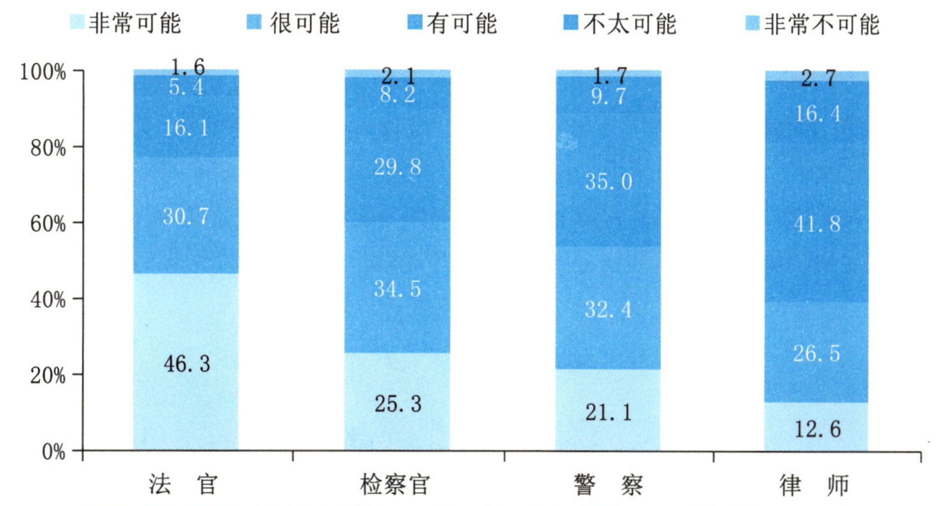


图2-63 法院对行政诉讼中原告与被告"不偏不倚"的可能性——不同法律职业群体比较（%）

## 5.2 行政诉讼裁判得到有效执行

为测量这一指标，调查问卷设计一个问题：

问题："在您所在地区，行政诉讼中行政机关败诉的生效判决得到有效执行的可能性有多大?"（专业卷 Q21.2 和公众卷 Q16.2）

对于这一问题，调查数据显示，有 81.9%的受访者认为，在行政诉讼中，行政机关败诉的生效判决可能（含有可能、很可能和非常可能）得到有效执行。

表 2-34 行政机关败诉判决得到有效执行的可能性

| | 法官 | | 检察官 | | 警察 | | 律师 | | 公众 | | 全体 | |
|---|---|---|---|---|---|---|---|---|---|---|---|---|
| | 计数 | 频率% | 计数 | 频率% | 计数 | 频率% | 计数 | 频率% | 计数 | 频率% | 计数 | 频率% |
| 非常不可能 | 6 | 0.4 | 20 | 1.3 | 24 | 1.5 | 30 | 1.8 | 458 | 2.4 | 538 | 2.1 |
| 不太可能 | 68 | 4.3 | 123 | 7.9 | 154 | 9.9 | 197 | 12.0 | 3464 | 18.1 | 4006 | 15.7 |
| 有可能 | 495 | 31.4 | 652 | 42.0 | 633 | 40.9 | 797 | 48.6 | 8460 | 44.2 | 11 037 | 43.3 |
| 很可能 | 550 | 34.9 | 487 | 31.4 | 466 | 30.1 | 444 | 27.1 | 5130 | 26.8 | 7077 | 27.8 |
| 非常可能 | 456 | 29.0 | 270 | 17.4 | 272 | 17.6 | 171 | 10.4 | 1575 | 8.2 | 2744 | 10.8 |
| 拒答/说不清 | 0 | 0.0 | 0 | 0.0 | 0 | 0.0 | 0 | 0.0 | 60 | 0.3 | 60 | 0.2 |

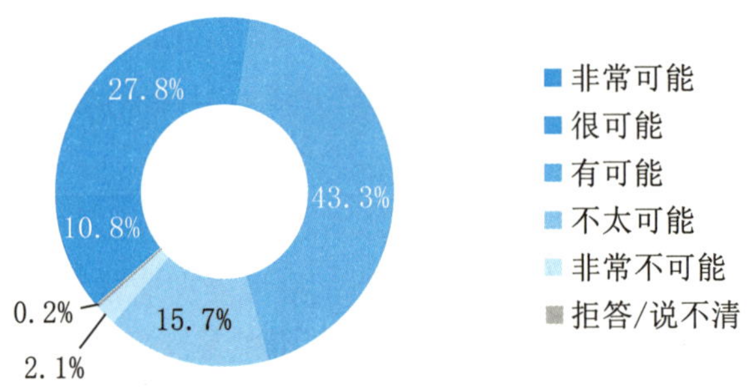


图 2-64 行政机关败诉判决得到有效执行的可能性

法律职业群体和公众均有七成以上的受访者认为，在行政诉讼中，行政机关败诉的生效判决可能（含有可能、很可能和非常可能）得到有效执行。其中，法律职业群体认为存在这种可能性的比例高达 90.2%，普通公众的比例则有 79.2%。不过，认为在行政诉讼中，行政机关败诉的生效判决"非常可能"得到有效执行的比例偏低，尤其是公众的比例，仅仅有 8.2%，律师的比例也不高，只有 10.4%。

不同法律职业群体中，认为在行政诉讼中，行政机关败诉的生效判决可能（含有可能、很可能和非常可能）得到有效执行的，比例最高的是法官，达 95.3%，比例最低的是律师，也有 86.1%。不过，认为"非常可能"的比例差距显著，其中法官的比例是 29.0%，而律师的比例只有 10.4%，二者相差 18.6 个百分点。

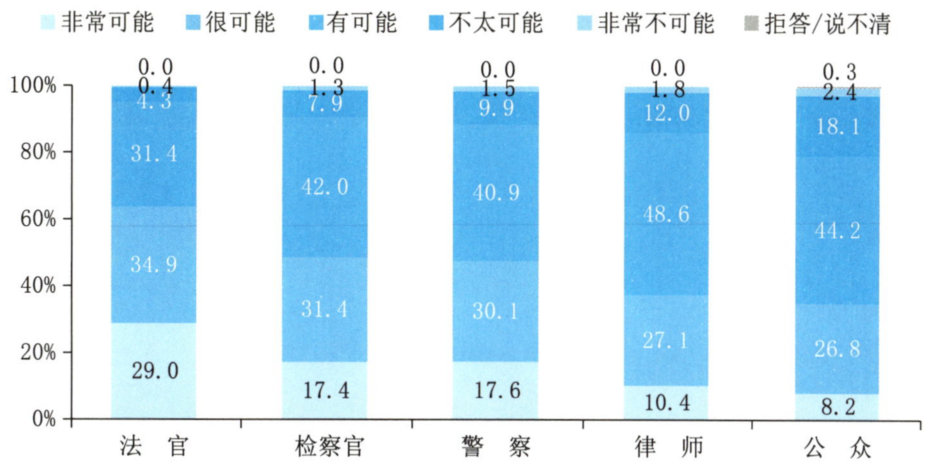


图 2-65　行政机关败诉判决得到有效执行的可能性——不同法律职业群体和公众比较（%）

## 指标 6　证据制度

### 6.1　证据裁判原则得到贯彻

为测量这一指标，调查问卷设计三个问题：

问题一："在您所在地区，认定被告人有罪的证据不足，法院'宁可错放，也不错判'的可能性有多大?"（专业卷 Q29）

问题二："在您所在地区，您觉得'打官司就是打证据'的可能性有多大?"（专业卷 Q28）

问题三："在您所在地区，您觉得'打官司就是打关系'的可能性有多大?"（公众卷 Q18）

对于问题一，调查数据显示，有 81.4%的受访者认为，如果认定被告人有罪的证据不足，法院可能（含有可能、很可能和非常可能）"宁可错放，也不错判"。不过，认为"非常可能"的比例偏低，只有 16.2%。

表 2-35　法院"宁可错放，也不错判"的可能性

| | 法　官 | | 检察官 | | 警　察 | | 律　师 | | 全　体 | |
|---|---|---|---|---|---|---|---|---|---|---|
| | 计数 | 频率% | 计数 | 频率% | 计数 | 频率% | 计数 | 频率% | 计数 | 频率% |
| 非常不可能 | 56 | 3.5 | 41 | 2.6 | 48 | 3.1 | 67 | 4.1 | 212 | 3.3 |
| 不太可能 | 154 | 9.7 | 177 | 11.2 | 230 | 14.8 | 408 | 24.7 | 969 | 15.2 |
| 有可能 | 516 | 32.7 | 542 | 34.2 | 626 | 40.3 | 744 | 45.1 | 2428 | 38.1 |
| 很可能 | 507 | 32.1 | 520 | 32.8 | 390 | 25.1 | 312 | 18.9 | 1729 | 27.1 |
| 非常可能 | 347 | 22.0 | 307 | 19.3 | 260 | 16.7 | 118 | 7.2 | 1032 | 16.2 |

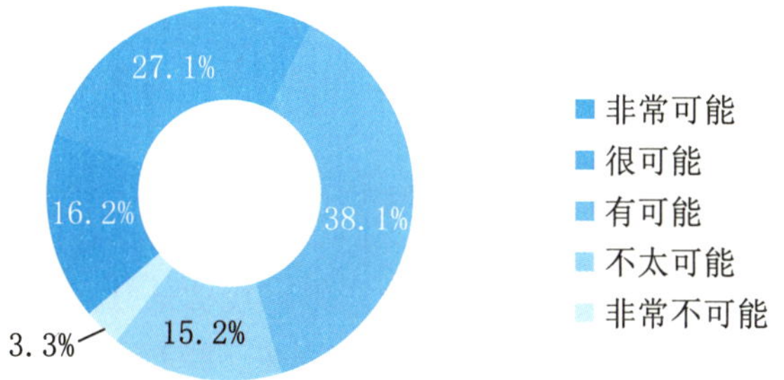


图 2-66　法院"宁可错放，也不错判"的可能性

不同法律职业群体中，认为如果认定被告人有罪的证据不足，法院可能（含有可能、很可能和非常可能）“宁可错放，也不错判”的，比例最高的是法官，达86.7%，比例最低的是律师，也有71.2%。不过，认为“非常可能”的比例偏低，尤其是律师，只有7.2%，与法官相比，低了14.8个百分点。

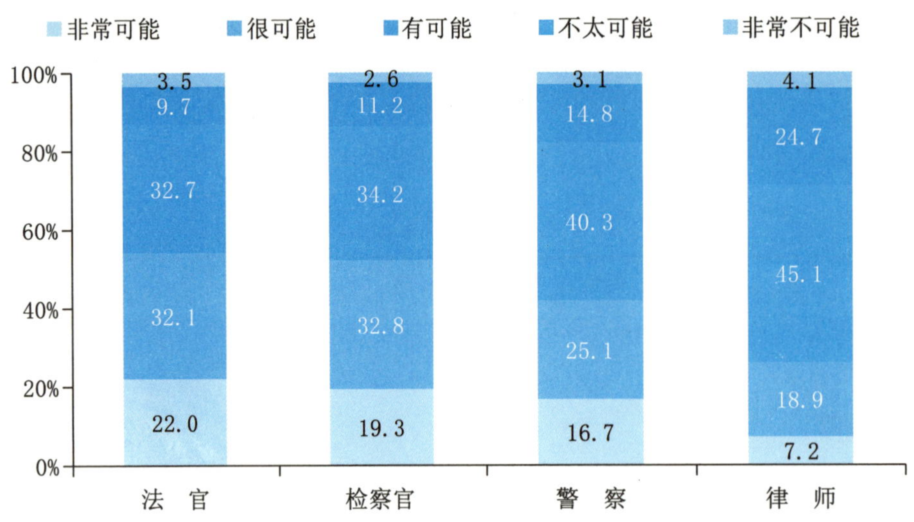

图2-67 法院“宁可错放，也不错判”的可能性——不同法律职业群体比较（%）

对于问题二，调查结果显示，有95.7%的受访者认为，“打官司就是打证据”的情况可能（含有可能、很可能和非常可能）发生。

表2-36 “打官司就是打证据”的可能性

| | 法官 | | 检察官 | | 警察 | | 律师 | | 全体 | |
|---|---|---|---|---|---|---|---|---|---|---|
| | 计数 | 频率% | 计数 | 频率% | 计数 | 频率% | 计数 | 频率% | 计数 | 频率% |
| 非常不可能 | 4 | 0.3 | 9 | 0.6 | 15 | 1.0 | 6 | 0.4 | 34 | 0.5 |
| 不太可能 | 34 | 2.1 | 51 | 3.2 | 119 | 7.7 | 38 | 2.3 | 242 | 3.8 |
| 有可能 | 331 | 20.9 | 422 | 26.6 | 576 | 37.1 | 529 | 32.1 | 1858 | 29.2 |
| 很可能 | 576 | 36.4 | 672 | 42.4 | 514 | 33.1 | 765 | 46.4 | 2527 | 39.7 |
| 非常可能 | 638 | 40.3 | 432 | 27.2 | 327 | 21.1 | 309 | 18.8 | 1706 | 26.8 |

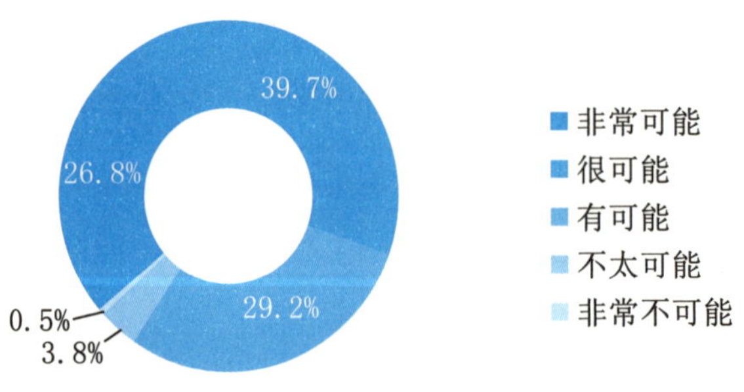

图2-68 “打官司就是打证据”的可能性

不同法律职业群体中均有九成以上的受访者认为“打官司就是打证据”的情况可能（含有可能、很可能和非常可能）发生。其中，法官的比例最高，达97.6%，警察的比例最低，也有91.4%。不过，认为“打官司就是打证据”的情况“非常可能”发生的，律师的比例最低，只有18.8%。

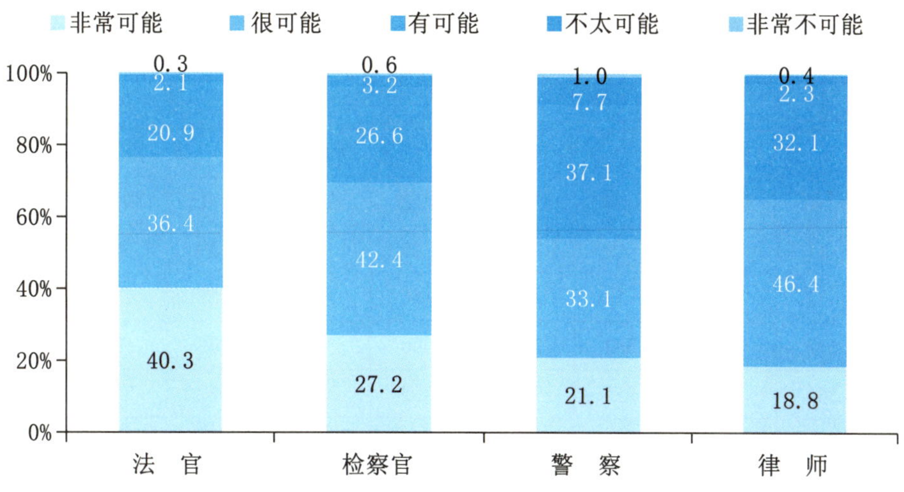

图 2-69 "打官司就是打证据"的可能性——不同法律职业群体比较（%）

对于问题三，调查结果显示，有 71.4%的受访者认为，"打官司就是打关系"的情况可能（含有可能、很可能和非常可能）发生。不过，认为"非常可能"的比例并不高，仅仅有 6.1%。

表 2-37 "打官司就是打关系"的可能性

| | 公众 | |
|---|---|---|
| | 计数 | 频率% |
| 非常不可能 | 602 | 3.2 |
| 不太可能 | 4805 | 25.4 |
| 有可能 | 8989 | 47.4 |
| 很可能 | 3378 | 17.8 |
| 非常可能 | 1165 | 6.1 |
| 拒答/说不清 | 9 | 0.0 |

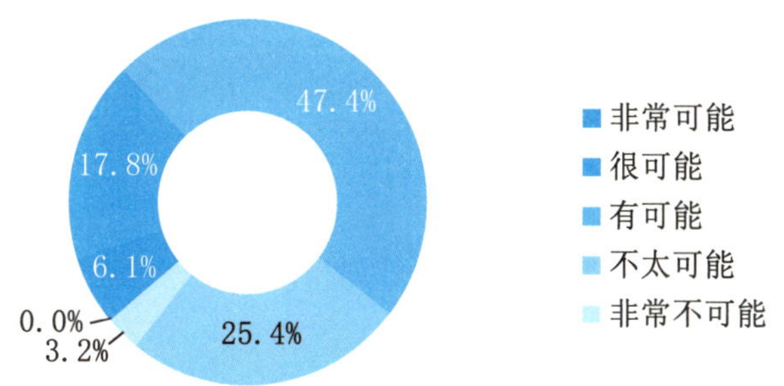

图 2-70 "打官司就是打关系"的可能性

## 6.2 证据依法得到采纳与排除

为测量这一指标，调查问卷设计两个问题：

问题一："在您所在地区，在审查起诉时如果发现有利于犯罪嫌疑人的证据，检察院及时调取该证据的可能性有多大？"（专业卷 Q13）

问题二："辩护律师向法庭申请排除非法口供，并履行了初步证明责任，而公诉人未证明取证合法的，法官排除该证据的可能性有多大？"（专业卷 Q30）

对于问题一，调查数据显示，有 90.7%的受访者认为，在审查起诉时如果发现有利于犯罪嫌疑人的证据，检察院可能（含有可能、很可能和非常可能）及时调取该证据。

表 2-38　检察院及时调取有利于犯罪嫌疑人证据的可能性

| | 法　官 | | 检察官 | | 警　察 | | 律　师 | | 全　体 | |
|---|---|---|---|---|---|---|---|---|---|---|
| | 计数 | 频率% | 计数 | 频率% | 计数 | 频率% | 计数 | 频率% | 计数 | 频率% |
| 非常不可能 | 11 | 0.7 | 9 | 0.6 | 19 | 1.2 | 19 | 1.2 | 58 | 0.9 |
| 不太可能 | 81 | 5.1 | 51 | 3.2 | 150 | 9.7 | 252 | 15.3 | 534 | 8.4 |
| 有可能 | 632 | 40.1 | 382 | 24.1 | 590 | 38.0 | 838 | 50.8 | 2442 | 38.4 |
| 很可能 | 554 | 35.1 | 551 | 34.7 | 502 | 32.3 | 382 | 23.2 | 1989 | 31.2 |
| 非常可能 | 300 | 19.0 | 593 | 37.4 | 292 | 18.8 | 159 | 9.6 | 1344 | 21.1 |

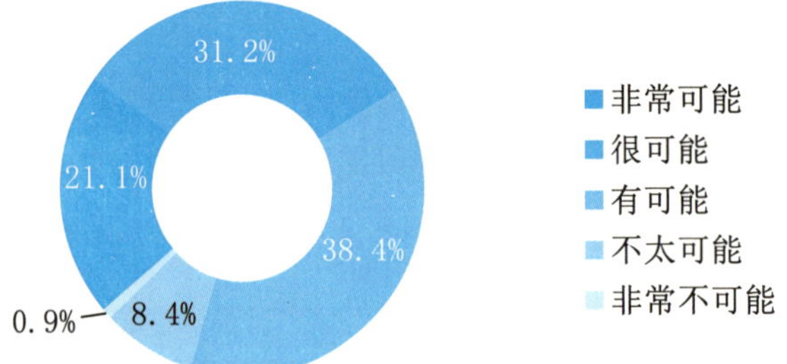


图 2-71　检察院及时调取有利于犯罪嫌疑人证据的可能性

不同法律职业群体中，认为在审查起诉时如果发现有利于犯罪嫌疑人的证据，检察院可能（含有可能、很可能和非常可能）及时调取该证据的，比例最高的是检察官，达 96.2%，比例最低的是律师，也有 83.6%。不过，认为“非常可能”的比例差距显著，检察官的比例有 37.4%，而律师的比例只有 9.6%，二者相差 27.8 个百分点。

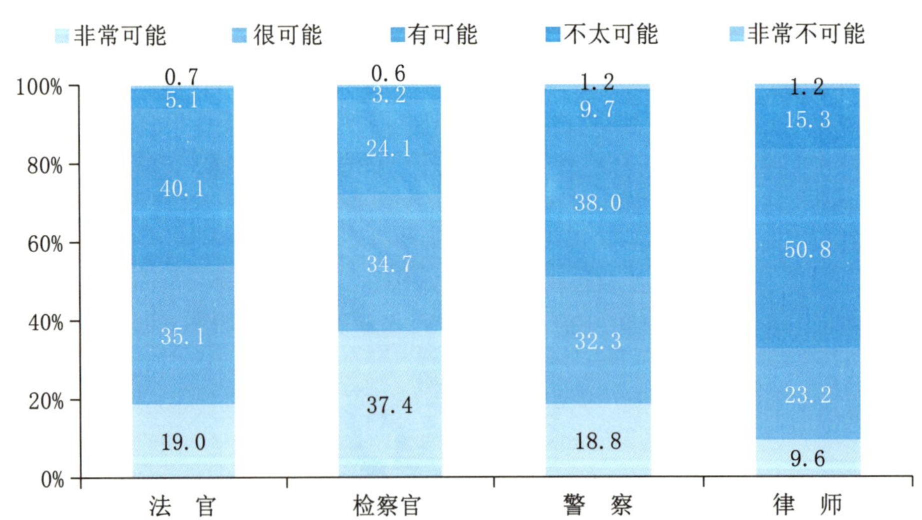


图 2-72　检察院及时调取有利于犯罪嫌疑人证据的可能性——不同法律职业群体比较（%）

对于问题二，调查数据显示，有 86.5%的受访者认为，辩护律师向法庭申请排除非法口供，并履行了初步证明责任，而公诉人未证明取证合法的，法官可能（含有可能、很可能和非常可能）排除该证据。

表 2-39　法官依法排除非法证据的可能性

| | 法　官 | | 检察官 | | 警　察 | | 律　师 | | 全　体 | |
|---|---|---|---|---|---|---|---|---|---|---|
| | 计数 | 频率% | 计数 | 频率% | 计数 | 频率% | 计数 | 频率% | 计数 | 频率% |
| 非常不可能 | 14 | 0.9 | 17 | 1.1 | 29 | 1.9 | 54 | 3.3 | 114 | 1.8 |
| 不太可能 | 102 | 6.5 | 130 | 8.2 | 196 | 12.6 | 320 | 19.4 | 748 | 11.8 |
| 有可能 | 680 | 43.1 | 738 | 46.6 | 798 | 51.4 | 892 | 54.2 | 3108 | 48.8 |
| 很可能 | 496 | 31.4 | 523 | 33.0 | 385 | 24.8 | 298 | 18.1 | 1702 | 26.7 |
| 非常可能 | 287 | 18.2 | 177 | 11.2 | 144 | 9.3 | 83 | 5.0 | 691 | 10.9 |

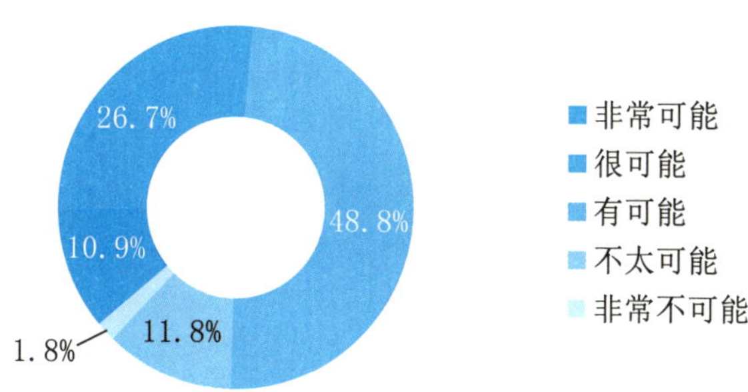


图 2-73　法官依法排除非法证据的可能性

不同法律职业群体中，认为如果辩护律师向法庭申请排除非法口供，并履行了初步证明责任，而公诉人未证明取证合法的，法官可能（含有可能、很可能和非常可能）排除该证据的，比例最高的是法官，达 92.7%，比例最低的是律师，也有 77.3%。不过，认为法官“非常可能”依法排除非法证据的律师比例偏低，仅仅有 5.0%。

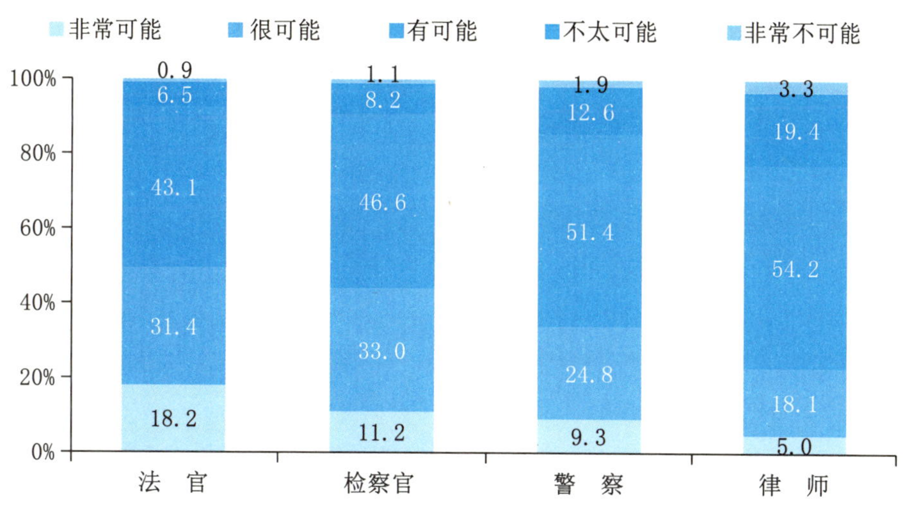


图 2-74　法官依法排除非法证据的可能性——不同法律职业群体比较（%）

### 6.3　证明过程得到合理规范

为测量这一指标，调查问卷设计三个问题：

问题一：“在您所在地区，侦查人员出庭作证的可能性有多大？”（专业卷 Q31.1）

问题二：“在您所在地区，律师在庭审中的质证权行使受到限制的可能性有多大？”（专业卷 Q4.2）

问题三：“在您所在地区，证人证言在法庭上得到质证的可能性有多大？”（专业卷 Q31.2）

对于问题一，调查数据显示，有 88.1%的受访者认为，侦查人员可能（含有可能、很可能和非常可能）出庭作证。

表 2-40　侦查人员出庭作证的可能性

| | 法官 | | 检察官 | | 警察 | | 律师 | | 全体 | |
|---|---|---|---|---|---|---|---|---|---|---|
| | 计数 | 频率% | 计数 | 频率% | 计数 | 频率% | 计数 | 频率% | 计数 | 频率% |
| 非常不可能 | 16 | 1.0 | 18 | 1.1 | 15 | 1.0 | 62 | 3.8 | 111 | 1.7 |
| 不太可能 | 104 | 6.6 | 136 | 8.6 | 107 | 6.9 | 300 | 18.2 | 647 | 10.2 |
| 有可能 | 410 | 25.9 | 537 | 33.9 | 569 | 36.8 | 681 | 41.4 | 2197 | 34.6 |
| 很可能 | 466 | 29.5 | 513 | 32.4 | 530 | 34.2 | 443 | 26.9 | 1952 | 30.7 |
| 非常可能 | 586 | 37.0 | 378 | 23.9 | 327 | 21.1 | 158 | 9.6 | 1449 | 22.8 |

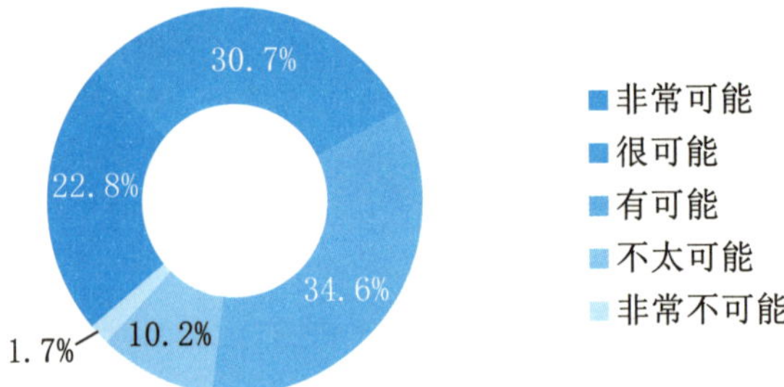


图 2-75　侦查人员出庭作证的可能性

不同法律职业群体中，认为侦查人员可能（含有可能、很可能和非常可能）出庭作证的，比例最高的是法官，达 92.4%，比例最低的是律师，也有 78.0%。不过，认为侦查人员“非常可能”出庭作证的律师比例偏低，仅仅有 9.6%。

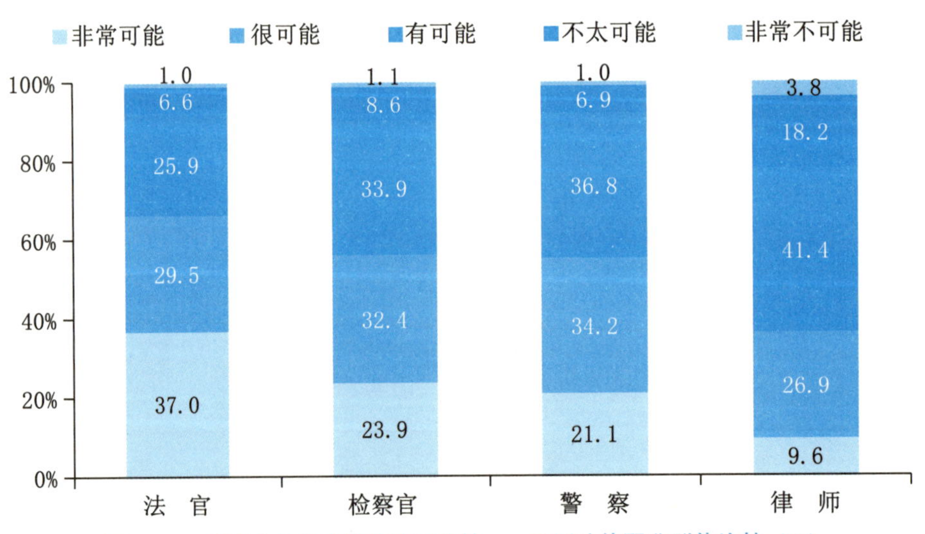


图 2-76　侦查人员出庭作证的可能性——不同法律职业群体比较（%）

对于问题二，调查数据显示，有 43.7%的受访者认为，律师在庭审中的质证权行使可能（含有可能、很可能和非常可能）受到限制。

表 2-41　律师质证权受到限制的可能性

| | 法官 | | 检察官 | | 警察 | | 律师 | | 全体 | |
|---|---|---|---|---|---|---|---|---|---|---|
| | 计数 | 频率% | 计数 | 频率% | 计数 | 频率% | 计数 | 频率% | 计数 | 频率% |
| 非常不可能 | 407 | 26.2 | 270 | 17.2 | 152 | 10.0 | 60 | 3.7 | 889 | 14.2 |
| 不太可能 | 764 | 49.2 | 780 | 49.8 | 627 | 41.2 | 473 | 28.9 | 2644 | 42.1 |
| 有可能 | 304 | 19.6 | 411 | 26.2 | 567 | 37.3 | 679 | 41.5 | 1961 | 31.2 |
| 很可能 | 57 | 3.7 | 83 | 5.3 | 144 | 9.5 | 299 | 18.3 | 583 | 9.3 |
| 非常可能 | 21 | 1.4 | 23 | 1.5 | 32 | 2.1 | 126 | 7.7 | 202 | 3.2 |

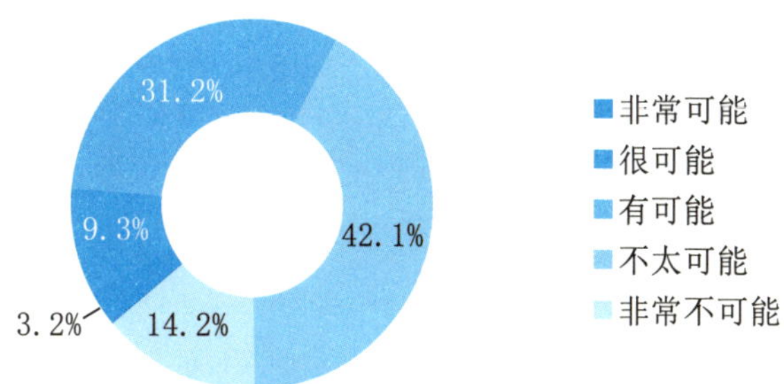


图 2-77　律师质证权受到限制的可能性

不同法律职业群体中，认为律师在庭审中的质证权行使可能（含有可能、很可能和非常可能）受到限制的，比例最高的是律师，达 67.5%，比例最低的是法官，只有 24.7%。

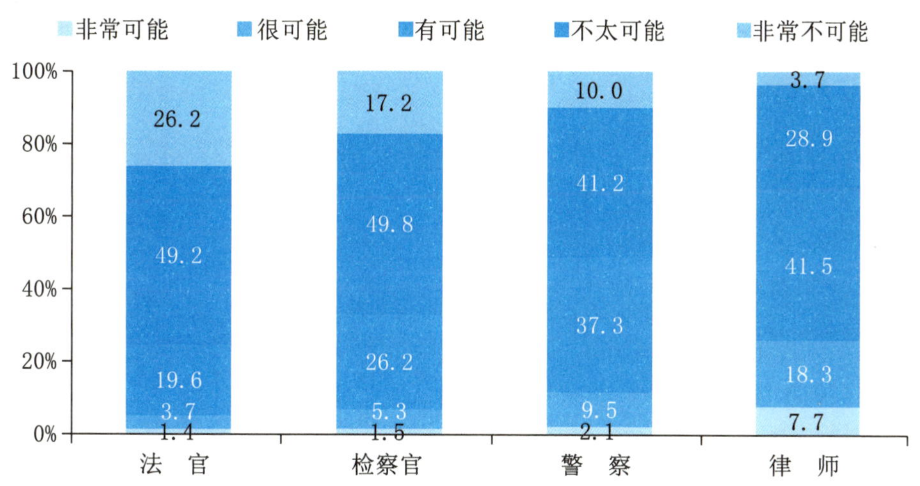


图 2-78　律师质证权受到限制的可能性——不同法律职业群体比较（%）

对于问题三，调查数据显示，有 93.0%的受访者认为，证人证言在法庭上可能（含有可能、很可能和非常可能）得到质证。不过，认为证人证言在法庭上“非常可能”得到质证的比例偏低，只有 26.2%。

表 2-42　证人证言在法庭上得到质证的可能性

| | 法官 | | 检察官 | | 警察 | | 律师 | | 全体 | |
|---|---|---|---|---|---|---|---|---|---|---|
| | 计数 | 频率% | 计数 | 频率% | 计数 | 频率% | 计数 | 频率% | 计数 | 频率% |
| 非常不可能 | 10 | 0.6 | 16 | 1.0 | 15 | 1.0 | 39 | 2.4 | 80 | 1.3 |

续表

| | 法官 | | 检察官 | | 警察 | | 律师 | | 全体 | |
|---|---|---|---|---|---|---|---|---|---|---|
| | 计数 | 频率% | 计数 | 频率% | 计数 | 频率% | 计数 | 频率% | 计数 | 频率% |
| 不太可能 | 53 | 3.4 | 66 | 4.2 | 89 | 5.9 | 152 | 9.4 | 360 | 5.8 |
| 有可能 | 322 | 20.7 | 518 | 33.1 | 577 | 38.0 | 688 | 42.7 | 2105 | 33.7 |
| 很可能 | 476 | 30.5 | 563 | 36.0 | 504 | 33.2 | 524 | 32.5 | 2067 | 33.1 |
| 非常可能 | 698 | 44.8 | 401 | 25.6 | 333 | 21.9 | 209 | 13.0 | 1641 | 26.2 |

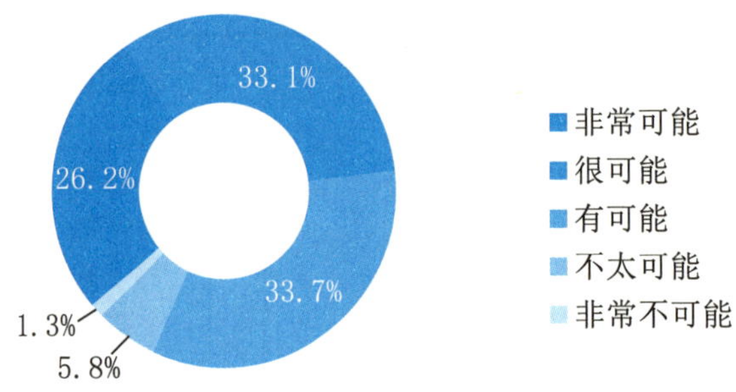


图 2-79　证人证言在法庭上得到质证的可能性

不同法律职业群体中，认为证人证言在法庭上可能（含有可能、很可能和非常可能）得到质证的，比例最高的是法官，达 96.0%，比例最低的是律师，也有 88.2%。不过，认为证人证言在法庭上“非常可能”得到质证的律师比例偏低，只有 13.0%。

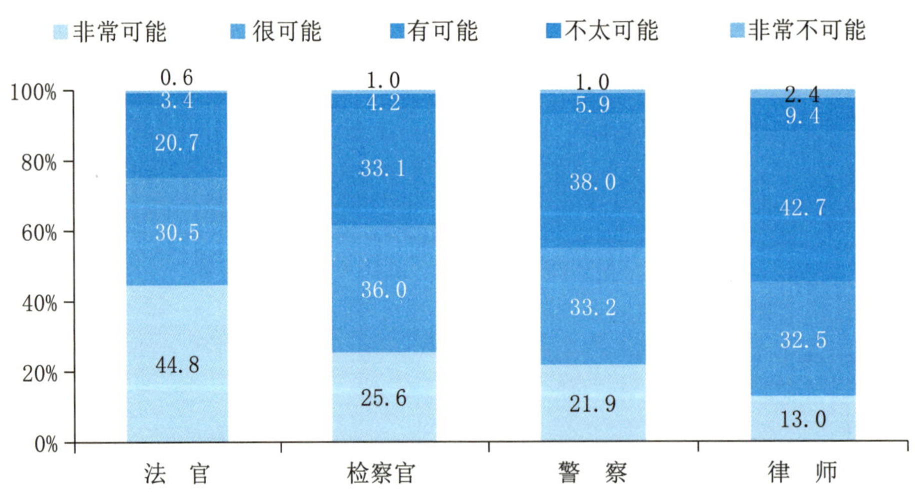


图 2-80　证人证言在法庭上得到质证的可能性——不同法律职业群体比较（%）

## 指标 7　司法腐败遏制

### 7.1　警察远离腐败

为测量这一指标，调查问卷设计两个问题：

问题一：“在您所在地区，警察办‘关系案’的可能性有多大?”（专业卷 Q6.3）

问题二：“在您所在地区，警察收受贿赂的可能性有多大?”（专业卷 Q7.3 和公众卷 Q2.3）

对于问题一，调查数据显示，有 57.2%的受访者认为，警察可能（含有可能、很可能和非常可能）办“关系案”。

表 2-43　警察办“关系案”的可能性

| | 法官 | | 检察官 | | 警察 | | 律师 | | 全体 | |
|---|---|---|---|---|---|---|---|---|---|---|
| | 计数 | 频率% | 计数 | 频率% | 计数 | 频率% | 计数 | 频率% | 计数 | 频率% |
| 非常不可能 | 293 | 18.7 | 213 | 13.4 | 251 | 16.2 | 89 | 5.4 | 846 | 13.3 |
| 不太可能 | 528 | 33.7 | 482 | 30.4 | 582 | 37.5 | 279 | 17.0 | 1871 | 29.5 |
| 有可能 | 571 | 36.4 | 615 | 38.8 | 538 | 34.7 | 712 | 43.3 | 2436 | 38.4 |
| 很可能 | 120 | 7.7 | 164 | 10.4 | 109 | 7.0 | 347 | 21.1 | 740 | 11.7 |
| 非常可能 | 56 | 3.6 | 110 | 6.9 | 72 | 4.6 | 217 | 13.2 | 455 | 7.2 |

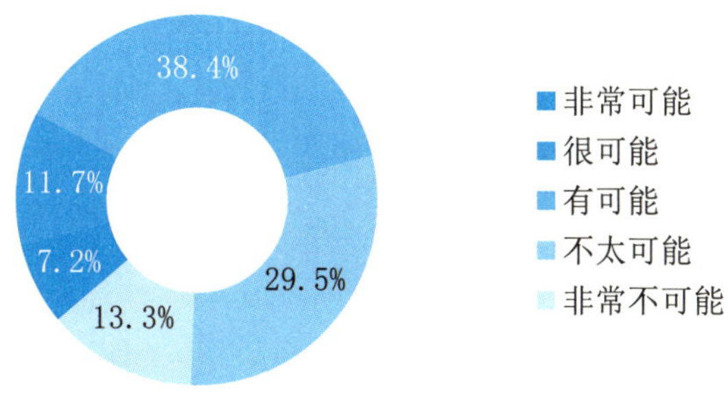


图 2-81　警察办“关系案”的可能性

不同法律职业群体中，认为警察可能（含有可能、很可能和非常可能）办“关系案”的，比例最高的是律师，达 77.6%，比例最低的是警察，只有 46.3%，二者相差 31.3 个百分点。

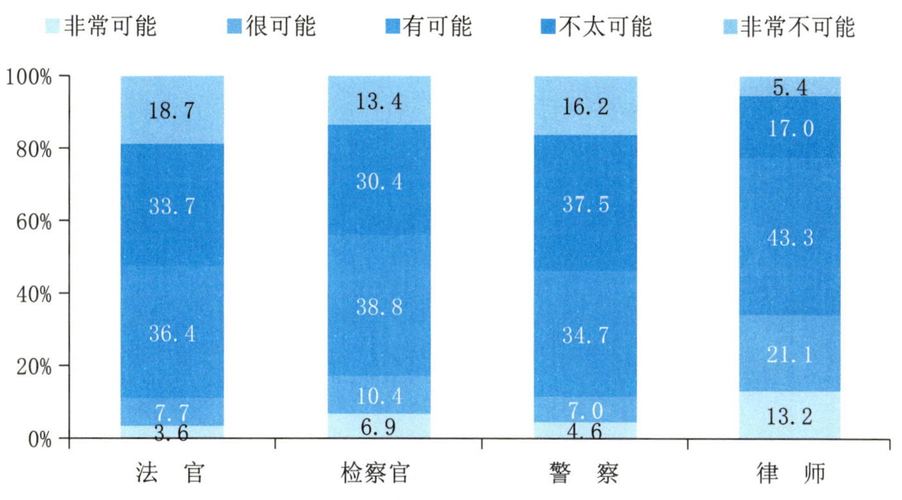


图 2-82　警察办“关系案”的可能性——不同法律职业群体比较（%）

对于问题二，调查数据显示，有 65.1%的受访者认为，警察可能（含有可能、很可能和非常可能）收受贿赂。不过，认为警察“非常可能”收受贿赂的比例并不高，只有 8.6%。

表 2-44　警察收受贿赂的可能性

| | 法官 | | 检察官 | | 警察 | | 律师 | | 公众 | | 全体 | |
|---|---|---|---|---|---|---|---|---|---|---|---|---|
| | 计数 | 频率% | 计数 | 频率% | 计数 | 频率% | 计数 | 频率% | 计数 | 频率% | 计数 | 频率% |
| 非常不可能 | 359 | 22.9 | 267 | 16.9 | 292 | 18.9 | 105 | 6.4 | 995 | 5.2 | 2018 | 7.9 |
| 不太可能 | 581 | 37.1 | 532 | 33.6 | 613 | 39.6 | 377 | 22.9 | 4812 | 24.9 | 6915 | 27.0 |
| 有可能 | 470 | 30.0 | 515 | 32.5 | 493 | 31.9 | 702 | 42.6 | 7844 | 40.6 | 10 024 | 39.1 |
| 很可能 | 104 | 6.6 | 167 | 10.5 | 107 | 6.9 | 274 | 16.6 | 3811 | 19.7 | 4463 | 17.4 |
| 非常可能 | 53 | 3.4 | 103 | 6.5 | 42 | 2.7 | 190 | 11.5 | 1828 | 9.5 | 2216 | 8.6 |
| 拒答/说不清 | 0 | 0.0 | 0 | 0.0 | 0 | 0.0 | 0 | 0.0 | 21 | 0.1 | 21 | 0.1 |

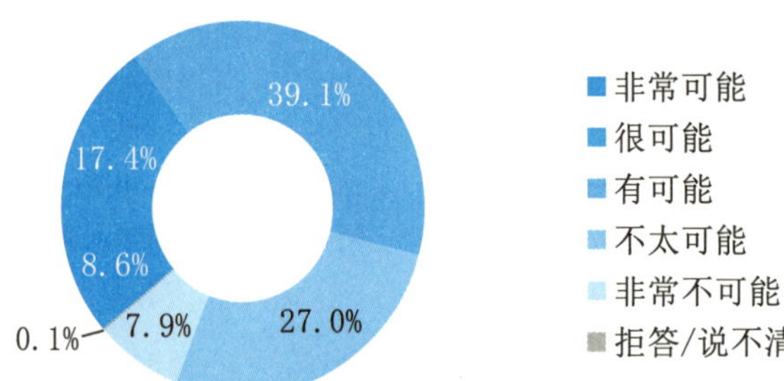


图 2-83　警察收受贿赂的可能性

法律职业群体和公众对比，二者都有五成以上的受访者认为，警察可能（含有可能、很可能和非常可能）收受贿赂。其中法律职业群体的比例是 50.7%，公众的比例是 69.8%，二者相差 19.1 个百分点。

不同法律职业群体中，认为警察可能（含有可能、很可能和非常可能）收受贿赂的，比例最高的是律师，达 70.8%，基本与公众的比例持平；比例最低的不是警察，而是法官，有 40.0%。不过，警察认为他们“非常可能”收受贿赂的比例在所有受访群体中是最低的，只有 2.7%。

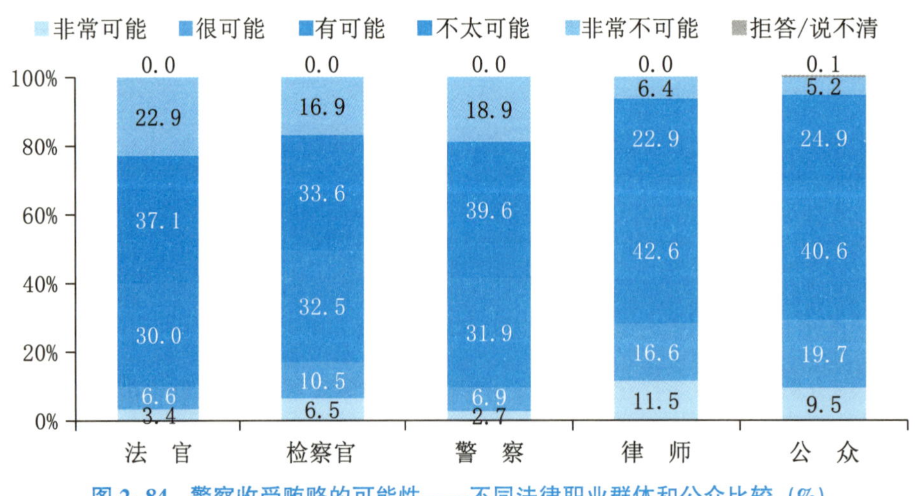


图 2-84　警察收受贿赂的可能性——不同法律职业群体和公众比较（%）

## 7.2　检察官远离腐败

为测量这一指标，调查问卷设计两个问题：

问题一：“在您所在地区，检察官办‘关系案’的可能性有多大？”（专业卷 Q6.2）

问题二：“在您所在地区，检察官收受贿赂的可能性有多大？”（专业卷 Q7.2 和公众卷 Q2.2）

对于问题一，调查数据显示，有 49.9%的受访者认为，检察官可能（含有可能、很可能和非常可能）办“关系案”。

表 2-45　检察官办“关系案”的可能性

| | 法官 | | 检察官 | | 警察 | | 律师 | | 全体 | |
|---|---|---|---|---|---|---|---|---|---|---|
| | 计数 | 频率% | 计数 | 频率% | 计数 | 频率% | 计数 | 频率% | 计数 | 频率% |
| 非常不可能 | 327 | 20.8 | 326 | 20.6 | 163 | 10.5 | 99 | 6.0 | 915 | 14.4 |
| 不太可能 | 651 | 41.5 | 730 | 46.0 | 502 | 32.5 | 381 | 23.2 | 2264 | 35.7 |
| 有可能 | 496 | 31.6 | 428 | 27.0 | 619 | 40.0 | 773 | 47.0 | 2316 | 36.5 |
| 很可能 | 70 | 4.5 | 74 | 4.7 | 161 | 10.4 | 267 | 16.2 | 572 | 9.0 |
| 非常可能 | 25 | 1.6 | 28 | 1.8 | 101 | 6.5 | 124 | 7.5 | 278 | 4.4 |

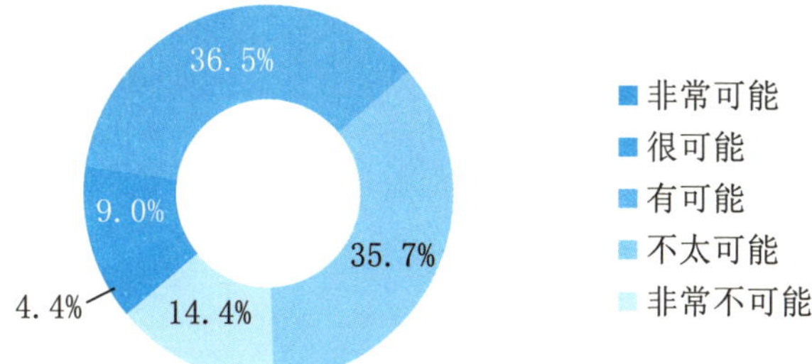


图 2-85　检察官办“关系案”的可能性

不同法律职业群体中，认为检察官可能（含有可能、很可能和非常可能）办“关系案”的，比例最高的是律师，达 70.8%，比例最低的是检察官，只有 33.4%，二者相差 37.4 个百分点。不过，认为检察官“非常可能”办“关系案”的比例并不高，法官的比例只有 1.6%，律师的比例也只有 7.5%。

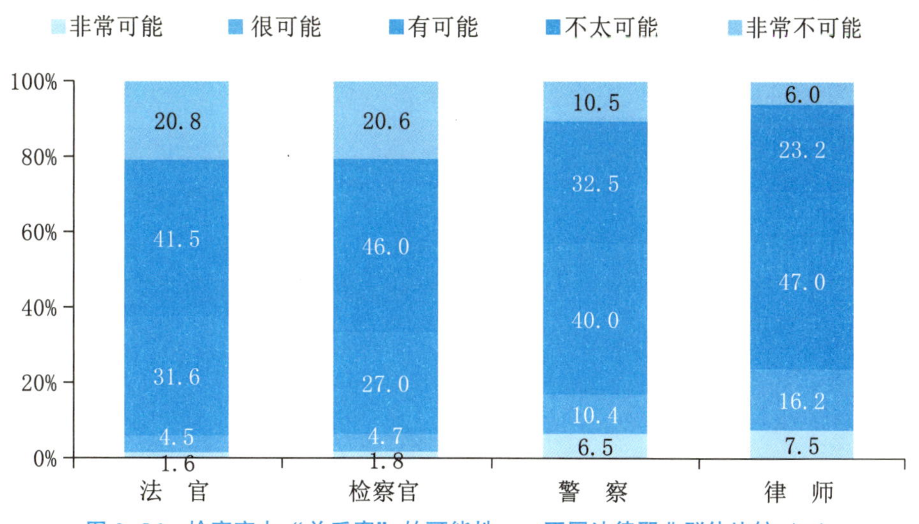


图 2-86　检察官办“关系案”的可能性——不同法律职业群体比较（%）

对于问题二，调查数据显示，有 57.7%的受访者认为，检察官可能（含有可能、很可能和非常可能）收受贿赂。

表 2-46　检察官收受贿赂的可能性

| | 法　官 | | 检察官 | | 警　察 | | 律　师 | | 公　众 | | 全　体 | |
|---|---|---|---|---|---|---|---|---|---|---|---|---|
| | 计数 | 频率% | 计数 | 频率% | 计数 | 频率% | 计数 | 频率% | 计数 | 频率% | 计数 | 频率% |
| 非常不可能 | 407 | 26.0 | 384 | 24.2 | 204 | 13.2 | 122 | 7.4 | 1160 | 6.0 | 2277 | 8.9 |
| 不太可能 | 658 | 42.0 | 731 | 46.1 | 537 | 34.6 | 464 | 28.3 | 6145 | 31.8 | 8535 | 33.3 |
| 有可能 | 427 | 27.3 | 381 | 24.0 | 573 | 37.0 | 744 | 45.3 | 7869 | 40.8 | 9994 | 39.0 |
| 很可能 | 54 | 3.4 | 74 | 4.7 | 157 | 10.1 | 204 | 12.4 | 3024 | 15.7 | 3513 | 13.7 |
| 非常可能 | 20 | 1.3 | 16 | 1.0 | 79 | 5.1 | 108 | 6.6 | 1066 | 5.5 | 1289 | 5.0 |
| 拒答/说不清 | 0 | 0.0 | 0 | 0.0 | 0 | 0.0 | 0 | 0.0 | 32 | 0.2 | 32 | 0.1 |

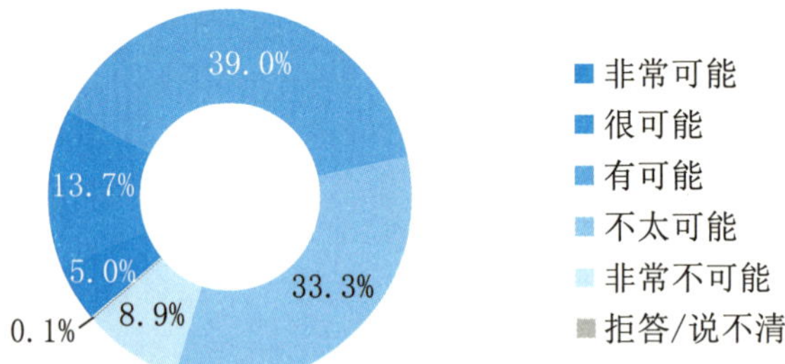

图 2-87　检察官收受贿赂的可能性

法律职业群体和公众对比，二者都有四成以上的受访者认为，检察官可能（含有可能、很可能和非常可能）收受贿赂。其中法律职业群体的比例是44.7%，公众的比例是62.0%，二者相差17.3个百分点。

不同法律职业群体中，认为检察官可能（含有可能、很可能和非常可能）收受贿赂的，比例最高的是律师，达64.3%，比公众的比例还高；比例最低的是检察官，只有29.7%，二者相差34.6个百分点。

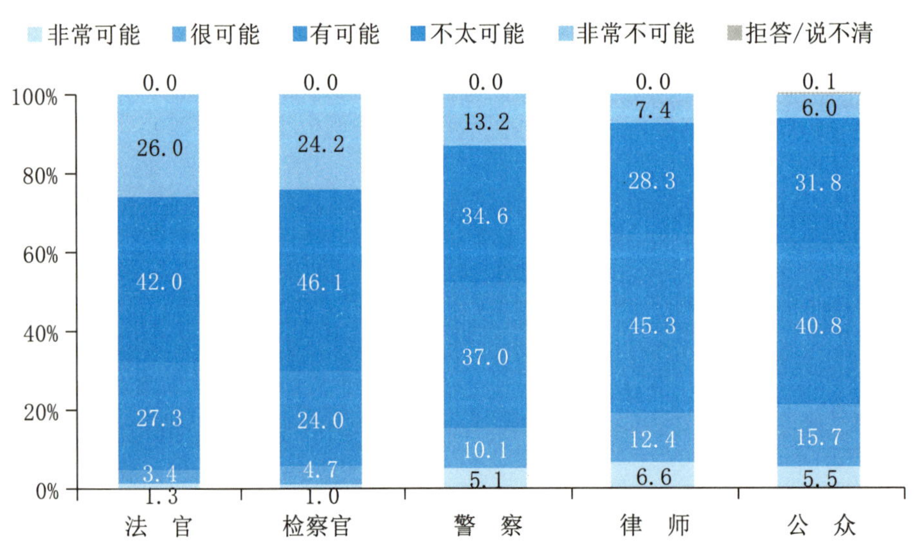

图 2-88　检察官收受贿赂的可能性——不同法律职业群体和公众比较（%）

## 7.3　法官远离腐败

为测量这一指标，调查问卷设计两个问题：

问题一："在您所在地区，法官办'关系案'的可能性有多大？"（专业卷 Q6.1）

问题二："在您所在地区，法官收受贿赂的可能性有多大？"（专业卷 Q7.1 和公众卷 Q2.1）

对于问题一，调查数据显示，有54.4%的受访者认为，法官可能（含有可能、很可能和非常可能）办“关系案”。

表2-47　法官办“关系案”的可能性

| | 法官 | | 检察官 | | 警察 | | 律师 | | 全体 | |
|---|---|---|---|---|---|---|---|---|---|---|
| | 计数 | 频率% | 计数 | 频率% | 计数 | 频率% | 计数 | 频率% | 计数 | 频率% |
| 非常不可能 | 360 | 22.7 | 226 | 14.3 | 165 | 10.6 | 99 | 6.0 | 850 | 13.3 |
| 不太可能 | 683 | 43.1 | 567 | 35.8 | 464 | 29.9 | 336 | 20.4 | 2050 | 32.2 |
| 有可能 | 466 | 29.4 | 559 | 35.3 | 621 | 40.0 | 758 | 46.0 | 2404 | 37.7 |
| 很可能 | 59 | 3.7 | 149 | 9.4 | 189 | 12.2 | 293 | 17.8 | 690 | 10.8 |
| 非常可能 | 15 | 0.9 | 84 | 5.3 | 113 | 7.3 | 163 | 9.9 | 375 | 5.9 |

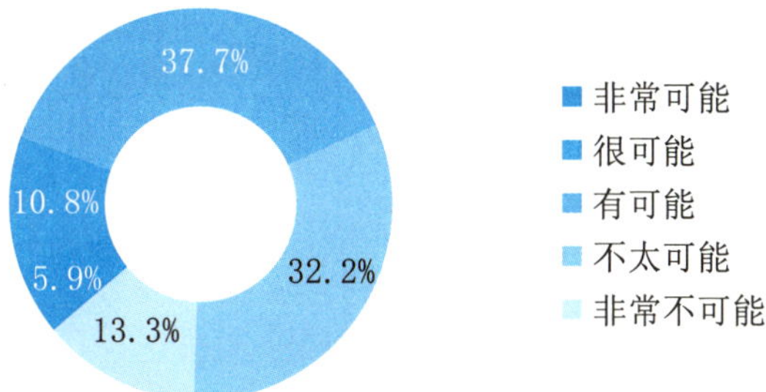


图2-89　法官办“关系案”的可能性

不同法律职业群体中，认为法官可能（含有可能、很可能和非常可能）办“关系案”的，比例最高的是律师，达73.6%，比例最低的是法官，只有34.0%，二者相差39.6个百分点。

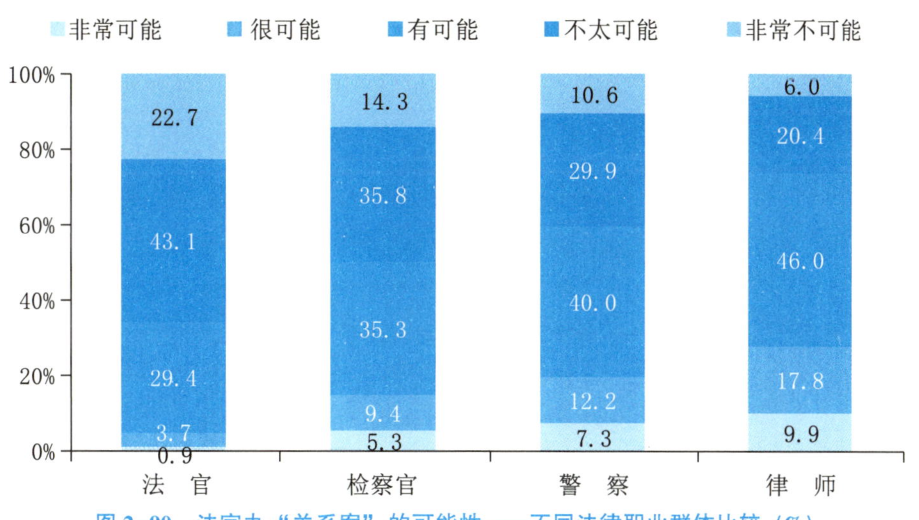


图2-90　法官办“关系案”的可能性——不同法律职业群体比较（%）

对于问题二，调查数据显示，有60.6%的受访者认为，法官可能（含有可能、很可能和非常可能）收受贿赂。

表 2-48　法官收受贿赂的可能性

| | 法官 | | 检察官 | | 警察 | | 律师 | | 公众 | | 全体 | |
|---|---|---|---|---|---|---|---|---|---|---|---|---|
| | 计数 | 频率% | 计数 | 频率% | 计数 | 频率% | 计数 | 频率% | 计数 | 频率% | 计数 | 频率% |
| 非常不可能 | 446 | 28.2 | 292 | 18.4 | 190 | 12.3 | 114 | 6.9 | 1054 | 5.4 | 2096 | 8.2 |
| 不太可能 | 678 | 42.9 | 558 | 35.2 | 515 | 33.2 | 427 | 25.9 | 5818 | 30.1 | 7996 | 31.1 |
| 有可能 | 403 | 25.5 | 505 | 31.9 | 551 | 35.5 | 710 | 43.1 | 7756 | 40.1 | 9925 | 38.6 |
| 很可能 | 39 | 2.5 | 150 | 9.5 | 183 | 11.8 | 252 | 15.3 | 3359 | 17.4 | 3983 | 15.5 |
| 非常可能 | 15 | 0.9 | 80 | 5.0 | 111 | 7.2 | 143 | 8.7 | 1327 | 6.9 | 1676 | 6.5 |
| 拒答/说不清 | 0 | 0.0 | 0 | 0.0 | 0 | 0.0 | 0 | 0.0 | 27 | 0.1 | 27 | 0.1 |

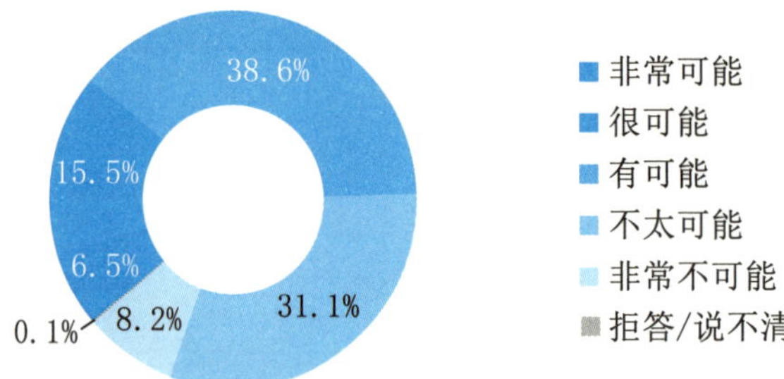


图 2-91　法官收受贿赂的可能性

法律职业群体和公众对比，二者都有四成以上的受访者认为，法官可能（含有可能、很可能和非常可能）收受贿赂。其中法律职业群体的比例是 49.4%，公众的比例是 64.4%，二者相差 15.0 个百分点。

不同法律职业群体中，认为法官可能（含有可能、很可能和非常可能）收受贿赂的，比例最高的是律师，达 67.1%，比例最低的是法官，只有 28.9%，二者相差 38.2 个百分点。

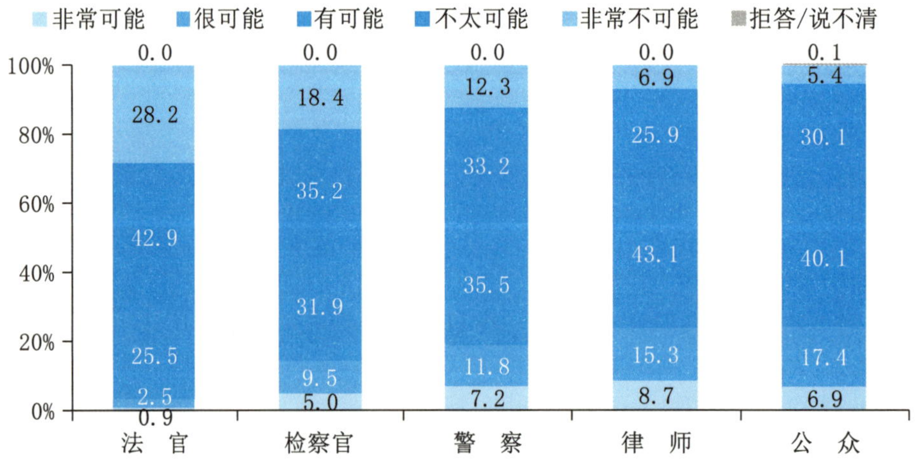


图 2-92　法官收受贿赂的可能性——不同法律职业群体和公众比较（%）

## 指标 8　法律职业化

### 8.1　法律职业人员获得职业培训

为测量这一指标，调查问卷设计一个问题：

问题："在过去三年，您获得业务培训的总时长是?"（专业卷 Q1）

对于这一问题，调查数据显示，有 89.6%的受访者表示，在过去三年接受过业务培训。其中培训总时长在 4 周以内的占 60.2%，在 4 周以上的占 29.4%。

表 2-49 过去三年业务培训总时长

| | 法官 | | 检察官 | | 警察 | | 律师 | | 全体 | |
|---|---|---|---|---|---|---|---|---|---|---|
| | 计数 | 频率% | 计数 | 频率% | 计数 | 频率% | 计数 | 频率% | 计数 | 频率% |
| 没有 | 149 | 9.4 | 138 | 8.7 | 160 | 10.3 | 125 | 7.6 | 572 | 9.0 |
| 1 周以内 | 285 | 17.9 | 257 | 16.2 | 233 | 15.0 | 262 | 15.9 | 1037 | 16.2 |
| 1~2 周 | 380 | 23.9 | 366 | 23.0 | 269 | 17.3 | 354 | 21.4 | 1369 | 21.4 |
| 2~4 周 | 371 | 23.4 | 417 | 26.2 | 335 | 21.5 | 320 | 19.4 | 1443 | 22.6 |
| 4 周以上 | 390 | 24.6 | 401 | 25.2 | 522 | 33.5 | 567 | 34.3 | 1880 | 29.4 |
| 拒答 | 13 | 0.8 | 10 | 0.6 | 38 | 2.4 | 23 | 1.4 | 84 | 1.3 |

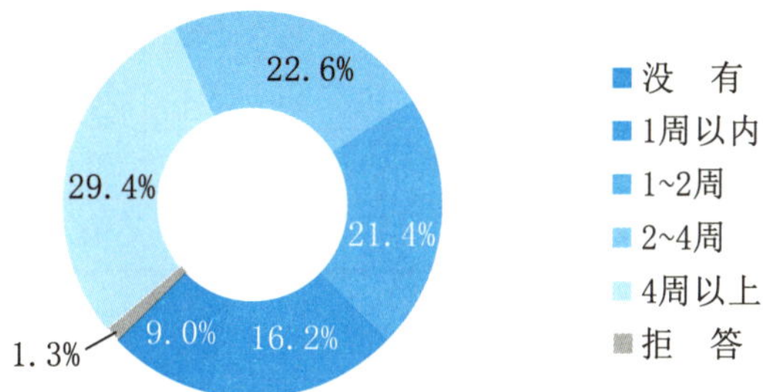


图 2-93 过去三年业务培训总时长

不同法律职业群体中均有七成以上的受访者表示，在过去三年接受过 1 周以上的业务培训，其中接受过 4 周以上业务培训的，比例最高的是律师，达 34.3%，比例最低的是法官，只有 24.6%。

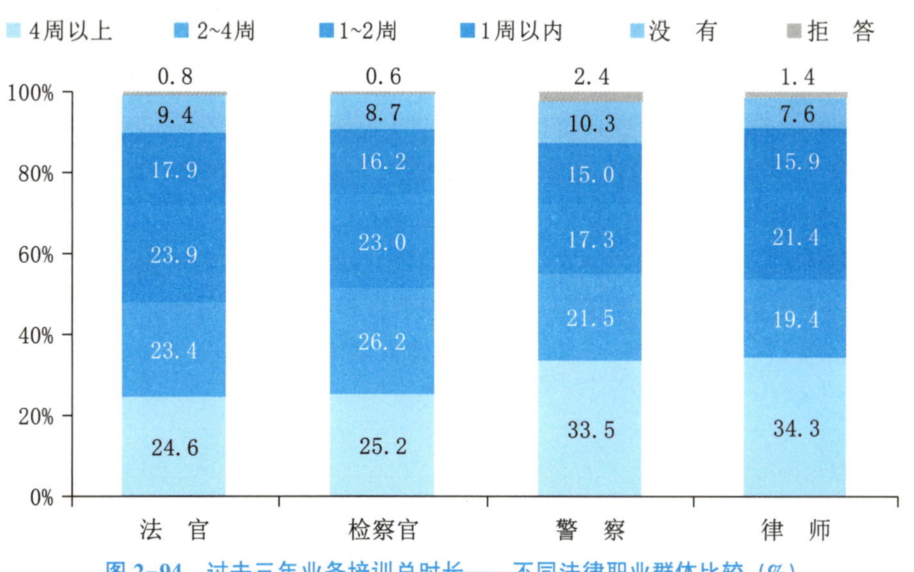


图 2-94 过去三年业务培训总时长——不同法律职业群体比较（%）

## 8.2 法律职业人员遵守职业伦理规范

为测量这一指标，调查问卷设计四个问题：

问题一：“在您所在地区，律师存在虚假宣传行为的可能性有多大?”（专业卷 Q5.1 和公众卷 Q3.1）

问题二："在您所在地区，律师存在虚假承诺行为的可能性有多大？"（专业卷 Q5.2 和公众卷 Q3.2）

问题三："在您所在地区，律师与法官有不正当利益往来的可能性有多大？"（专业卷 Q5.3 和公众卷 Q3.3）

问题四："在您所在地区，律师尽职尽责为委托人服务的可能性有多大？"（专业卷 Q5.4 和公众卷 Q3.4）

对于问题一，调查数据显示，有 66.4%的受访者认为，律师可能（含有可能、很可能和非常可能）虚假宣传。

表 2-50　律师虚假宣传的可能性

| | 法　官 | | 检察官 | | 警　察 | | 律　师 | | 公　众 | | 全　体 | |
|---|---|---|---|---|---|---|---|---|---|---|---|---|
| | 计数 | 频率% | 计数 | 频率% | 计数 | 频率% | 计数 | 频率% | 计数 | 频率% | 计数 | 频率% |
| 非常不可能 | 81 | 5.1 | 57 | 3.6 | 90 | 5.9 | 83 | 5.1 | 945 | 4.9 | 1256 | 4.9 |
| 不太可能 | 266 | 16.9 | 320 | 20.3 | 352 | 22.9 | 299 | 18.3 | 6046 | 31.4 | 7283 | 28.5 |
| 有可能 | 755 | 48.0 | 733 | 46.4 | 645 | 42.0 | 825 | 50.4 | 8317 | 43.2 | 11 275 | 44.1 |
| 很可能 | 314 | 19.9 | 297 | 18.8 | 274 | 17.9 | 311 | 19.0 | 3139 | 16.3 | 4335 | 16.9 |
| 非常可能 | 158 | 10.0 | 171 | 10.8 | 173 | 11.3 | 120 | 7.3 | 768 | 4.0 | 1390 | 5.4 |
| 拒答/说不清 | 0 | 0.0 | 1 | 0.1 | 0 | 0.0 | 0 | 0.0 | 47 | 0.2 | 48 | 0.2 |

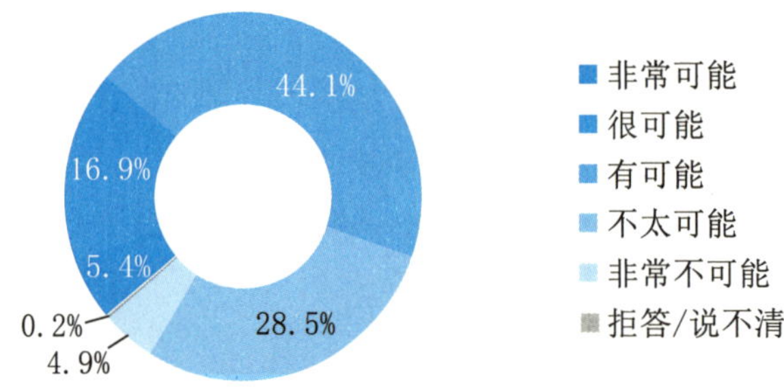


图 2-95　律师虚假宣传的可能性

法律职业群体和公众相比，法律职业群体更倾向于认为律师可能（含有可能、很可能和非常可能）虚假宣传，比例高达 75.5%，公众的比例是 66.4%，略低于法律职业群体。不过，认为律师"非常可能"虚假宣传的比例普遍不高，其中公众的比例仅仅有 4%。

不同法律职业群体中，有 78.0%的法官认为律师可能（含有可能、很可能和非常可能）虚假宣传，在所有法律职业群体中比例最高；律师认为同行可能虚假宣传的比例也很高，达 76.7%；比例最低的是警察，也有 71.2%。不过，认为律师"非常可能"虚假宣传的比例普遍不高，其中律师的比例只有 7.3%。

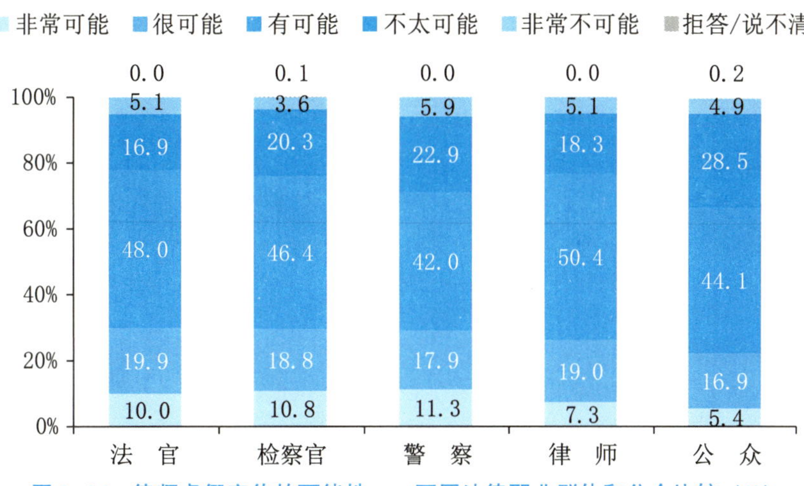

图 2-96　律师虚假宣传的可能性——不同法律职业群体和公众比较（%）

对于问题二，调查数据显示，有 67.2%的受访者认为，律师可能（含有可能、很可能和非常可能）虚假承诺。

表 2-51　律师虚假承诺的可能性

| | 法　官 | | 检察官 | | 警　察 | | 律　师 | | 公　众 | | 全　体 | |
|---|---|---|---|---|---|---|---|---|---|---|---|---|
| | 计数 | 频率% | 计数 | 频率% | 计数 | 频率% | 计数 | 频率% | 计数 | 频率% | 计数 | 频率% |
| 非常不可能 | 98 | 6.2 | 76 | 4.8 | 95 | 6.2 | 82 | 5.0 | 970 | 5.0 | 1321 | 5.2 |
| 不太可能 | 227 | 14.4 | 280 | 17.7 | 329 | 21.4 | 297 | 18.1 | 5882 | 30.5 | 7015 | 27.4 |
| 有可能 | 724 | 45.9 | 731 | 46.2 | 634 | 41.3 | 808 | 49.3 | 8526 | 44.3 | 11 423 | 44.6 |
| 很可能 | 360 | 22.8 | 325 | 20.6 | 287 | 18.7 | 318 | 19.4 | 3061 | 15.9 | 4351 | 17.0 |
| 非常可能 | 167 | 10.6 | 168 | 10.6 | 191 | 12.4 | 135 | 8.2 | 776 | 4.0 | 1437 | 5.6 |
| 拒答/说不清 | 0 | 0.0 | 1 | 0.1 | 0 | 0.0 | 0 | 0.0 | 46 | 0.2 | 47 | 0.2 |

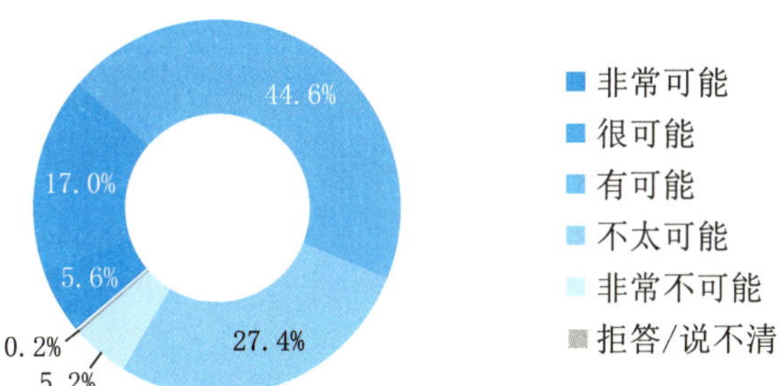

图 2-97　律师虚假承诺的可能性

法律职业群体和公众相比，法律职业群体更倾向于认为律师可能（含有可能、很可能和非常可能）虚假承诺，比例高达 76.6%，公众的比例相对低些，也有 64.2%。

不同法律职业群体中，有 79.4%的法官认为律师可能（含有可能、很可能和非常可能）虚假承诺，在所有法律职业群体中比例最高；律师认为同行可能虚假承诺的比例也很高，达 76.9%；比例最低的是警察，也有 72.4%。

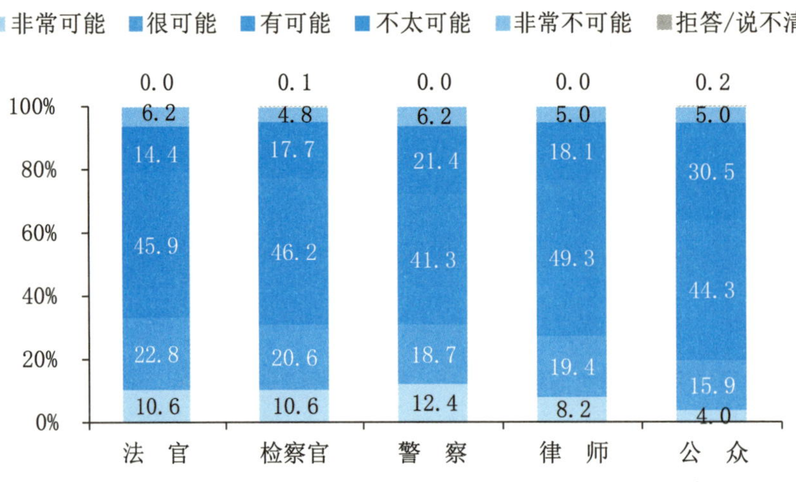

图 2-98 律师虚假承诺的可能性——不同法律职业群体和公众比较（%）

对于问题三，调查数据显示，有 62.4%的受访者认为，律师可能（含有可能、很可能和非常可能）与法官有不正当利益往来。

表 2-52 律师与法官有不正当利益往来的可能性

| | 法 官 | | 检察官 | | 警 察 | | 律 师 | | 公 众 | | 全 体 | |
|---|---|---|---|---|---|---|---|---|---|---|---|---|
| | 计数 | 频率% | 计数 | 频率% | 计数 | 频率% | 计数 | 频率% | 计数 | 频率% | 计数 | 频率% |
| 非常不可能 | 242 | 15.4 | 153 | 9.7 | 141 | 9.2 | 144 | 8.8 | 1056 | 5.5 | 1736 | 6.8 |
| 不太可能 | 606 | 38.5 | 445 | 28.1 | 384 | 25.0 | 323 | 19.7 | 6090 | 31.6 | 7848 | 30.7 |
| 有可能 | 582 | 37.0 | 683 | 43.2 | 644 | 42.0 | 751 | 45.8 | 8125 | 42.2 | 10 785 | 42.1 |
| 很可能 | 106 | 6.7 | 206 | 13.0 | 255 | 16.6 | 285 | 17.4 | 3061 | 15.9 | 3913 | 15.3 |
| 非常可能 | 36 | 2.3 | 94 | 5.9 | 111 | 7.2 | 138 | 8.4 | 890 | 4.6 | 1269 | 5.0 |
| 拒答/说不清 | 0 | 0.0 | 1 | 0.1 | 0 | 0.0 | 0 | 0.0 | 51 | 0.3 | 52 | 0.2 |

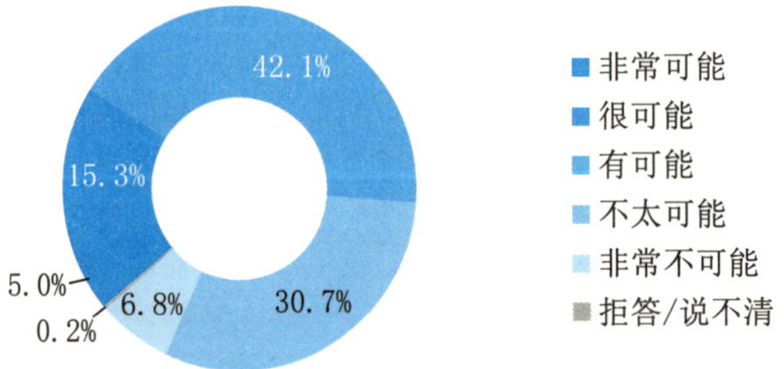

图 2-99 律师与法官有不正当利益往来的可能性

法律职业群体和公众相比，二者认为律师可能（含有可能、很可能和非常可能）与法官有不正当利益往来的比例差距不大，前者有 61.5%，后者有 62.7%。

不同法律职业群体中，认为律师可能（含有可能、很可能和非常可能）与法官有不正当利益往来的，比例最高的是律师，达 71.5%，比例最低的则是法官，有 46.0%，二者相差 25.6 个百分点。

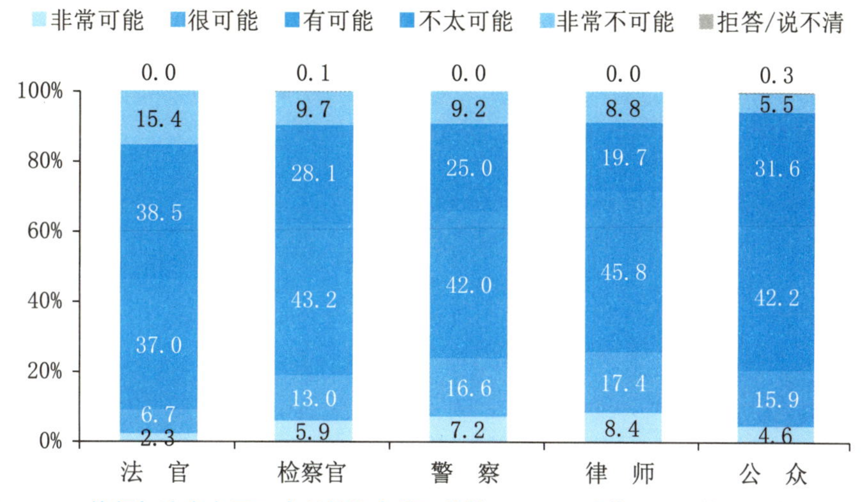


图 2-100 律师与法官有不正当利益往来的可能性——不同法律职业群体和公众比较（%）

对于问题四，调查数据显示，有 86.1%的受访者认为，律师可能（含有可能、很可能和非常可能）尽职尽责为委托人服务。

表 2-53 律师尽职尽责为委托人服务的可能性

| | 法官 | | 检察官 | | 警察 | | 律师 | | 公众 | | 全体 | |
|---|---|---|---|---|---|---|---|---|---|---|---|---|
| | 计数 | 频率% | 计数 | 频率% | 计数 | 频率% | 计数 | 频率% | 计数 | 频率% | 计数 | 频率% |
| 非常不可能 | 46 | 2.9 | 38 | 2.4 | 61 | 4.0 | 31 | 1.9 | 417 | 2.2 | 593 | 2.3 |
| 不太可能 | 98 | 6.2 | 137 | 8.7 | 203 | 13.2 | 54 | 3.3 | 2426 | 12.6 | 2918 | 11.4 |
| 有可能 | 650 | 41.4 | 660 | 41.9 | 646 | 42.1 | 308 | 18.7 | 7628 | 39.5 | 9892 | 38.6 |
| 很可能 | 564 | 35.9 | 555 | 35.2 | 421 | 27.5 | 628 | 38.2 | 6455 | 33.5 | 8623 | 33.7 |
| 非常可能 | 212 | 13.5 | 184 | 11.7 | 202 | 13.2 | 623 | 37.9 | 2319 | 12.0 | 3540 | 13.8 |
| 拒答/说不清 | 0 | 0.0 | 1 | 0.1 | 0 | 0.0 | 0 | 0.0 | 42 | 0.2 | 43 | 0.2 |

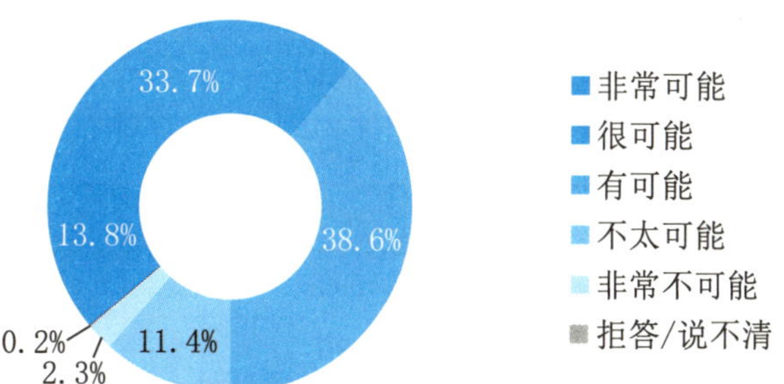


图 2-101 律师尽职尽责为委托人服务的可能性

法律职业群体和公众相比，法律职业群体更倾向于认为律师可能（含有可能、很可能和非常可能）尽职尽责为委托人服务，比例高达 89.4%，公众的比例是 85.0%，略低于法律职业群体。不过，除了律师群体外，认为律师“非常可能”尽职尽责为委托人服务的比例普遍不高，其中公众的比例只有 12.0%；检察官的比例更低，只有 11.7%。

不同法律职业群体中，有 94.8%的律师认为同行可能（含有可能、很可能和非常可能）尽职尽责为委托人服务，在所有法律职业群体中比例最高；比例最低的是警察，也有 82.8%。不过，除了律师群体外，认为律师“非常可能”尽职尽责为委托人服务的比例普遍不高，检察官的比例更只有 11.7%，与律师的37.9%相比，低了26.2个百分点。

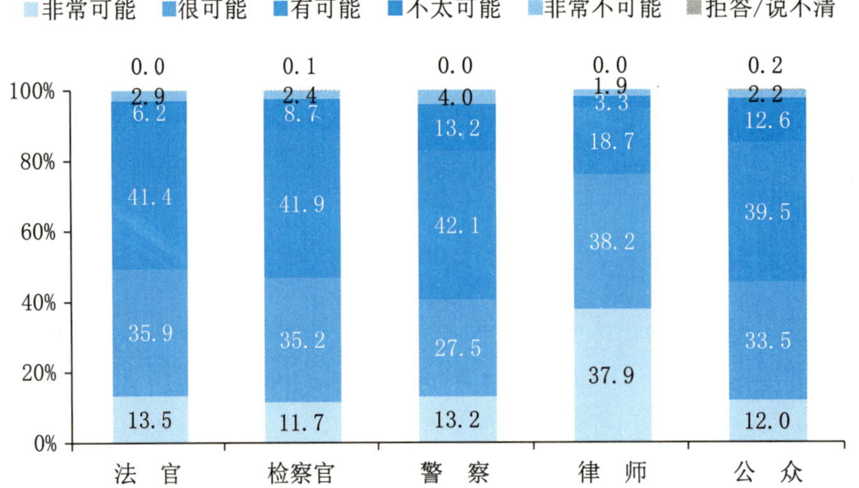


图2-102　律师尽职尽责为委托人服务的可能性——不同法律职业群体和公众比较（%）

## 8.3　法律职业人员享有职业保障

为测量这一指标，调查问卷设计四个问题：

问题一："您对自己的职务晋升前景的满意程度如何？"（专业卷Q2.1）

问题二："您对自己的职业待遇（工资、奖金、福利等）的满意程度如何？"（专业卷Q2.2）

问题三："您对自己所在单位履行法定职责保护机制的满意程度如何？"（专业卷Q2.3）

问题四："在您所在地区，律师执业时被追究'律师伪证罪'的可能性有多大？"（专业卷Q4.3）

对于问题一，调查数据显示，只有38.3%的受访者对自己的职务晋升前景感到满意（含比较满意和非常满意），有42.8%的受访者对自己的职务晋升前景评价一般，明确表示不太满意和非常不满意的则有18.9%。

表2-54　对职务晋升前景满意程度

| | 法　官 | | 检察官 | | 警　察 | | 律　师 | | 全　体 | |
|---|---|---|---|---|---|---|---|---|---|---|
| | 计数 | 频率% | 计数 | 频率% | 计数 | 频率% | 计数 | 频率% | 计数 | 频率% |
| 非常不满意 | 136 | 8.6 | 112 | 7.1 | 139 | 9.0 | 32 | 2.0 | 419 | 6.6 |
| 不太满意 | 254 | 16.1 | 199 | 12.6 | 236 | 15.3 | 91 | 5.6 | 780 | 12.3 |
| 一　般 | 709 | 44.8 | 713 | 45.1 | 660 | 42.7 | 620 | 38.5 | 2702 | 42.8 |
| 比较满意 | 361 | 22.8 | 402 | 25.4 | 390 | 25.2 | 654 | 40.6 | 1807 | 28.6 |
| 非常满意 | 121 | 7.7 | 156 | 9.9 | 120 | 7.8 | 214 | 13.3 | 611 | 9.7 |

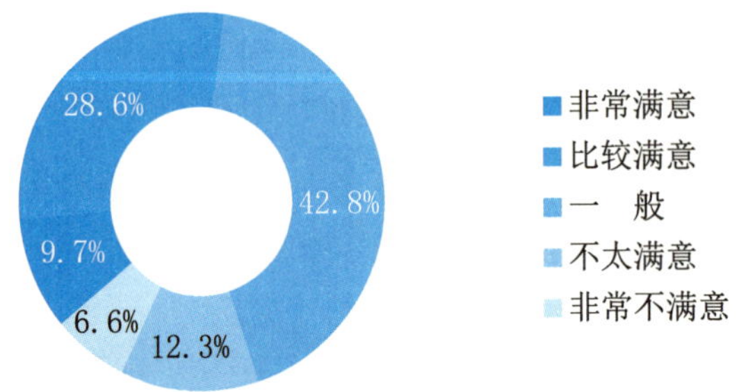


图2-103　对职务晋升前景满意程度

不同法律职业群体对自己的职务晋升前景感到满意（含比较满意和非常满意）的比例均低于六成，其中律师的比例最高，有53.9%；检察官和警察的比例不足四成，分别为35.3%和33.0%；法官的比例最低，只有30.5%。法律职业群体对自己的职务晋升前景感到“非常满意”的比例普遍偏低，律师的比例仍然最高，但也只有13.3%；法官的比例仍然最低，仅仅有7.7%。

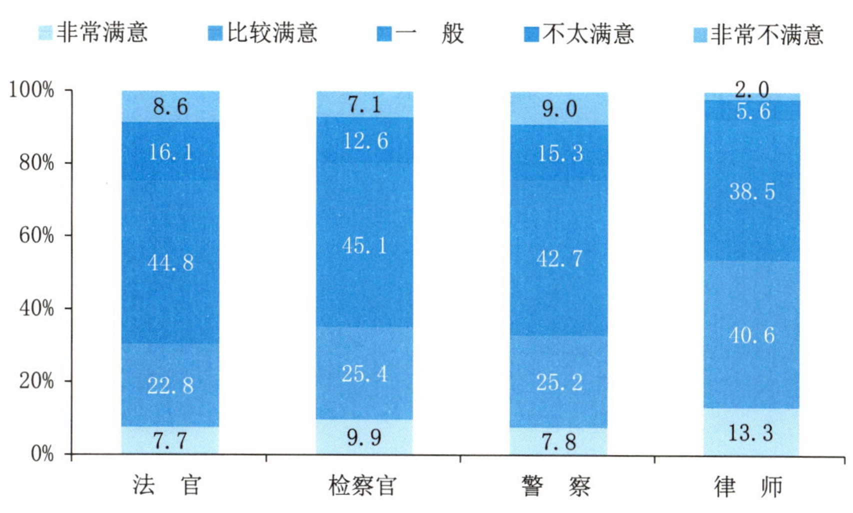


图2-104　对职务晋升前景满意程度——不同法律职业群体比较（%）

对于问题二，调查数据显示，只有37.9%的受访者对自己的职业待遇（工资、奖金、福利等）感到满意（含比较满意和非常满意），有41.8%的受访者对自己的职业待遇（工资、奖金、福利等）评价一般，明确表示不太满意和非常不满意的则有20.3%。

表2-55　对职业待遇（工资、奖金、福利等）满意程度

| | 法　官 | | 检察官 | | 警　察 | | 律　师 | | 全　体 | |
|---|---|---|---|---|---|---|---|---|---|---|
| | 计数 | 频率% | 计数 | 频率% | 计数 | 频率% | 计数 | 频率% | 计数 | 频率% |
| 非常不满意 | 126 | 8.0 | 110 | 7.0 | 109 | 7.1 | 36 | 2.2 | 381 | 6.0 |
| 不太满意 | 292 | 18.5 | 246 | 15.6 | 240 | 15.6 | 125 | 7.7 | 903 | 14.3 |
| 一　般 | 665 | 42.2 | 638 | 40.6 | 649 | 42.2 | 685 | 42.2 | 2637 | 41.8 |
| 比较满意 | 371 | 23.5 | 416 | 26.4 | 443 | 28.8 | 613 | 37.8 | 1843 | 29.2 |
| 非常满意 | 122 | 7.7 | 163 | 10.4 | 98 | 6.4 | 163 | 10.0 | 546 | 8.7 |

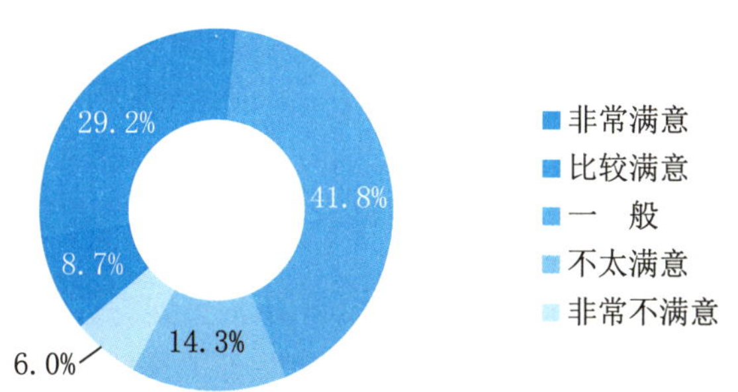


图2-105　对职业待遇（工资、奖金、福利等）满意程度

不同法律职业群体中，律师对自己的职业待遇（工资、奖金、福利等）感到满意（含比较满意和非常满意）的比例最高，有47.8%；法官的比例最低，只有31.3%。法律职业群体对自己的职业待遇（工

资、奖金、福利等）感到“非常满意”的比例普遍偏低，比例最高的是检察官，也只有10.4%；比例最低的是警察，仅仅有6.4%。

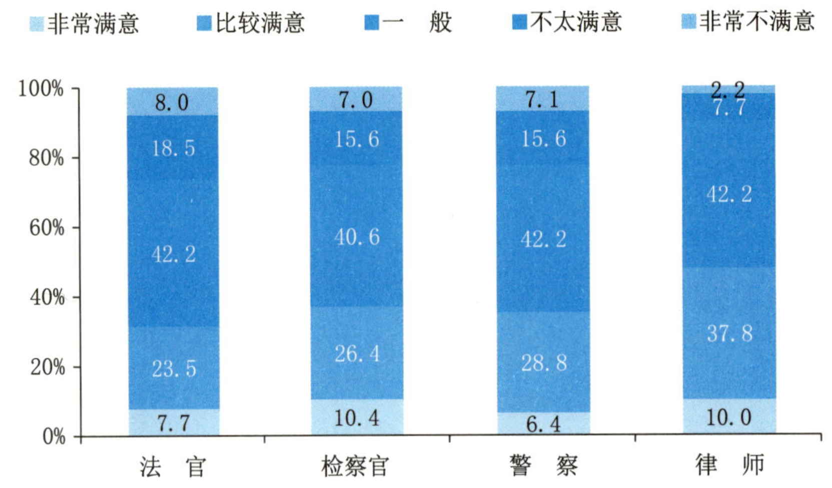


图 2-106 对职业待遇（工资、奖金、福利等）满意程度——不同法律职业群体比较（%）

对于问题三，调查数据显示，只有35.7%的受访者对自己所在单位履行法定职责保护机制感到满意（含比较满意和非常满意），有42.4%的受访者对此评价一般。

表 2-56 对单位履行法定职责保护机制满意程度

| | 法 官 | | 检察官 | | 警 察 | | 律 师 | | 全 体 | |
|---|---|---|---|---|---|---|---|---|---|---|
| | 计数 | 频率% | 计数 | 频率% | 计数 | 频率% | 计数 | 频率% | 计数 | 频率% |
| 非常不满意 | 142 | 9.1 | 82 | 5.3 | 107 | 7.0 | 65 | 4.0 | 396 | 6.3 |
| 不太满意 | 308 | 19.7 | 206 | 13.2 | 238 | 15.6 | 224 | 13.9 | 976 | 15.6 |
| 一 般 | 640 | 40.9 | 675 | 43.2 | 650 | 42.7 | 692 | 42.8 | 2657 | 42.4 |
| 比较满意 | 304 | 19.4 | 391 | 25.0 | 365 | 24.0 | 482 | 29.8 | 1542 | 24.6 |
| 非常满意 | 171 | 10.9 | 207 | 13.3 | 163 | 10.7 | 154 | 9.5 | 695 | 11.1 |

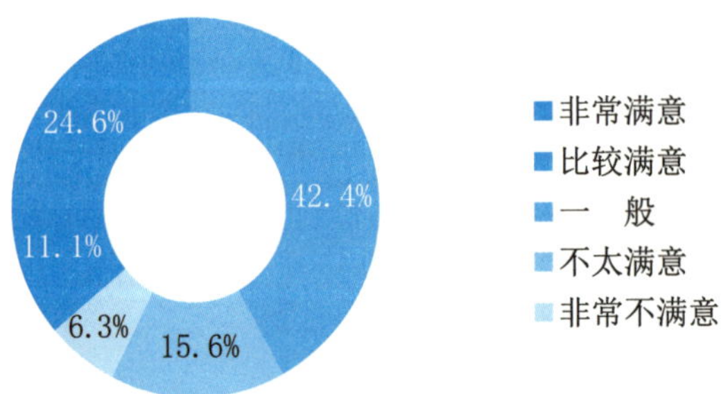


图 2-107 对单位履行法定职责保护机制满意程度

不同法律职业群体对自己所在单位履行法定职责保护机制感到满意（含比较满意和非常满意）的比例均不足四成，比例最高的是律师，也只有39.3%；比例最低的是法官，仅有30.3%。法律职业群体对自己所在单位履行法定职责保护机制感到“非常满意”的比例普遍偏低，比例最高的是检察官，也只有13.3%；比例最低的是律师，仅有9.5%。

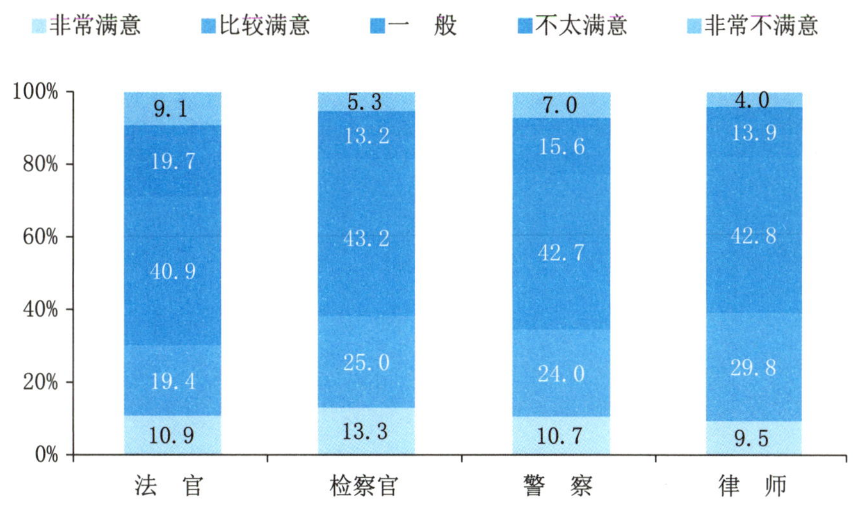


图 2-108　对单位履行法定职责保护机制满意程度——不同法律职业群体比较（%）

对于问题四，调查数据显示，有 50.0%的受访者认为，律师可能（含有可能、很可能和非常可能）被追究“律师伪证罪”。不过，认为律师“非常可能”被追究“律师伪证罪”的比例并不高，只有 3.8%。

表 2-57　律师被追究“律师伪证罪”的可能性

| | 法　官 | | 检察官 | | 警　察 | | 律　师 | | 全　体 | |
|---|---|---|---|---|---|---|---|---|---|---|
| | 计数 | 频率% | 计数 | 频率% | 计数 | 频率% | 计数 | 频率% | 计数 | 频率% |
| 非常不可能 | 239 | 15.4 | 217 | 13.9 | 161 | 10.6 | 76 | 4.6 | 693 | 11.0 |
| 不太可能 | 707 | 45.6 | 745 | 47.6 | 589 | 38.8 | 399 | 24.4 | 2440 | 38.9 |
| 有可能 | 525 | 33.9 | 507 | 32.4 | 561 | 36.9 | 751 | 45.9 | 2344 | 37.4 |
| 很可能 | 65 | 4.2 | 80 | 5.1 | 158 | 10.4 | 252 | 15.4 | 555 | 8.8 |
| 非常可能 | 14 | 0.9 | 17 | 1.1 | 50 | 3.3 | 159 | 9.7 | 240 | 3.8 |

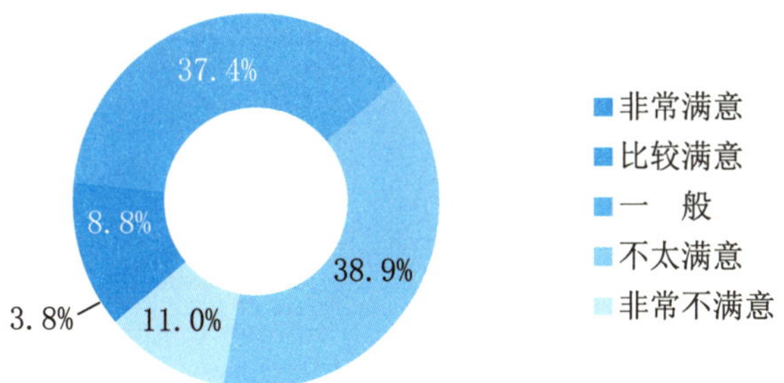


图 2-109　律师被追究“律师伪证罪”的可能性

不同法律职业群体中，认为律师可能（含有可能、很可能和非常可能）被追究“律师伪证罪”的，比例最高的是律师，达 71.0%，比例最低的是检察官，只有 38.6%，二者相差 32.4 个百分点。不过，认为律师“非常可能”被追究“律师伪证罪”的比例普遍不高，比例最高的仍然是律师，也只有 9.7%；比例最低的是法官，仅仅有 0.9%。

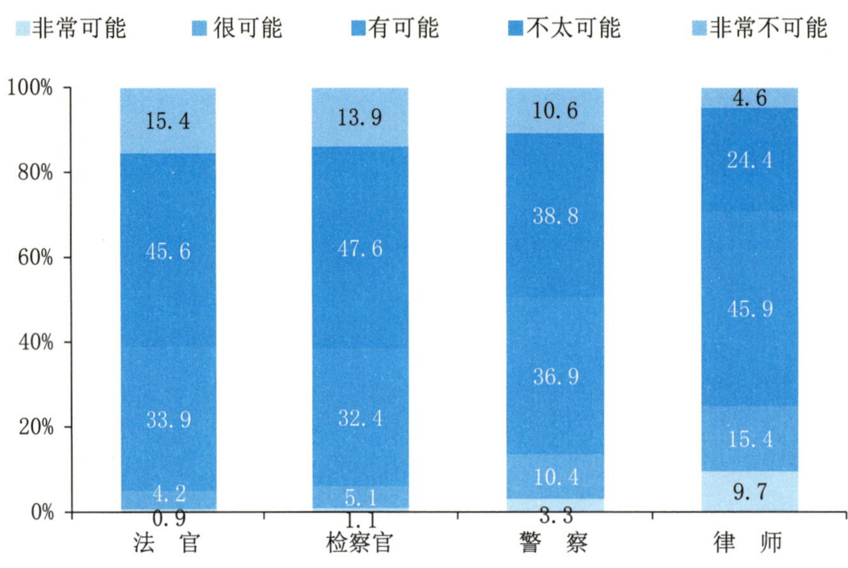


图 2-110　律师被追究"律师伪证罪"的可能性——不同法律职业群体比较（%）

## 指标 9　司法公开

### 9.1　司法过程依法公开

为测量这一指标，调查问卷设计一个问题：

问题："在您所在地区，法院允许公众旁听审判的可能性有多大？"（专业卷 Q33.1 和公众卷 Q5.1）

对于这一问题，调查数据显示，有 90.6%的受访者认为，法院可能（含有可能、很可能和非常可能）允许公众旁听审判。

表 2-58　法院允许公众旁听审判的可能性

| | 法官 | | 检察官 | | 警察 | | 律师 | | 公众 | | 全体 | |
|---|---|---|---|---|---|---|---|---|---|---|---|---|
| | 计数 | 频率% | 计数 | 频率% | 计数 | 频率% | 计数 | 频率% | 计数 | 频率% | 计数 | 频率% |
| 非常不可能 | 5 | 0.3 | 9 | 0.6 | 10 | 0.6 | 8 | 0.5 | 208 | 1.1 | 240 | 0.9 |
| 不太可能 | 19 | 1.2 | 26 | 1.6 | 81 | 5.2 | 59 | 3.6 | 1892 | 9.8 | 2077 | 8.1 |
| 有可能 | 175 | 11.0 | 366 | 23.0 | 528 | 34.0 | 476 | 28.9 | 8264 | 42.7 | 9809 | 38.1 |
| 很可能 | 356 | 22.5 | 560 | 35.3 | 521 | 33.6 | 610 | 37.1 | 6554 | 33.9 | 8601 | 33.4 |
| 非常可能 | 1030 | 65.0 | 627 | 39.5 | 412 | 26.5 | 493 | 30.0 | 2355 | 12.2 | 4917 | 19.1 |
| 拒答/说不清 | 0 | 0.0 | 0 | 0.0 | 0 | 0.0 | 0 | 0.0 | 79 | 0.4 | 79 | 0.3 |

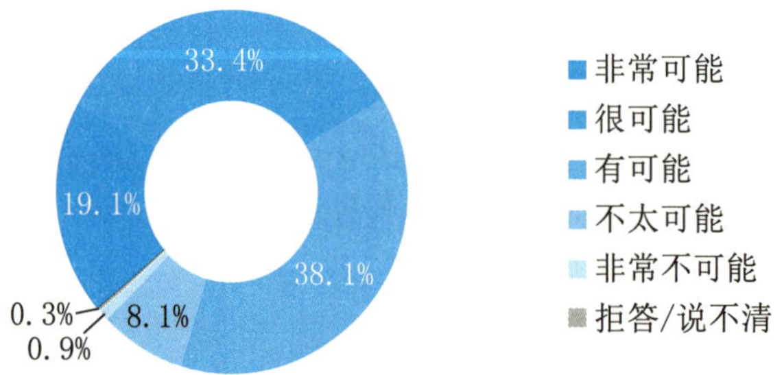


图 2-111　法院允许公众旁听审判的可能性

法律职业群体和公众相比，法律职业群体认为法院可能（含有可能、很可能和非常可能）允许公众旁听审判的比例高达96.6%，公众的比例也有88.8%，二者相差7.8个百分点。不过，认为法院“非常可能”允许公众旁听审判的公众比例偏低，只有12.2%。

不同法律职业群体中，认为法院可能（含有可能、很可能和非常可能）允许公众旁听审判的，比例最高的是法官，达98.5%；比例最低的是警察，也有94.1%。此外，认为法院“非常可能”允许公众旁听审判的比例普遍较高，比例最高的仍然是法官，高达65.0%。

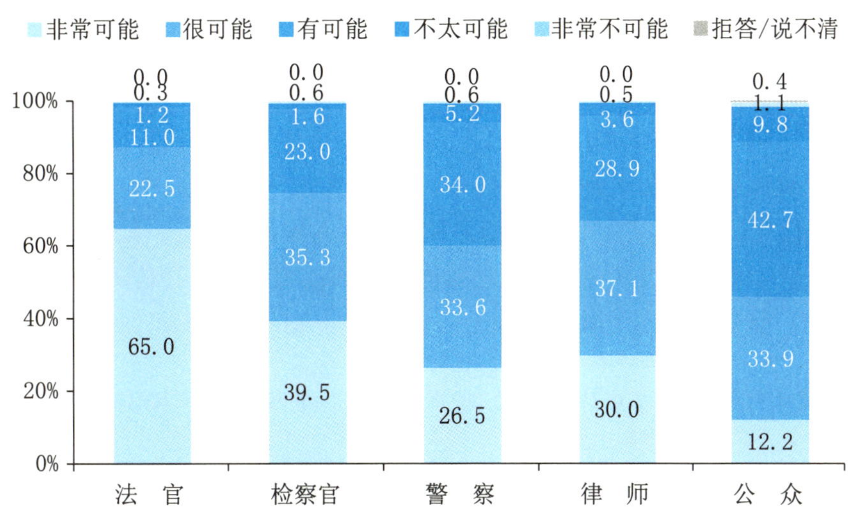


图2-112 法院允许公众旁听审判的可能性——不同法律职业群体和公众比较（%）

## 9.2 裁判结果依法公开

为测量这一指标，调查问卷设计两个问题：

问题一：“在您所在地区，法院依法及时公开判决书的可能性有多大？”（专业卷Q33.2和公众卷Q5.2）

问题二：“在您所在地区，判决书对证据采纳与排除的理由予以充分说明的可能性有多大？”（专业卷Q33.3）

对于问题一，调查数据显示，有89.9%的受访者认为，法院可能（含有可能、很可能和非常可能）依法及时公开判决书。

表2-59 法院依法及时公开判决书的可能性

| | 法 官 | | 检察官 | | 警 察 | | 律 师 | | 公 众 | | 全 体 | |
|---|---|---|---|---|---|---|---|---|---|---|---|---|
| | 计数 | 频率% | 计数 | 频率% | 计数 | 频率% | 计数 | 频率% | 计数 | 频率% | 计数 | 频率% |
| 非常不可能 | 0 | 0.0 | 11 | 0.7 | 11 | 0.7 | 8 | 0.5 | 232 | 1.2 | 262 | 1.0 |
| 不太可能 | 10 | 0.6 | 19 | 1.2 | 64 | 4.1 | 96 | 5.8 | 2063 | 10.7 | 2252 | 8.8 |
| 有可能 | 167 | 10.6 | 351 | 22.1 | 504 | 32.6 | 510 | 31.0 | 8383 | 43.4 | 9915 | 38.6 |
| 很可能 | 367 | 23.2 | 592 | 37.3 | 553 | 35.7 | 659 | 40.0 | 6216 | 32.2 | 8387 | 32.7 |
| 非常可能 | 1038 | 65.6 | 614 | 38.7 | 416 | 26.9 | 373 | 22.7 | 2323 | 12.0 | 4764 | 18.6 |
| 拒答/说不清 | 0 | 0.0 | 0 | 0.0 | 0 | 0.0 | 0 | 0.0 | 97 | 0.5 | 97 | 0.4 |

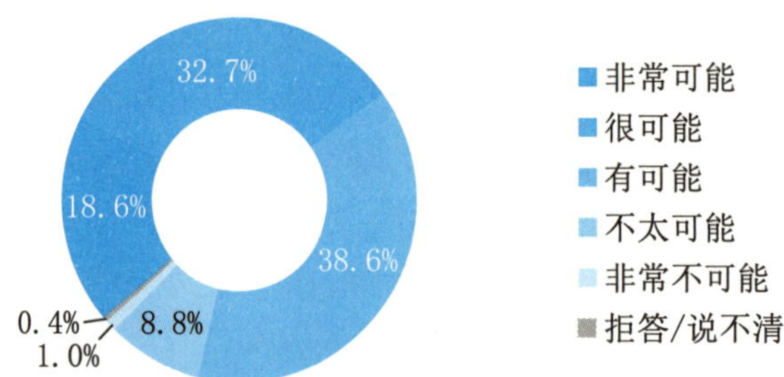

图 2-113　法院依法及时公开判决书的可能性

法律职业群体和公众相比，法律职业群体认为法院可能（含有可能、很可能和非常可能）依法及时公开判决书的比例高达96.6%，公众的比例是87.6%，二者相差9.0个百分点。不过，认为法院“非常可能”依法及时公开判决书的公众比例偏低，只有12.0%。

不同法律职业群体中，认为法院可能（含有可能、很可能和非常可能）依法及时公开判决书的，比例最高的是法官，达99.4%；其次是检察官，也高达98.1%；比例最低的是律师，也有93.7%。此外，认为法院“非常可能”依法及时公开判决书的比例普遍较高，比例最高的仍然是法官，高达65.6%。

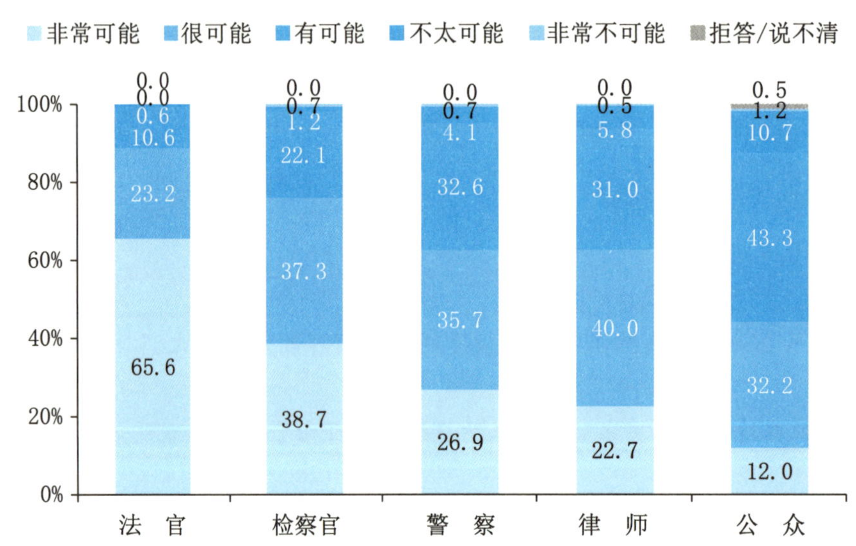

图 2-114　法院依法及时公开判决书的可能性——不同法律职业群体和公众比较（%）

对于问题二，调查数据显示，有93.6%的受访者认为，判决书可能（含有可能、很可能和非常可能）对证据采纳与排除的理由予以充分说明。

表 2-60　判决书对证据采纳与排除的理由予以充分说明的可能性

| | 法　官 | | 检察官 | | 警　察 | | 律　师 | | 全　体 | |
|---|---|---|---|---|---|---|---|---|---|---|
| | 计数 | 频率% | 计数 | 频率% | 计数 | 频率% | 计数 | 频率% | 计数 | 频率% |
| 非常不可能 | 2 | 0.1 | 10 | 0.6 | 14 | 0.9 | 23 | 1.4 | 49 | 0.8 |
| 不太可能 | 34 | 2.1 | 64 | 4.0 | 94 | 6.1 | 169 | 10.3 | 361 | 5.7 |
| 有可能 | 210 | 13.3 | 436 | 27.5 | 520 | 33.6 | 651 | 39.6 | 1817 | 28.6 |
| 很可能 | 515 | 32.5 | 596 | 37.6 | 544 | 35.1 | 551 | 33.5 | 2206 | 34.7 |
| 非常可能 | 822 | 51.9 | 481 | 30.3 | 376 | 24.3 | 251 | 15.3 | 1930 | 30.3 |

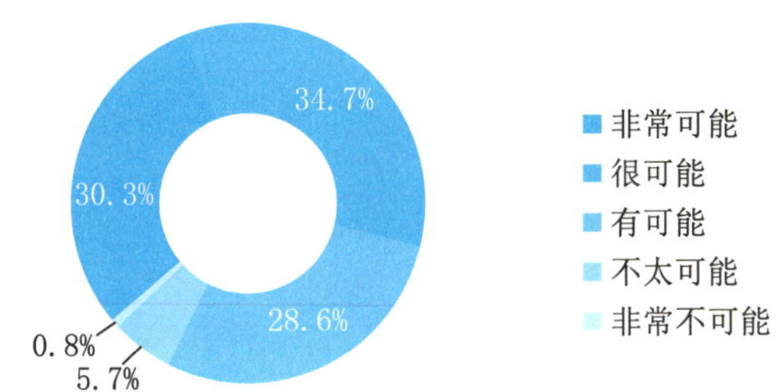

图 2-115　判决书对证据采纳与排除的理由予以充分说明的可能性

不同法律职业群体中，认为判决书可能（含有可能、很可能和非常可能）对证据采纳与排除的理由予以充分说明的，比例最高的是法官，达 97.7%，比例最低的是律师，也有 88.3%。此外，认为判决书“非常可能”对证据采纳与排除的理由予以充分说明的，除律师外，其他法律职业群体的比例普遍较高，尤其是法官，高达 51.9%，高出律师 36.6 个百分点。

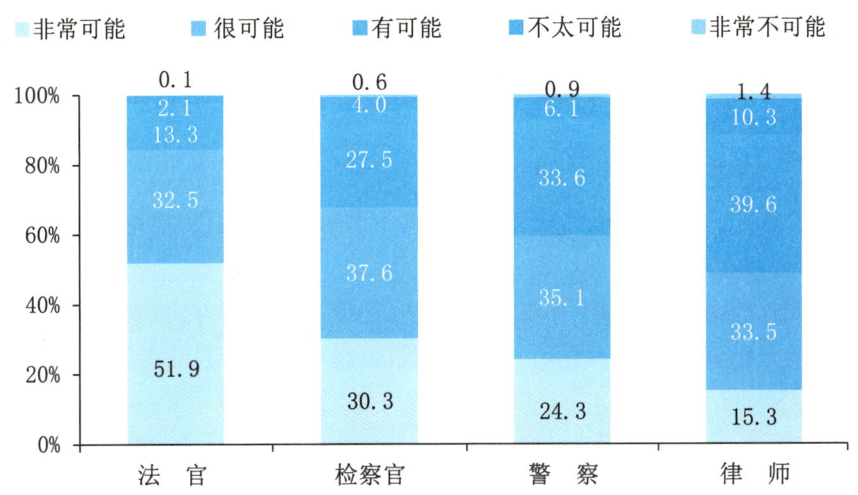

图 2-116　判决书对证据采纳与排除的理由予以充分说明的可能性——不同法律职业群体比较（%）

## 指标 10　司法文化

### 10.1　公众参与司法的意识及程度

为测量这一指标，调查问卷设计一个问题：

问题：“如果有当人民陪审员的机会，您愿意参与法庭审判吗?”（公众卷 Q1）

对于这一问题，调查数据显示，如果有当人民陪审员的机会，有 50.8%的受访者表示愿意（含比较愿意和非常愿意）参与法庭审判；明确表示不太愿意和非常不愿意的，分别只有 13.9%和 2.0%。

表 2-61　如果有当人民陪审员的机会，公众参与法庭审判的意愿程度

| | 公　众 | |
|---|---|---|
| | 计　数 | 频率% |
| 非常不愿意 | 385 | 2.0 |
| 不太愿意 | 2687 | 13.9 |
| 一　般 | 6449 | 33.3 |

续表

| | 公　　众 | |
|---|---|---|
| | 计　数 | 频率% |
| 比较愿意 | 5822 | 30.0 |
| 非常愿意 | 4033 | 20.8 |
| 拒答/说不清 | 12 | 0.1 |

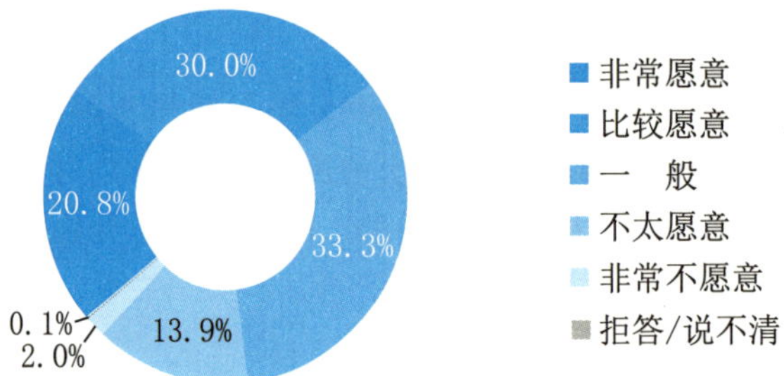


图 2-117　如果有当人民陪审员的机会，公众参与法庭审判的意愿程度

## 10.2　公众诉诸司法的意识及程度

为测量这一指标，调查问卷设计一个问题：

问题："在您所在地区，当矛盾双方无法通过协商、调解等方式解决纠纷时，人们到法院起诉的可能性有多大?"（公众卷 Q7）

对于这一问题，调查数据显示，当矛盾双方无法通过协商、调解等方式解决纠纷时，有 85.5%的受访者表示可能（含有可能、很可能和非常可能）到法院起诉；表示"非常不可能"的比例很低，只有 0.8%。

表 2-62　当矛盾双方无法通过协商、调解等方式解决纠纷时，人们到法院起诉的可能性

| | 公　　众 | |
|---|---|---|
| | 计　数 | 频率% |
| 非常不可能 | 151 | 0.8 |
| 不太可能 | 2664 | 13.7 |
| 有可能 | 8758 | 45.2 |
| 很可能 | 5656 | 29.2 |
| 非常可能 | 2160 | 11.1 |
| 拒答/说不清 | 8 | 0.0 |

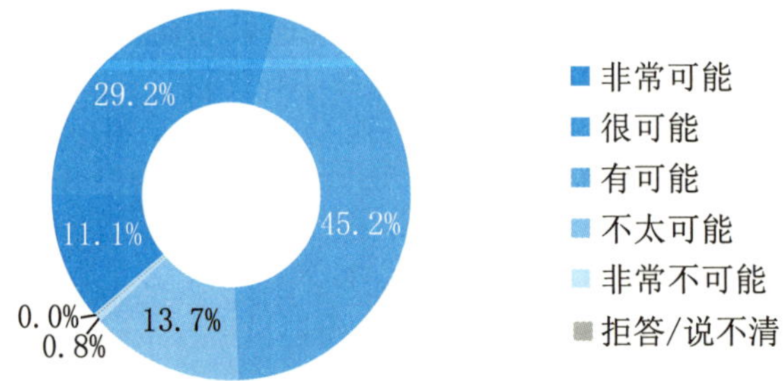


图 2-118　当矛盾双方无法通过协商、调解等方式解决纠纷时，人们到法院起诉的可能性

## 10.3　公众接受司法裁判的意识及程度

为测量这一指标，调查问卷设计一个问题：

问题："假设审判程序没有问题，但判决结果对您不利，您尊重法院判决的可能性有多大?"（公众卷 Q8）

对于这一问题，调查数据显示，如果审判程序没有问题，只是判决结果对自己不利，有 79.3%的受访者表示自己可能（含有可能、很可能和非常可能）尊重法院判决；表示"非常不可能"的比例很低，只有 2.8%。

表 2-63　尊重对自己不利判决结果的可能性

| | 公众 | |
|---|---|---|
| | 计数 | 频率% |
| 非常不可能 | 537 | 2.8 |
| 不太可能 | 3458 | 17.9 |
| 有可能 | 8587 | 44.4 |
| 很可能 | 5100 | 26.3 |
| 非常可能 | 1665 | 8.6 |
| 拒答/说不清 | 9 | 0.0 |

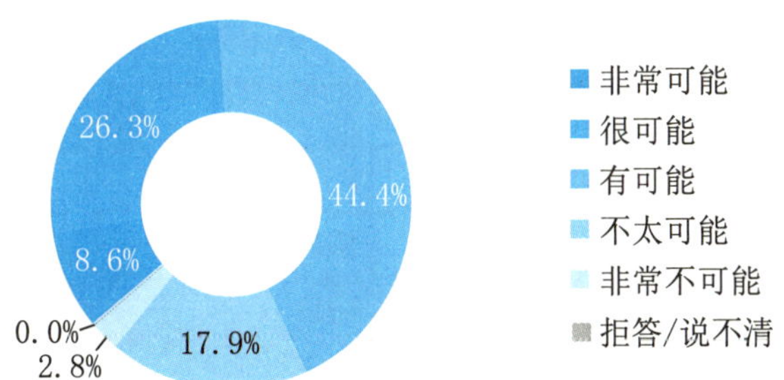


图 2-119　尊重对自己不利判决结果的可能性

## 10.4　公众接受现代刑罚理念的意识及程度

为测量这一指标，调查问卷设计两个问题：

问题一："对于在公共场所举行公捕、公判大会，您的总体态度是?"（公众卷 Q9）

问题二："与枪决相比，您对以注射方式执行死刑的态度是?"（公众卷 Q10）

对于问题一，调查数据显示，有 59.0%的受访者支持（含坚决支持、一定程度上支持）在公共场所举行公捕、公判大会，其中 22.4%的受访者表示坚决支持。相比较而言，强烈反对的比例很低，只有 7.3%。

表 2-64　对于在公共场所举行公捕、公判大会的态度

| | 公众 | |
|---|---|---|
| | 计数 | 频率% |
| 坚决支持 | 4356 | 22.4 |
| 一定程度上支持 | 7102 | 36.6 |
| 不关心，无所谓 | 3363 | 17.3 |

续表

| | 公众 | |
|---|---|---|
| | 计数 | 频率% |
| 不太支持 | 3185 | 16.4 |
| 强烈反对 | 1410 | 7.3 |
| 拒答/说不清 | 9 | 0.0 |

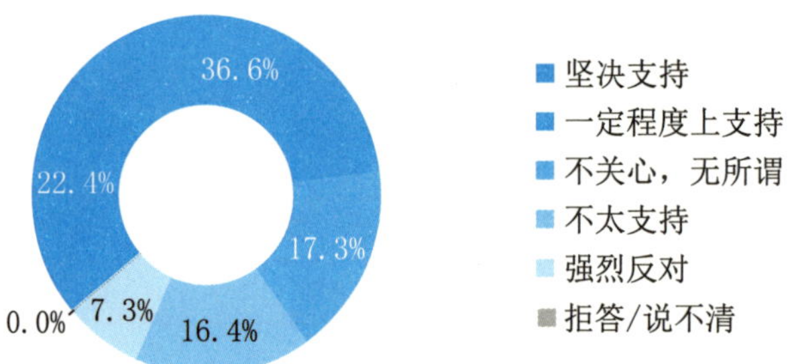


图 2-120　对于在公共场所举行公捕、公判大会的态度

对于问题二，调查数据显示，与枪决相比，有 70.6%的受访者更为支持（含坚决支持、一定程度上支持）注射执行死刑方法，其中有 26.0%的受访者表示坚决支持。相比较而言，强烈反对的比例很低，只有 2.9%。

表 2-65　与枪决相比，对以注射方式执行死刑的态度

| | 公众 | |
|---|---|---|
| | 计数 | 频率% |
| 坚决支持 | 5034 | 26.0 |
| 一定程度上支持 | 8648 | 44.6 |
| 不关心，无所谓 | 3515 | 18.1 |
| 不太支持 | 1621 | 8.4 |
| 强烈反对 | 561 | 2.9 |
| 拒答/说不清 | 4 | 0.0 |

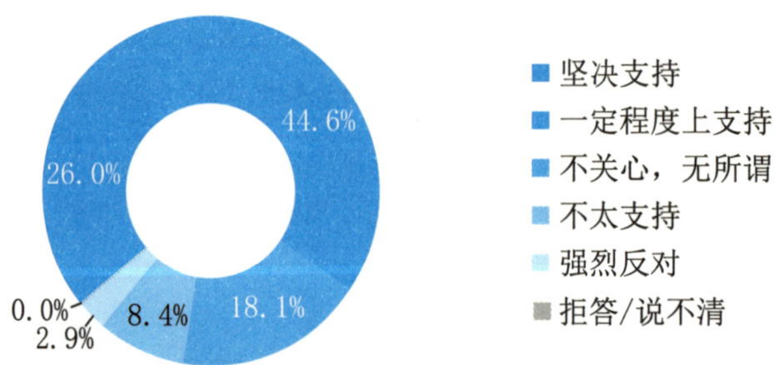


图 2-121　与枪决相比，对以注射方式执行死刑的态度

# 第三章　司法主体性分析

本章将分析法律职业群体和公众对于法院、检察院、公安机关以及相关工作人员的评价，即从法律职业群体角度和公众角度分别评价法律工作人员，其中法律职业群体包括法官、检察官、警察、律师。各主体对于法官/法院、检察官/检察院、警察/公安机关、律师的评价以指标得分体现，一级指标的得分为二级指标得分的均值，二级指标得分为该指标下所有问题得分的均值。

表 3-1　不同主体之间指标评分及指标得分排名汇总表

| | 法官/法院（得分） | 检察官/检察院（得分） | 警察/公安机关（得分） | 律师（得分） |
|---|---|---|---|---|
| 法　官 | 司法权力（80.04，5/8）<br>当事人诉讼权利（77.00，7/8）<br>民事司法程序（81.78，2/8）<br>刑事司法程序（81.64，3/8）<br>行政司法程序（80.69，4/8）<br>证据制度（74.73，8/8）<br>司法腐败遏制（77.80，6/8）<br>司法公开（89.43，1/8） | 司法权力（74.27，3/5）<br>当事人诉讼权利（75.62，2/5）<br>刑事司法程序（71.12，5/5）<br>证据制度（73.32，4/5）<br>司法腐败遏制（76.32，1/5） | 司法权力（82.65，1/3）<br>刑事司法程序（75.89，2/3）<br>司法腐败遏制（72.54，3/3） | 法律职业化（58.86） |
| 检察官 | 司法权力（75.06，3/8）<br>当事人诉讼权利（70.97，7/8）<br>民事司法程序（74.79，4/8）<br>刑事司法程序（76.16，2/8）<br>行政司法程序（73.62，5/8）<br>证据制度（71.70，6/8）<br>司法腐败遏制（69.67，8/8）<br>司法公开（81.39，1/8） | 司法权力（74.49，5/5）<br>当事人诉讼权利（78.47，2/5）<br>刑事司法程序（74.80，4/5）<br>证据制度（81.03，1/5）<br>司法腐败遏制（76.69，3/5） | 司法权力（79.62，1/3）<br>刑事司法程序（77.15，2/3）<br>司法腐败遏制（67.65，3/3） | 法律职业化（57.51） |
| 警　察 | 司法权力（72.53，3/8）<br>当事人诉讼权利（69.49，6/8）<br>民事司法程序（71.55，4/8）<br>刑事司法程序（72.79，2/8）<br>行政司法程序（70.44，5/8）<br>证据制度（68.39，7/8）<br>司法腐败遏制（65.57，8/8）<br>司法公开（76.00，1/8） | 司法权力（69.26，4/5）<br>当事人诉讼权利（71.15，3/5）<br>刑事司法程序（71.96，1/5）<br>证据制度（71.56，2/5）<br>司法腐败遏制（67.05，5/5） | 司法权力（77.16，2/3）<br>刑事司法程序（79.55，1/3）<br>司法腐败遏制（71.85，3/3） | 法律职业化（58.15） |
| 律　师 | 司法权力（69.21，3/8）<br>当事人诉讼权利（65.25，6/8）<br>民事司法程序（69.34，2/8）<br>刑事司法程序（66.17，5/8）<br>行政司法程序（67.24，4/8）<br>证据制度（61.64，7/8）<br>司法腐败遏制（60.18，8/8）<br>司法公开（75.68，1/8） | 司法权力（66.20，1/5）<br>当事人诉讼权利（66.09，2/5）<br>刑事司法程序（63.69，4/5）<br>证据制度（64.97，3/5）<br>司法腐败遏制（62.14，5/5） | 司法权力（72.21，1/3）<br>刑事司法程序（66.23，2/3）<br>司法腐败遏制（57.61，3/3） | 法律职业化（54.04） |

续表

| | 法官/法院（得分） | 检察官/检察院（得分） | 警察/公安机关（得分） | 律师（得分） |
|---|---|---|---|---|
| 公　众 | 司法权力（71.61，1/7）<br>民事司法程序（66.48，3/7）<br>刑事司法程序（61.92，6/7）<br>行政司法程序（64.09，4/7）<br>证据制度（60.32，7/7）<br>司法腐败遏制（61.98，5/7）<br>司法公开（68.97，2/7） | 司法权力（70.32，1/2）<br>司法腐败遏制（63.44，2/2） | 司法权力（66.38，1/3）<br>刑事司法程序（66.10，2/3）<br>司法腐败遏制（59.31，3/3） | 法律职业化<br>（60.45） |

## 一、对法官/法院的评价

本年度司法文明指标体系中，指向法官/法院的一级指标共有8个，分别为：司法权力、当事人诉讼权利、民事司法程序、刑事司法程序、行政司法程序、证据制度、司法腐败遏制、司法公开。以8个一级指标的均分为总评价，五类群体对法官/法院司法文明的总评价均值为67.03。其中，法官对法官/法院总评价（80.39）最高，其他群体的评分由高到低分别为检察官（74.17）、警察（70.85）、律师（66.84）、公众（65.07）。若以0.05作为显著性差异标准，不同主体对法官/法院总评价存在明显差异。

以五类群体的评价均分为指标得分，指向法官/法院的8个一级指标中，司法权力指标得分（72.25）最高，其他7个指标得分从高到低排序分别为：司法公开（71.85）、当事人诉讼权利（70.63）、民事司法程序（68.42）、行政司法程序（66.31）、刑事司法程序（64.95）、司法腐败遏制（63.53）、证据制度（62.52）。

对比不同群体对指向法官/法院的8个一级指标的评价，所有8个指标中，评分最高的均为法官，其次为检察官，再次为警察，律师和公众低于上述三类群体。所有群体评价最高的指标为司法公开，法官评价最低的指标为证据制度，检察官、警察、律师评价最低的指标为司法腐败遏制，公众评价最低的指标为证据制度。

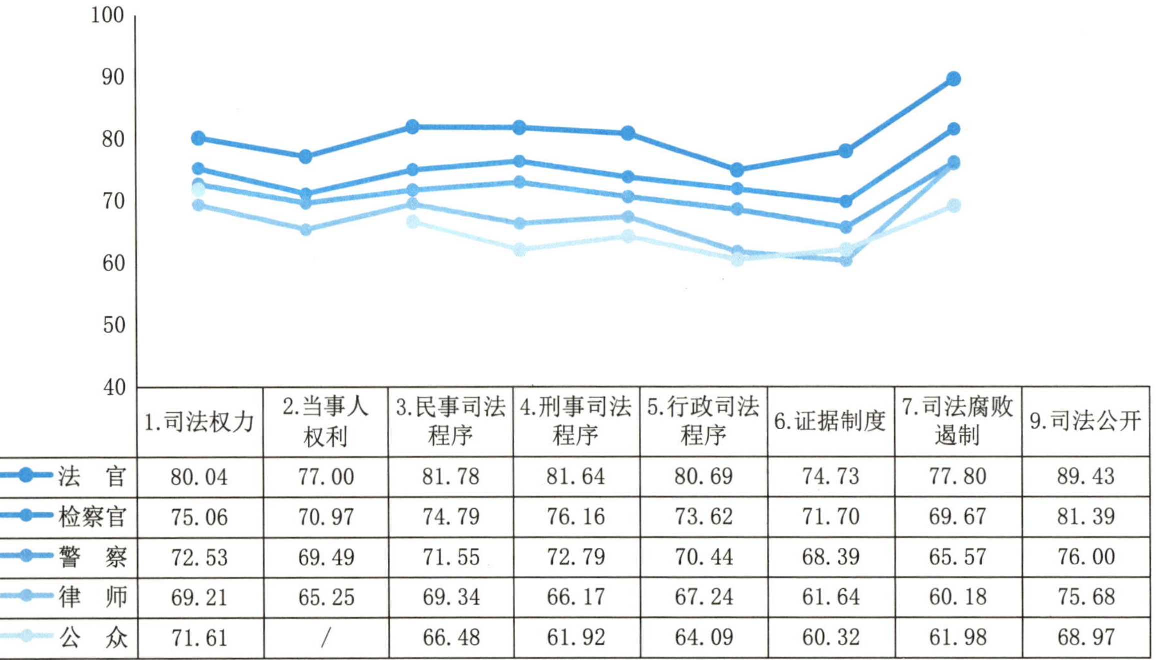


| | 1.司法权力 | 2.当事人权利 | 3.民事司法程序 | 4.刑事司法程序 | 5.行政司法程序 | 6.证据制度 | 7.司法腐败遏制 | 9.司法公开 |
|---|---|---|---|---|---|---|---|---|
| 法　官 | 80.04 | 77.00 | 81.78 | 81.64 | 80.69 | 74.73 | 77.80 | 89.43 |
| 检察官 | 75.06 | 70.97 | 74.79 | 76.16 | 73.62 | 71.70 | 69.67 | 81.39 |
| 警　察 | 72.53 | 69.49 | 71.55 | 72.79 | 70.44 | 68.39 | 65.57 | 76.00 |
| 律　师 | 69.21 | 65.25 | 69.34 | 66.17 | 67.24 | 61.64 | 60.18 | 75.68 |
| 公　众 | 71.61 | / | 66.48 | 61.92 | 64.09 | 60.32 | 61.98 | 68.97 |

图3-1　对指向法官/法院的一级指标评分对比

### 指标 1 司法权力

不同群体对指向法官/法院的“司法权力”指标的评价存在明显差异，由高到低依次为法官（80.04）、检察官（75.06）、警察（72.53）、公众（71.61）和律师（69.21），五类群体的评价均值为72.25。

在“司法权力”指标下，指向法官/法院的二级指标共有5个，分别为司法权力依法行使、司法权力独立行使、司法权力公正行使、司法权力主体受到信任与认同、司法裁判受到信任与认同。以各类群体的评分均值为指标得分，5个二级指标的得分分别为67.91、62.33、80.75、72.26、75.10。

检验结果显示，对于司法权力主体受到信任与认同指标，除了警察与律师（$p=0.054>0.05$）外，其他主体间的评价均存在明显差异；而对于司法权力依法行使、司法权力独立行使、司法权力公正行使、司法裁判受到信任与认同指标，不同主体间的评价均存在明显差异。

表 3-2 对指向法官/法院的司法权力二级指标评分

| | 法　官 | 检察官 | 警　察 | 律　师 | 公　众 |
|---|---|---|---|---|---|
| 司法权力依法行使 | 69.83 | 66.82 | 69.03 | 66.05 | / |
| 司法权力独立行使 | 67.96 | 63.65 | 62.63 | 55.35 | / |
| 司法权力公正行使 | 87.56 | 82.44 | 77.57 | 75.56 | / |
| 司法权力主体受到信任与认同 | 83.58 | 78.90 | 74.43 | 73.39 | 70.51 |
| 司法裁判受到信任与认同 | 91.23 | 83.49 | 79.14 | 75.69 | 72.72 |

对于“司法权力依法行使”指标，评分最高的为法官（69.83），评分最低的为律师（66.05）；对于“司法权力独立行使”指标，以法官自评分（67.96）为最高，律师的评价（55.35）明显低于法官及其他群体；对于“司法权力公正行使”指标，亦是以法官自评分（87.56）为最高，律师的评价（75.56）最低；对于“司法权力主体受到信任与认同”和“司法裁判受到信任与认同”这2个指标，均为法官给出的评分（83.58、91.23）最高，公众评分（70.51、72.72）最低。法官、检察官、警察、律师等法律职业群体评价最高的指标都是“司法裁判受到信任与认同”，都对“司法权力独立行使”评价最低。

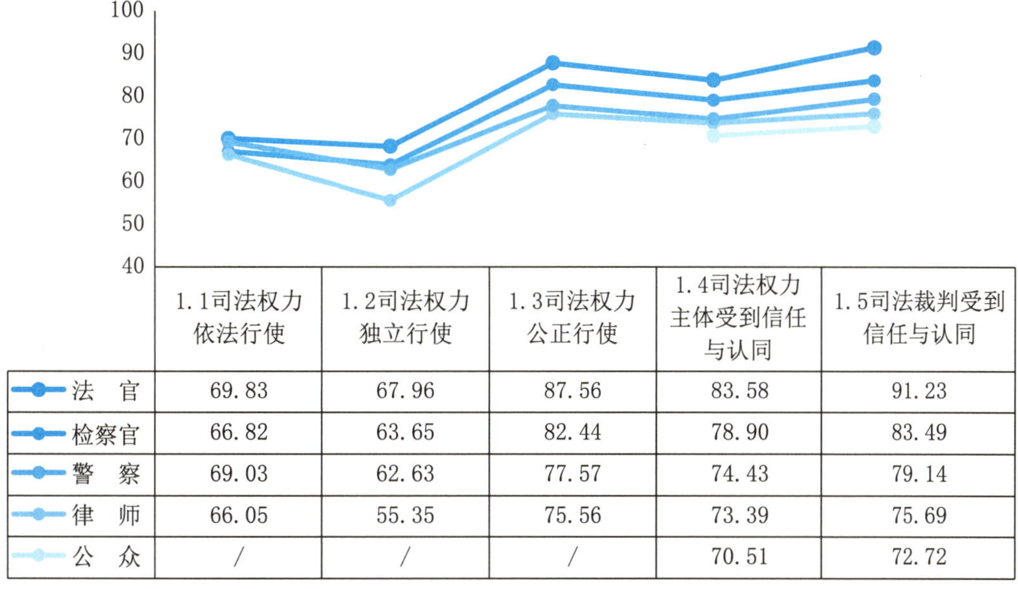


| | 1.1司法权力依法行使 | 1.2司法权力独立行使 | 1.3司法权力公正行使 | 1.4司法权力主体受到信任与认同 | 1.5司法裁判受到信任与认同 |
|---|---|---|---|---|---|
| 法　官 | 69.83 | 67.96 | 87.56 | 83.58 | 91.23 |
| 检察官 | 66.82 | 63.65 | 82.44 | 78.90 | 83.49 |
| 警　察 | 69.03 | 62.63 | 77.57 | 74.43 | 79.14 |
| 律　师 | 66.05 | 55.35 | 75.56 | 73.39 | 75.69 |
| 公　众 | / | / | / | 70.51 | 72.72 |

图 3-2 对指向法官/法院的司法权力二级指标评分对比

### 指标 2 当事人诉讼权利

不同群体对指向法官/法院的“当事人诉讼权利”指标的评价存在明显差异，由高到低依次为法官（77.00）、检察官（70.97）、警察（69.49）和律师（65.25），四类群体的评价均值为70.63。

在“当事人诉讼权利”指标下，指向法官/法院的二级指标共有3个，分别为当事人享有不被强迫自证其罪的权利、当事人享有证据性权利、当事人享有获得救济的权利。以各类群体的评分均值为指标得分，3个二级指标的得分分别为75.75、66.18、69.95。检验结果显示，对于上述3个二级指标，不同主体间的评价均存在明显差异。

表 3-3 对指向法官/法院的当事人诉讼权利二级指标评分

| | 法 官 | 检察官 | 警 察 | 律 师 | 公 众 |
|---|---|---|---|---|---|
| 当事人享有不被强迫自证其罪的权利 | 80.51 | 77.18 | 73.97 | 71.50 | / |
| 当事人享有证据性权利 | 71.61 | 65.30 | 65.71 | 62.28 | / |
| 当事人享有获得救济的权利 | 78.85 | 70.46 | 68.80 | 61.98 | / |

对于“当事人享有不被强迫自证其罪的权利”指标，评分最高的为法官（80.51），评分最低的为律师（71.50）；对于“当事人享有证据性权利”指标，评分最高的为法官（71.61），评分最低的为律师（62.28）；对于“当事人享有获得救济的权利”指标，亦是以法官自评分（78.85）为最高，律师的评价（61.98）仍然最低。

对于“当事人享有不被强迫自证其罪的权利”指标，所有法律职业群体评价均最高，法官、检察官、警察对“当事人享有证据性权利”指标评价最低，律师对“当事人享有获得救济的权利”指标评价最低。

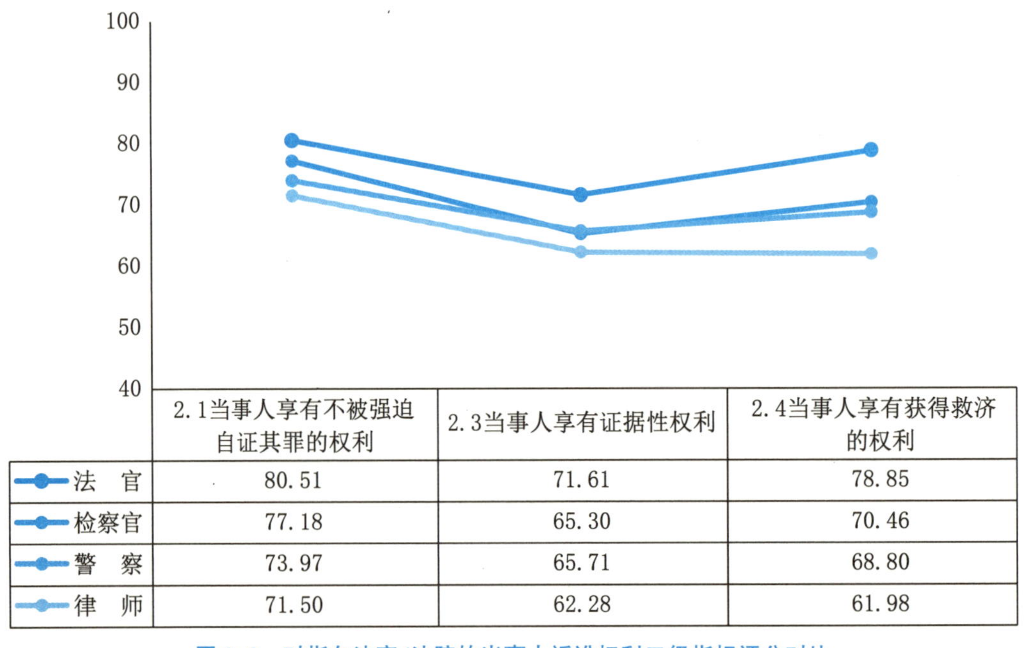


图 3-3 对指向法官/法院的当事人诉讼权利二级指标评分对比

### 指标 3 民事司法程序

不同群体对指向法官/法院的“民事司法程序”指标的评价存在明显差异，由高到低依次为法官（81.78）、检察官（74.79）、警察（71.55）、律师（69.34）和公众（66.48），五类群体的评价均值为68.42。

在“民事司法程序”指标下，指向法官/法院的二级指标共有3个，分别为民事审判符合公正要求，民事诉讼中的调解自愿、合法，民事诉讼裁判得到有效执行。以各类群体的评分均值为指标得分，3个二级指标的得分分别为66.22、68.14、70.95。

检验结果显示，对于民事审判符合公正要求指标，除了警察与律师（$p=0.150>0.05$）外，其他主体间的评价均存在明显差异；对于民事诉讼中的调解自愿、合法指标，除了警察与检察官（$p=0.697>0.05$）外，其他主体间的评价均存在明显差异；对于民事诉讼裁判得到有效执行指标，除了警察与律师（$p=0.870>0.05$）外，其他主体间的评价均存在明显差异。

表3-4　对指向法官/法院的民事司法程序二级指标评分

| | 法　官 | 检察官 | 警　察 | 律　师 | 公　众 |
|---|---|---|---|---|---|
| 民事审判符合公正要求 | 87.05 | 78.27 | 72.87 | 73.77 | 62.38 |
| 民事诉讼中的调解自愿、合法 | 79.82 | 73.34 | 73.13 | 65.76 | 66.57 |
| 民事诉讼裁判得到有效执行 | 78.46 | 72.71 | 68.63 | 68.54 | 70.58 |

对于“民事审判符合公正要求”指标，评分最高的为法官（87.05），评分最低的为公众（62.38），且明显低于法官及其他群体10分以上；对于“民事诉讼中的调解自愿、合法”指标，以法官自评分（79.82）为最高，律师、公众的评价（65.76、66.57）明显低于法官及其他群体；对于“民事诉讼裁判得到有效执行”指标，亦是以法官自评分（78.46）为最高，警察、律师的评价（68.63、68.54）低于法官及其他群体。

法官、检察官对“民事审判符合公正要求”评价最高，对“民事诉讼裁判得到有效执行”评价最低；律师对“民事审判符合公正要求”评价最高，对“民事诉讼中的调解自愿、合法”评价最低；警察对“民事诉讼中的调解自愿、合法”评价最高，对“民事诉讼裁判得到有效执行”评价最低；公众对“民事诉讼裁判得到有效执行”评价最高，对“民事审判符合公正要求”评价最低。

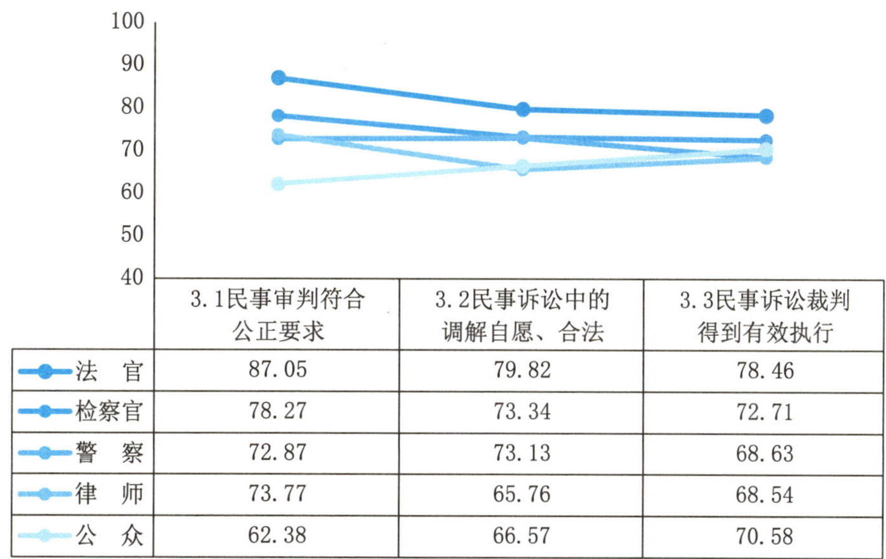


图3-4　对指向法官/法院的民事司法程序二级指标评分对比

### 指标4　刑事司法程序

不同群体对指向法官/法院的“刑事司法程序”指标的评价存在明显差异，由高到低依次为法官（81.64）、检察官（76.16）、警察（72.79）、律师（66.17）和公众（61.92），五类群体的评价均值为64.95。

在“刑事司法程序”指标下，指向法官/法院的二级指标只有1个，即刑事审判公正及时有效。以各类群体的评分均值为指标得分，该指标的得分为64.95。

检验结果显示，对于刑事审判公正及时有效指标，不同主体间的评价均存在明显差异。法官的自评分（81.64）最高，公众的评价（61.92）明显低于法官及其他群体，且比法官的自评分低了19.72分，差距较大。

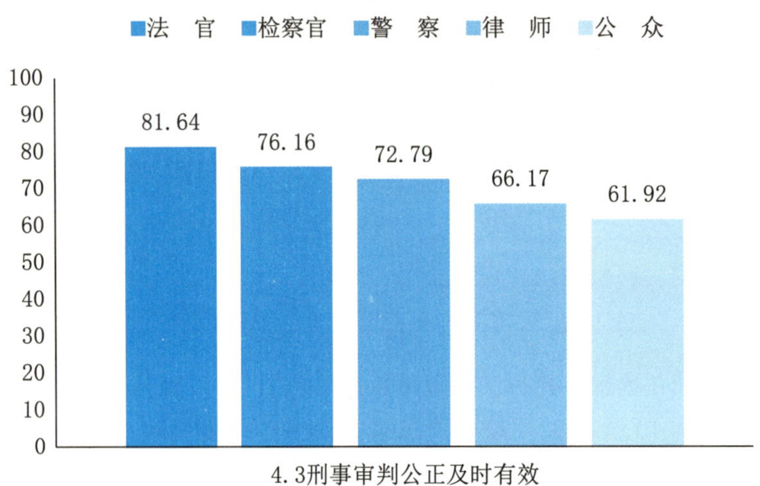


图3-5　对指向法官/法院的刑事司法程序二级指标评分对比

### 指标5　行政司法程序

不同群体对指向法官/法院的“行政司法程序”指标的评价存在明显差异，由高到低依次为法官（80.69）、检察官（73.62）、警察（70.44）、律师（67.24）和公众（64.09），五类群体的评价均值为66.31。

在“行政司法程序”指标下，指向法官/法院的二级指标共有2个，分别为行政审判符合公正要求、行政诉讼裁判得到有效执行。以各类群体的评分均值为指标得分，2个二级指标的得分分别为73.86、66.08。

检验结果显示，对于行政审判符合公正要求指标，不同主体间的评价均存在明显差异；对于行政诉讼裁判得到有效执行指标，除了警察与律师（$p=0.883>0.05$）外，其他主体间的评价均存在明显差异。

表3-5　对指向法官/法院的行政司法程序二级指标评分

| | 法官 | 检察官 | 警察 | 律师 | 公众 |
|---|---|---|---|---|---|
| 行政审判符合公正要求 | 82.92 | 74.54 | 72.29 | 66.01 | / |
| 行政诉讼裁判得到有效执行 | 78.46 | 72.71 | 68.63 | 68.54 | 64.09 |

对于“行政审判符合公正要求”指标，评分最高的为法官（82.92），评分最低的为律师（66.01）；对于“行政诉讼裁判得到有效执行”指标，以法官自评分（78.46）为最高，公众的评价（64.09）明显低于法官及其他群体。对于这2个指标，法官、检察官、警察对“行政审判符合公正要求”的评价更高，而律师对“行政诉讼裁判得到有效执行”的评价则更高。

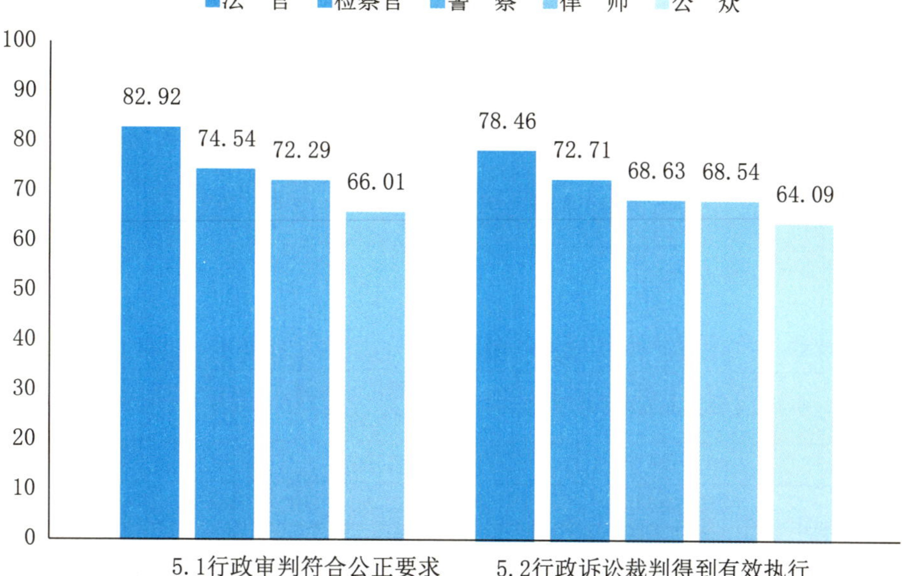


图 3-6　对指向法官/法院的行政司法程序二级指标评分对比

### 指标 6　证据制度

不同群体对指向法官/法院的“证据制度”指标的评价存在明显差异，由高到低依次为法官（74.73）、检察官（71.70）、警察（68.39）、律师（61.64）和公众（60.32），五类群体的评价均值为 62.52。

在“证据制度”指标下，指向法官/法院的二级指标共有 3 个，分别为证据裁判原则得到贯彻、证据依法得到采纳与排除、证明过程得到合理规范。以各类群体的评分均值为指标得分，3 个二级指标的得分分别为 62.13、66.63、72.93。

检验结果显示，对于证据裁判原则得到贯彻指标，除了检察官与法官（p=0.219>0.05）、公众与律师（p=0.606>0.05）外，其他主体间的评价均存在明显差异；对于证据依法得到采纳与排除、证明过程得到合理规范指标，不同主体间的评价均存在明显差异。

表 3-6　对指向法官/法院的证据制度二级指标评分

| | 法　官 | 检察官 | 警　察 | 律　师 | 公　众 |
|---|---|---|---|---|---|
| 证据裁判原则得到贯彻 | 71.84 | 71.03 | 67.52 | 60.07 | 60.32 |
| 证据依法得到采纳与排除 | 71.91 | 69.00 | 65.40 | 60.44 | / |
| 证明过程得到合理规范 | 80.32 | 75.09 | 72.25 | 64.40 | / |

对于“证据裁判原则得到贯彻”指标，评分最高的为法官（71.84），评分最低的为律师（60.07）；对于“证据依法得到采纳与排除”指标，以法官自评分（71.91）为最高，律师的评价（60.44）明显低于法官及其他群体；对于“证明过程得到合理规范”指标，亦是以法官自评分（80.32）为最高，律师的评价（64.40）最低，且比法官的评分低了 15.92 分。法官、检察官、警察、律师等法律职业群体评价最高的指标都是“证明过程得到合理规范”，法官、律师对“证据裁判原则得到贯彻”的评价最低，检察官、警察对“证据依法得到采纳与排除”的评价最低。总的来看，法官、检察官、警察、律师等法律职业群体对于上述 3 个二级指标的评分依次降低，以法官自评分为最高，检察官、警察次之，律师的评价最低。

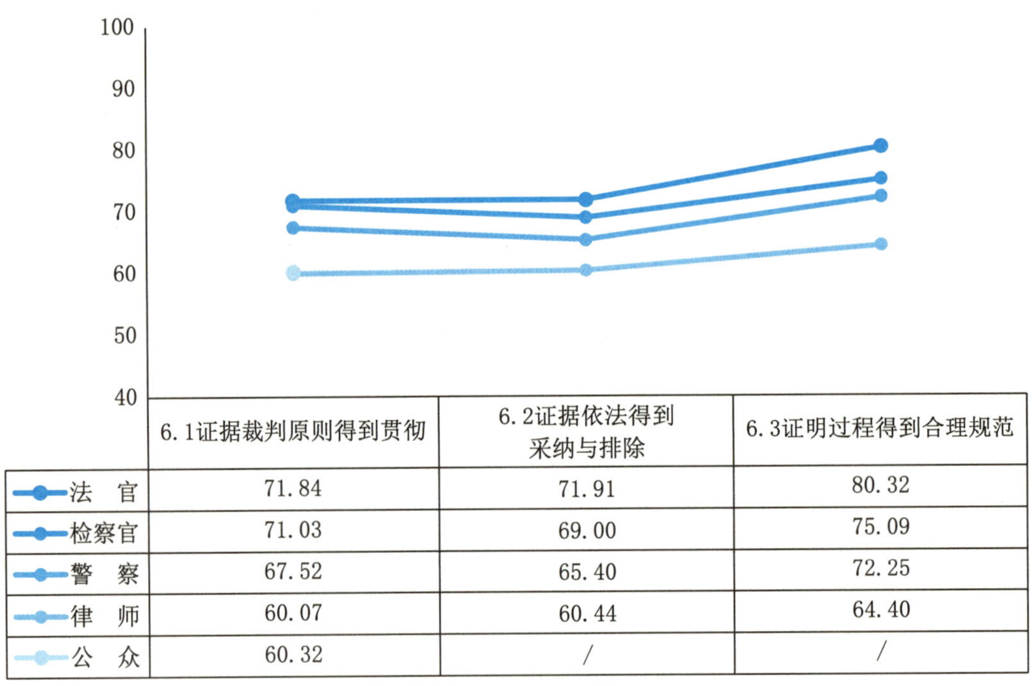


| | 6.1证据裁判原则得到贯彻 | 6.2证据依法得到采纳与排除 | 6.3证明过程得到合理规范 |
|---|---|---|---|
| 法　官 | 71.84 | 71.91 | 80.32 |
| 检察官 | 71.03 | 69.00 | 75.09 |
| 警　察 | 67.52 | 65.40 | 72.25 |
| 律　师 | 60.07 | 60.44 | 64.40 |
| 公　众 | 60.32 | / | / |

图 3-7　对指向法官/法院的证据制度二级指标评分对比

### 指标 7　司法腐败遏制

不同群体对指向法官/法院的“司法腐败遏制”指标的评价存在明显差异，由高到低依次为法官（77.80）、检察官（69.67）、警察（65.57）、公众（61.98）和律师（60.18），五类群体的评价均值为63.53。

在“司法腐败遏制”指标下，指向法官/法院的二级指标只有1个，即法官远离腐败。以各类群体的评分均值为指标得分，该指标的得分为63.53。

检验结果显示，对于法官远离腐败，不同主体间的评价均存在明显差异。法官的自评分（77.80）最高，律师的评价（60.18）明显低于法官及其他群体，且比法官的自评分低了17.62分，差距较大。

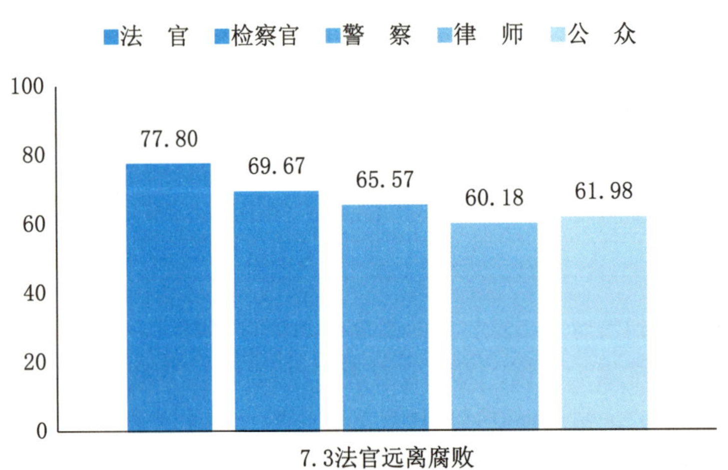


图 3-8　对指向法官/法院的司法腐败遏制二级指标评分对比

### 指标 9　司法公开

不同群体对指向法官/法院的“司法公开”指标的评价，除了警察与律师（p=0.569>0.05）外，均存在明显差异。评价由高到低依次为法官（89.43）、检察官（81.39）、警察（76.00）、律师（75.68）和公众（68.97），五类群体的评价均值为71.85。

在“司法公开”指标下，指向法官/法院的二级指标共有 2 个，分别为司法过程依法公开、裁判结果依法公开。以各类群体的评分均值为指标得分，2 个二级指标的得分分别为 72.38、71.37。检验结果显示，对于上述 2 个指标，不同主体间的评价均存在明显差异。

表 3-7　对指向法官/法院的司法公开二级指标评分

| | 法　官 | 检察官 | 警　察 | 律　师 | 公　众 |
|---|---|---|---|---|---|
| 司法过程依法公开 | 90.12 | 82.29 | 76.03 | 78.48 | 69.29 |
| 裁判结果依法公开 | 88.74 | 80.50 | 75.97 | 72.93 | 68.67 |

对于“司法过程依法公开”指标，以法官自评分（90.12）为最高，公众的评价（69.29）明显低于法官及其他群体，且比法官的自评分低了 20.83 分，差距较大。对于“裁判结果依法公开”指标，以法官自评分（88.74）为最高，公众的评价（68.67）最低。相比较而言，法官、检察官、警察、律师、公众对于“司法过程依法公开”的评价均高于“裁判结果依法公开”。这表明人们对司法过程的公开性要比对裁判结果的公开性更满意。

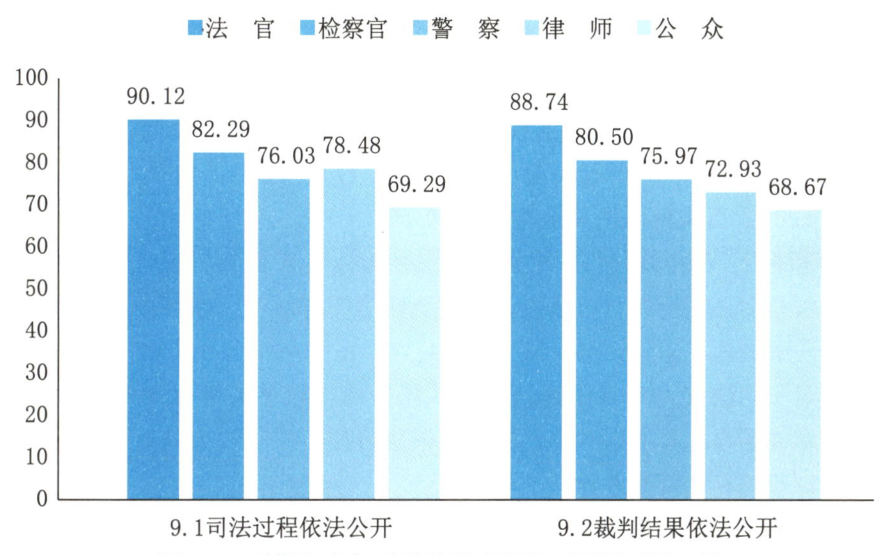

图 3-9　对指向法官/法院的司法公开二级指标评分对比

## 二、对检察官/检察院的评价

本年度司法文明指标体系中，指向检察官/检察院的一级指标共有 5 个，分别为：司法权力、当事人诉讼权利、刑事司法程序、证据制度、司法腐败遏制。以 5 个一级指标的均分为总评价，五类群体对检察官/检察院司法文明的总评价均值为 68.01。其中，检察官对检察官/检察院总评价（77.10）最高，其他群体的评分由高到低分别为法官（74.15）、警察（70.20）、公众（66.87）、律师（64.62）。若以 0.05 作为显著性差异标准，不同主体对检察官/检察院总评价存在明显差异。

以五类群体的评价均分为指标得分，指向检察官/检察院的 5 个一级指标中，当事人诉讼权利指标得分（72.77）最高，其他 4 个指标得分从高到低排序分别为：证据制度（72.65）、司法权力（70.50）、刑事司法程序（70.32）、司法腐败遏制（65.18）。

对比不同群体对指向检察官/检察院的 5 个一级指标的评价，所有 5 个指标中，评分最高的均为检察官，最低的均为律师。公众对 5 个指标中的 2 个指标即司法权力和司法腐败遏制指标所作的评价较为中肯，得分分别为 70.32 和 63.44。

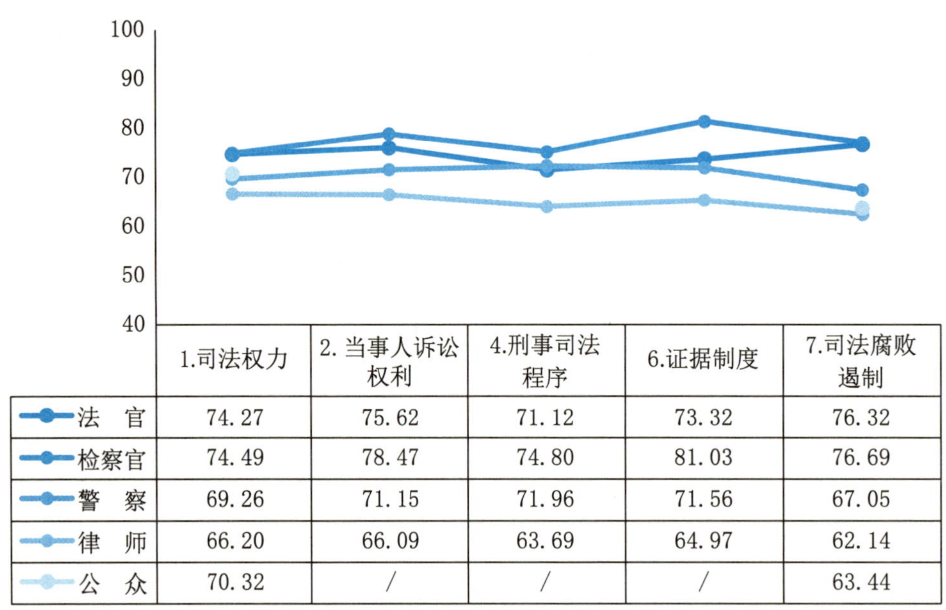


| | 1.司法权力 | 2. 当事人诉讼权利 | 4.刑事司法程序 | 6.证据制度 | 7.司法腐败遏制 |
|---|---|---|---|---|---|
| 法　官 | 74.27 | 75.62 | 71.12 | 73.32 | 76.32 |
| 检察官 | 74.49 | 78.47 | 74.80 | 81.03 | 76.69 |
| 警　察 | 69.26 | 71.15 | 71.96 | 71.56 | 67.05 |
| 律　师 | 66.20 | 66.09 | 63.69 | 64.97 | 62.14 |
| 公　众 | 70.32 | / | / | / | 63.44 |

图 3-10　对指向检察官/检察院的一级指标评分对比

### 指标 1　司法权力

不同群体对指向检察官/检察院的“司法权力”指标的评价，除了法官与检察官（p=0.661>0.05）外，均存在明显差异。评价由高到低依次为检察官（74.49）、法官（74.27）、公众（70.32）、警察（69.26）和律师（66.20），五类群体的评价均值为 70.50。

在“司法权力”指标下，指向检察官/检察院的二级指标共有 4 个，分别为司法权力依法行使、司法权力独立行使、司法权力公正行使、司法权力主体受到信任与认同。以各类群体的评分均值为指标得分，4 个二级指标的得分分别为 64.66、60.94、80.79、72.16。

检验结果显示，对于司法权力主体受到信任与认同指标，除了警察与律师（p=0.499>0.05）外，其他主体间的评价均存在明显差异；而对于司法权力依法行使、司法权力独立行使、司法权力公正行使指标，不同主体间的评价均存在明显差异。

表 3-8　对指向检察官/检察院的司法权力二级指标评分

| | 法　官 | 检察官 | 警　察 | 律　师 | 公　众 |
|---|---|---|---|---|---|
| 司法权力依法行使 | 66.56 | 68.14 | 63.53 | 60.57 | / |
| 司法权力独立行使 | 65.08 | 62.48 | 61.74 | 54.78 | / |
| 司法权力公正行使 | 85.28 | 84.66 | 77.80 | 75.58 | / |
| 司法权力主体受到信任与认同 | 80.25 | 82.64 | 74.23 | 73.86 | 70.32 |

对于“司法权力依法行使”指标，评分最高的为检察官（68.14），评分最低的为律师（60.57）；对于“司法权力独立行使”指标，法官的评价（65.08）最高，高于检察官自评分（62.48），律师的评价（54.78）最低；对于“司法权力公正行使”指标，法官的评价（85.28）最高，高于检察官自评分（84.66），律师的评价（75.58）最低；对于“司法权力主体受到信任与认同”指标，以检察官的自评分（82.64）为最高，公众的评价（70.32）最低。在总体评价上，法官、检察官、警察、律师等法律职业群体对“司法权力公正行使”的评价最高，对“司法权力独立行使”的评价最低。

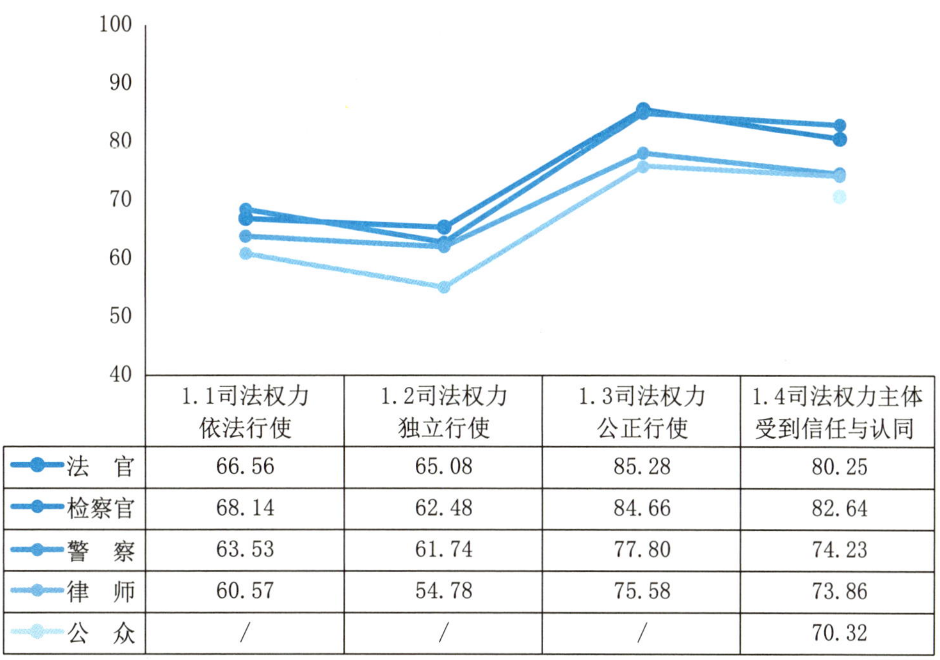


| | 1.1司法权力依法行使 | 1.2司法权力独立行使 | 1.3司法权力公正行使 | 1.4司法权力主体受到信任与认同 |
|---|---|---|---|---|
| 法　官 | 66.56 | 65.08 | 85.28 | 80.25 |
| 检察官 | 68.14 | 62.48 | 84.66 | 82.64 |
| 警　察 | 63.53 | 61.74 | 77.80 | 74.23 |
| 律　师 | 60.57 | 54.78 | 75.58 | 73.86 |
| 公　众 | / | / | / | 70.32 |

图 3-11　对指向检察官/检察院的司法权力二级指标评分对比

### 指标 2　当事人诉讼权利

不同群体对指向检察官/检察院的“当事人诉讼权利”指标的评价存在明显差异，由高到低依次为检察官（78.47）、法官（75.62）、警察（71.15）和律师（66.09），四类群体的评价均值为72.77。

在“当事人诉讼权利”指标下，指向检察官/检察院的二级指标只有1个，即当事人享有获得辩护、代理的权利。以各类群体的评分均值为指标得分，该指标的得分为72.77。

检验结果显示，对于当事人享有获得辩护、代理的权利指标，不同主体间的评价均存在明显差异。检察官的自评分（78.47）最高，律师的评价（66.09）最低。

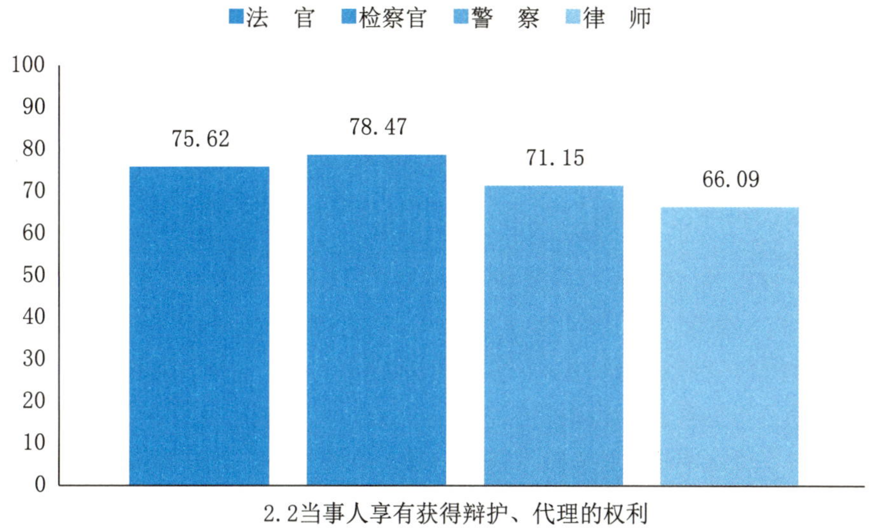


图 3-12　对指向检察官/检察院的当事人诉讼权利二级指标评分对比

### 指标 4　刑事司法程序

不同群体对指向检察官/检察院的“刑事司法程序”指标的评价存在明显差异，由高到低依次为检察官（74.80）、警察（71.96）、法官（71.12）和律师（63.69），四类群体的评价均值为70.32。

在“刑事司法程序”指标下，指向检察官/检察院的二级指标共有 2 个，分别为侦查措施及时合法、审查起诉公正有效。以各类群体的评分均值为指标得分，2 个二级指标的得分分别为 74.29、66.37。检验结果显示，对于上述 2 个指标，不同主体间的评价均存在明显差异。

表 3-9　对指向检察官/检察院的刑事司法程序二级指标评分

| | 法　官 | 检察官 | 警　察 | 律　师 |
|---|---|---|---|---|
| 侦查措施及时合法 | 75.81 | 77.26 | 78.11 | 66.38 |
| 审查起诉公正有效 | 66.48 | 72.36 | 65.80 | 61.03 |

对于“侦查措施及时合法”指标，评分最高的为警察（78.11），高于检察官自评分（77.26），评分最低的为律师（66.38）；对于“审查起诉公正有效”指标，以检察官自评分（72.36）为最高，律师的评价（61.03）最低。法官、检察官、警察、律师等法律职业群体对“侦查措施及时合法”的评价相对较高，而对“审查起诉公正有效”的评价相对较低。

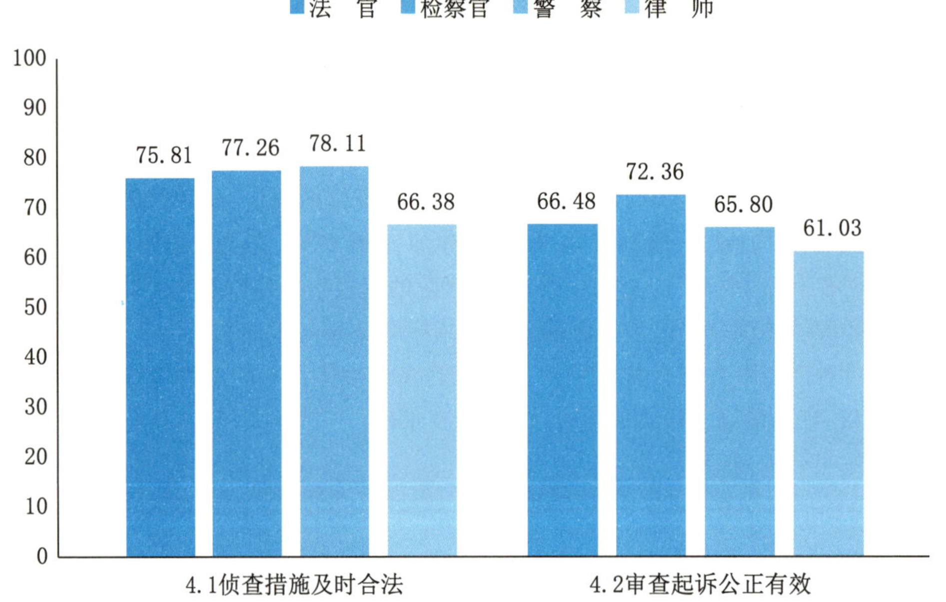


图 3-13　对指向检察官/检察院的刑事司法程序二级指标评分对比

## 指标 6　证据制度

不同群体对指向检察官/检察院的“证据制度”指标的评价存在明显差异，由高到低依次为检察官（81.03）、法官（73.32）、警察（71.56）和律师（64.97），四类群体的评价均值为 72.65。

在“证据制度”指标下，指向检察官/检察院的二级指标只有 1 个，即证据依法得到采纳与排除。以各类群体的评分均值为指标得分，该指标的得分为 72.65。

检验结果显示，对于证据依法得到采纳与排除指标，不同主体间的评价均存在明显差异。检察官的自评分（81.03）最高，律师的评价（64.97）最低。

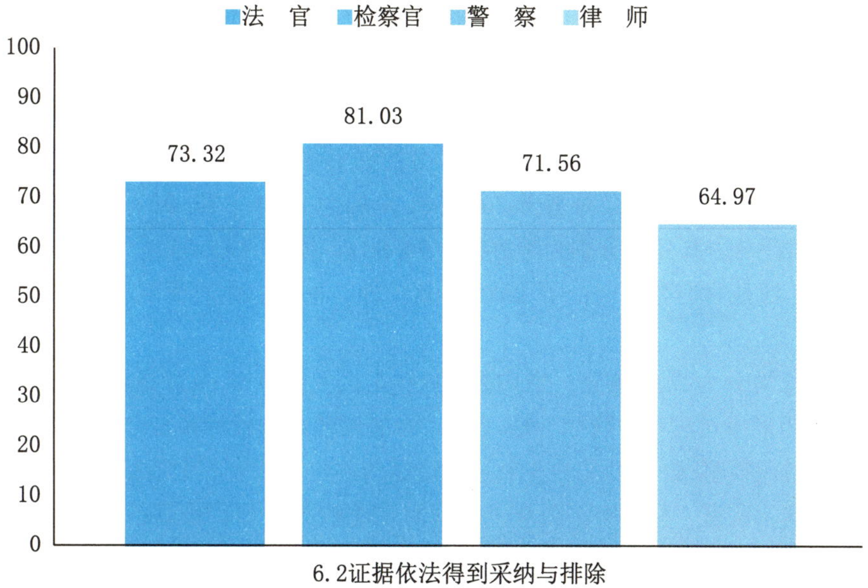


图 3-14 对指向检察官/检察院的证据制度二级指标评分对比

### 指标 7 司法腐败遏制

不同群体对指向检察官/检察院的“司法腐败遏制”指标的评价，除了法官与检察官（$p=0.578>0.05$）外，均存在明显差异。评价由高到低依次为检察官（76.69）、法官（76.32）、警察（67.05）、公众（63.44）和律师（62.14），五类群体的评价均值为65.18。

在“司法腐败遏制”指标下，指向检察官/检察院的二级指标只有1个，即检察官远离腐败。以各类群体的评分均值为指标得分，该指标的得分为65.18。

检验结果显示，对于检察官远离腐败指标，不同主体间的评价均存在明显差异。检察官的自评分（76.69）最高，律师的评价（62.14）最低，且比检察官的自评分低了14.55分，差距较大。

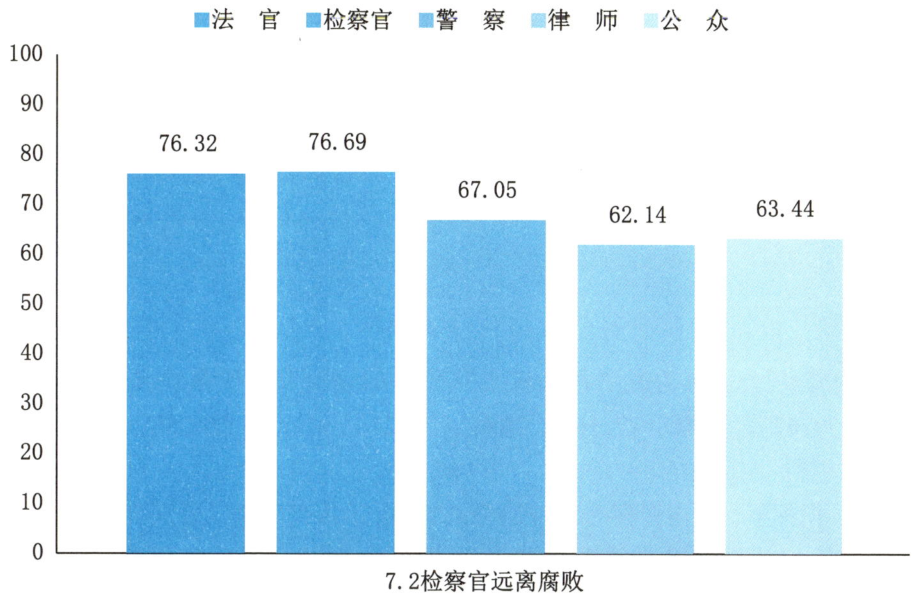


图 3-15 对指向检察官/检察院的司法腐败遏制二级指标评分对比

## 三、对警察/公安机关的评价

本年度司法文明指标体系中，指向警察/公安机关的一级指标共有 3 个，分别为：司法权力、刑事司法程序、司法腐败遏制。以 3 个一级指标的均分为总评价，五类群体对警察/公安机关司法文明的总评价均值为 66.23。其中，法官对警察/公安机关的总评价（77.05）最高，其次是警察自评（76.19），其他群体的评分由高到低分别为检察官（74.80）、律师（65.35）、公众（63.93）。若以 0.05 作为显著性差异标准，除法官与警察（$p=0.068>0.05$）外，不同主体对警察/公安机关总评价存在明显差异。

以五类群体的评价均分为指标得分，指向警察/公安机关的 3 个一级指标中，司法权力指标得分（69.22）最高，其次为刑事司法程序指标（68.20），司法腐败遏制指标得分（61.29）最低。

对比不同群体对指向警察/公安机关的 3 个一级指标的评价，所有 3 个指标中，律师和公众的评价低于法官、检察官和警察。法官、检察官、公众、律师对司法权力的评价最高，对司法腐败遏制的评价最低；就警察自评的数据来说，他们对刑事司法程序的评价最高（79.55），对司法腐败遏制的评价最低（71.85）。

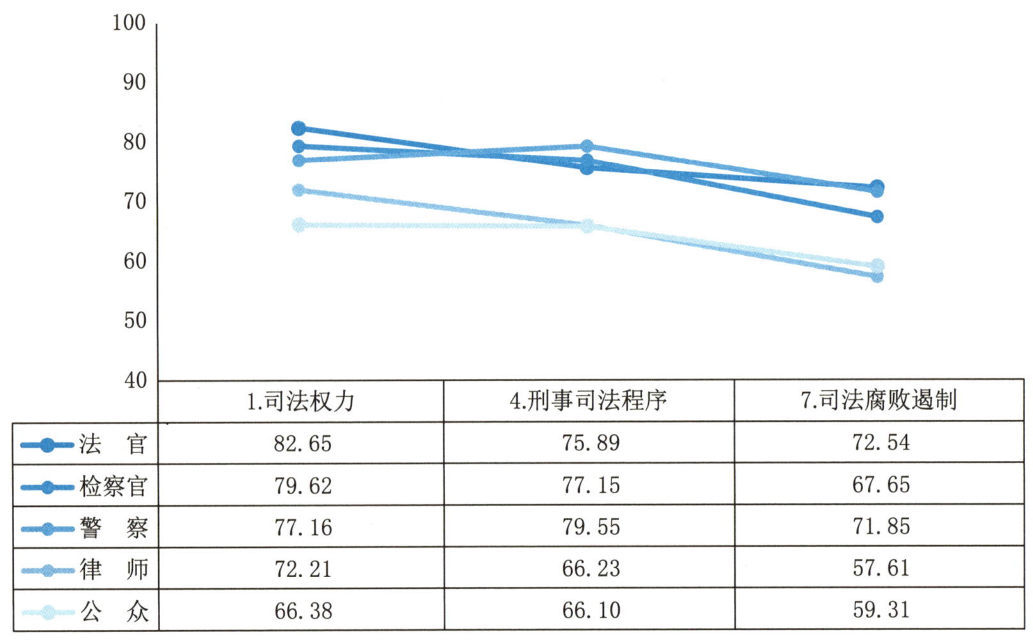


| | 1.司法权力 | 4.刑事司法程序 | 7.司法腐败遏制 |
|---|---|---|---|
| 法　官 | 82.65 | 75.89 | 72.54 |
| 检察官 | 79.62 | 77.15 | 67.65 |
| 警　察 | 77.16 | 79.55 | 71.85 |
| 律　师 | 72.21 | 66.23 | 57.61 |
| 公　众 | 66.38 | 66.10 | 59.31 |

图 3-16　对指向警察/公安机关的一级指标评分对比

### 指标 1　司法权力

不同群体对指向警察/公安机关的“司法权力”指标的评价存在明显差异，由高到低依次为法官（82.65）、检察官（79.62）、警察（77.16）、律师（72.21）和公众（66.38），五类群体的评价均值为 69.22。

在“司法权力”指标下，指向警察/公安机关的二级指标共有 2 个，分别为司法权力公正行使、司法权力主体受到信任与认同。以各类群体的评分均值为指标得分，2 个二级指标的得分分别为 78.19、69.14。

检验结果显示，对于司法权力公正行使指标，不同主体间的评价均存在明显差异；对于司法权力主体受到信任与认同指标，除了警察与律师（$p=0.094>0.05$）外，其他主体间的评价均存在明显差异。

表 3-10　对指向警察/公安机关的司法权力二级指标评分

| | 法　官 | 检察官 | 警　察 | 律　师 | 公　众 |
|---|---|---|---|---|---|
| 司法权力公正行使 | 81.78 | 80.42 | 79.90 | 71.00 | / |
| 司法权力主体受到信任与认同 | 83.58 | 78.90 | 74.43 | 73.39 | 66.38 |

对于“司法权力公正行使”指标，法官的评价（81.78）最高，律师的评价（71.00）最低；对于“司法权力主体受到信任与认同”指标，仍是法官的评价（83.58）最高，而公众的评价（66.38）最低。检察官、警察对“司法权力公正行使”的评价更高，而法官、律师则对“司法权力主体受到信任与认同”的评价更高。

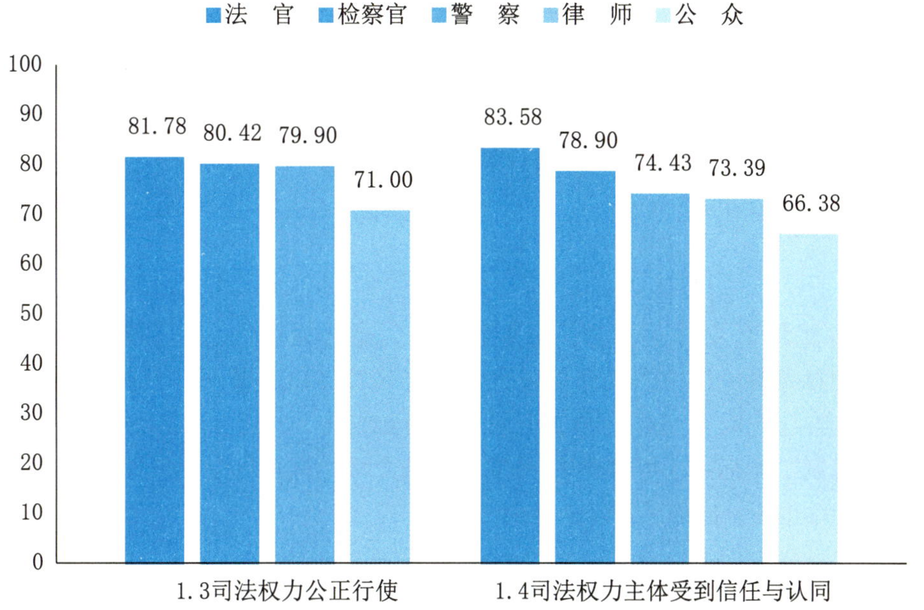


图 3-17　对指向警察/公安机关的司法权力二级指标评分对比

### 指标 4　刑事司法程序

不同群体对指向警察/公安机关的“刑事司法程序”指标的评价，除了律师与公众（$p=0.705>0.05$）外，均存在明显差异。评价由高到低依次为警察（79.55）、检察官（77.15）、法官（75.89）、律师（66.23）和公众（66.10），五类群体的评价均值为 68.20。

在“刑事司法程序”指标下，指向警察/公安机关的二级指标只有 1 个，即侦查措施及时合法。以各类群体的评分均值为指标得分，该指标的得分为 68.20。

检验结果显示，对于侦查措施及时合法指标，除了律师与公众（$p=0.705>0.05$）外，其他主体间的评价均存在明显差异。

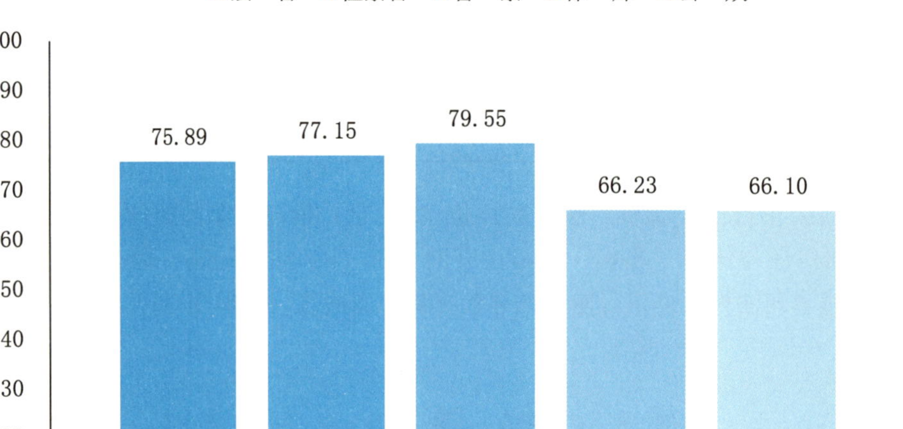


图 3-18 对指向警察/公安机关的刑事司法程序二级指标评分对比

### 指标 7 司法腐败遏制

不同群体对指向警察/公安机关的“司法腐败遏制”指标的评价，除了法官与警察（$p = 0.337 > 0.05$）外，均存在明显差异。评价由高到低依次为法官（72.54）、警察（71.85）、检察官（67.65）、公众（59.31）和律师（57.61），五类群体的评价均值为61.29。

在“司法腐败遏制”指标下，指向警察/公安机关的二级指标只有1个，即警察远离腐败。以各类群体的评分均值为指标得分，该指标的得分为61.29。

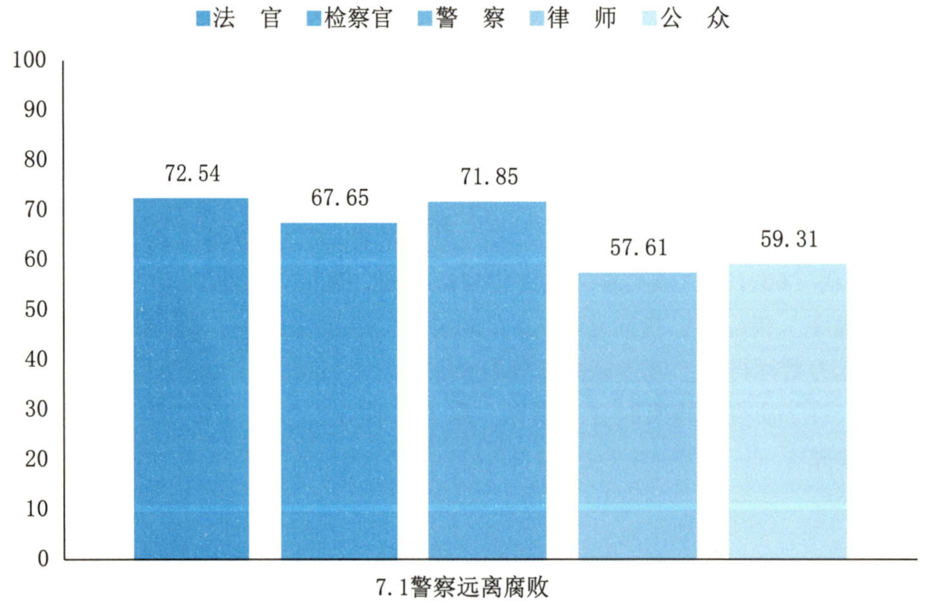


图 3-19 对指向警察/公安机关的司法腐败遏制二级指标评分对比

## 四、对律师的评价

本年度司法文明指标体系中，指向律师的一级指标只有1个，即法律职业化。五类群体对律师的评价普遍偏低，由高到低依次为公众（60.45）、法官（58.86）、警察（58.15）、检察官（57.51）和律师（54.04），均值为59.62，没有达到及格线。

### 指标8　法律职业化

在“法律职业化”指标下，指向律师的二级指标只有1个，即法律职业人员遵守职业伦理规范。以各类群体的评分均值为指标得分，该指标的得分为59.62。

检验结果显示，对于法律职业人员遵守职业伦理规范指标，法官与检察官、法官与律师、警察与律师、律师与公众的评价存在显著性差异。

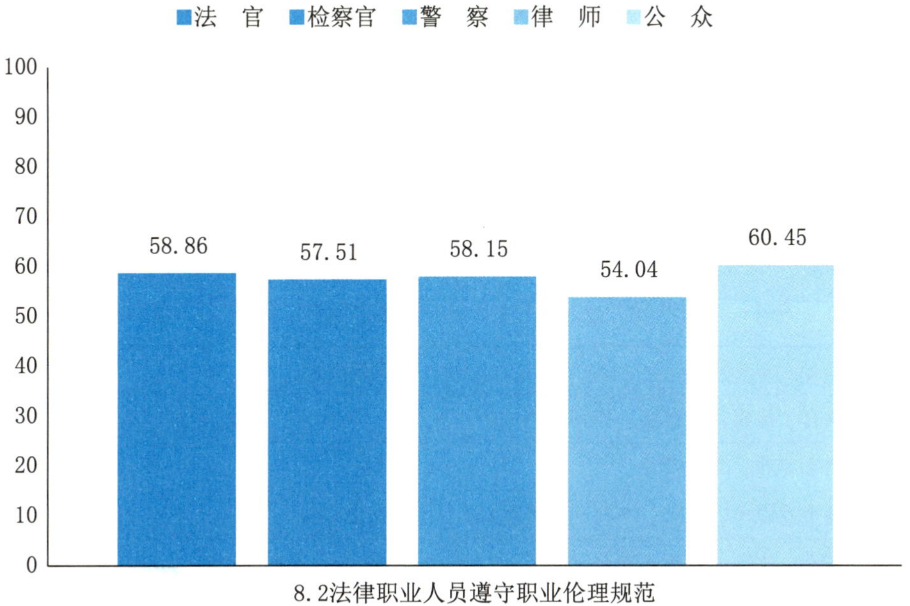


图3-20　对指向律师的法律职业化二级指标评分对比

# 第四章　受访群体对应分析

受访者的不同背景，如性别、年龄、职业等，对司法文明指标的得分可能会产生一定的影响。本章将通过对司法文明指标在不同背景变量下的得分进行检验，分析背景变量对于司法文明指标得分的影响。

## 一、法律职业群体对应分析

本部分将对专业卷的一级指标和二级指标在不同背景变量（包括职业、专业、学历、区域、年龄、性别、政治面貌）下的得分进行检验，分析不同背景的法律职业群体对同一指标的评价是否存在明显差异。

表 4-1　专业卷背景变量分类

| 背景变量 | 变量类别 |
|---|---|
| 职　　业 | 法官、检察官、警察、律师 |
| 专　　业 | 法学专业、其他专业 |
| 学　　历 | 高中及以下、专科、本科、研究生/硕士、研究生/博士 |
| 区　　域 | 东部、中部、西部、东北 |
| 年　　龄 | 25 岁及以下、26~35 岁、36~45 岁、46~55 岁、56 岁及以上 |
| 性　　别 | 男、女 |
| 政治面貌 | 中共党员、民主党派、无党派、共青团员、群众 |

其中区域的划分标准如下：东部（北京、天津、河北、上海、江苏、浙江、福建、山东、广东、海南），中部（山西、安徽、江西、河南、湖北、湖南），西部（内蒙古、广西、重庆、四川、贵州、云南、西藏、陕西、甘肃、青海、宁夏、新疆），东北（辽宁、吉林、黑龙江）。

表 4-2　专业卷背景变量显著性检验

| 指　　标 | 职　业 | 专　业 | 学　历 | 区　域 | 年　龄 | 性　别 | 政治面貌 |
|---|---|---|---|---|---|---|---|
| 1. 司法权力 | √ | / | √ | √ | / | √ | √ |
| 1.1 司法权力依法行使 | √ | / | √ | √ | / | √ | √ |
| 1.2 司法权力独立行使 | √ | √ | √ | √ | √ | √ | √ |
| 1.3 司法权力公正行使 | √ | √ | √ | √ | √ | √ | √ |
| 1.4 司法权力主体受到信任与认同 | √ | / | √ | √ | / | √ | √ |
| 1.5 司法裁判受到信任与认同 | √ | √ | √ | √ | √ | √ | √ |
| 2. 当事人诉讼权利 | √ | √ | √ | √ | / | √ | √ |
| 2.1 当事人享有不被强迫自证其罪的权利 | √ | √ | √ | / | √ | √ | √ |
| 2.2 当事人享有获得辩护、代理的权利 | √ | √ | √ | √ | √ | √ | √ |

续表

| 指　　标 | 职　业 | 专　业 | 学　历 | 区　域 | 年　龄 | 性　别 | 政治面貌 |
|---|---|---|---|---|---|---|---|
| 2.3 当事人享有证据性权利 | √ | / | √ | √ | √ | √ | √ |
| 2.4 当事人享有获得救济的权利 | √ | / | / | √ | / | √ | √ |
| 3. 民事司法程序 | √ | √ | √ | √ | / | √ | √ |
| 3.1 民事审判符合公正要求 | √ | √ | √ | √ | √ | √ | √ |
| 3.2 民事诉讼中的调解自愿、合法 | √ | / | / | √ | √ | √ | √ |
| 3.3 民事诉讼裁判得到有效执行 | √ | √ | / | √ | √ | √ | √ |
| 4. 刑事司法程序 | √ | / | √ | √ | √ | √ | √ |
| 4.1 侦查措施及时合法 | √ | √ | √ | √ | √ | √ | √ |
| 4.2 审查起诉公正有效 | √ | / | √ | √ | √ | √ | √ |
| 4.3 刑事审判公正及时有效 | √ | √ | √ | √ | √ | √ | √ |
| 5. 行政司法程序 | √ | √ | √ | √ | √ | √ | √ |
| 5.1 行政审判符合公正要求 | √ | √ | √ | √ | √ | √ | √ |
| 5.2 行政诉讼裁判得到有效执行 | √ | / | √ | √ | √ | √ | √ |
| 6. 证据制度 | √ | √ | √ | √ | √ | √ | √ |
| 6.1 证据裁判原则得到贯彻 | √ | √ | √ | √ | √ | √ | √ |
| 6.2 证据依法得到采纳与排除 | √ | √ | √ | √ | √ | √ | √ |
| 6.3 证明过程得到合理规范 | √ | √ | √ | / | / | √ | √ |
| 7. 司法腐败遏制 | √ | / | / | √ | / | √ | √ |
| 7.1 警察远离腐败 | √ | √ | √ | √ | / | √ | √ |
| 7.2 检察官远离腐败 | √ | √ | √ | √ | √ | √ | √ |
| 7.3 法官远离腐败 | √ | √ | / | √ | √ | √ | √ |
| 8. 法律职业化 | √ | / | √ | √ | √ | √ | √ |
| 8.1 法律职业人员获得职业培训 | √ | √ | √ | √ | √ | √ | √ |
| 8.2 法律职业人员遵守职业伦理规范 | √ | √ | √ | √ | √ | √ | √ |
| 8.3 法律职业人员享有职业保障 | √ | / | / | √ | √ | / | √ |
| 9. 司法公开 | √ | √ | √ | / | √ | √ | √ |
| 9.1 司法过程依法公开 | √ | √ | √ | √ | √ | √ | √ |
| 9.2 裁判结果依法公开 | √ | √ | √ | √ | √ | √ | √ |

因背景变量数量较多，为更具体化地展现背景变量与指标得分之间的关系，此部分将采用“对应分析”法解析数据结果。对应分析是因子分子基础发展起来的一种多元统计分析方法，主要通过分析定性变量构成的列联表来揭示变量之间的关系。

此部分运用“对应分析”法对各一级指标的高分群体、低分群体的群体特征进行提取，再配以对样本的实际得分进行计算，以检验对应分析结果的准确性。

### 指标 1　司法权力

交叉统计数据显示，司法权力指标在职业、学历、区域、性别、政治面貌背景变量下均存在显著性差异。通过提取高分组和低分组人群的特征，对司法权力指标进行对应分析后发现：

具备东部（区域）、中部（区域）、检察官（职业）、研究生/博士（学历）、法学专业（专业）、36~45岁（年龄）等背景特征的群体更可能为司法权力指标打高分；

具备西部（区域）、律师（职业）、本科（学历）等背景特征的群体更可能为司法权力指标打低分。

为进一步验证上述结果的准确性，在区域、职业、学历、专业、年龄等背景变量下交叉，得到法律职业群体对司法权力指标的评分均值。统计数据显示，司法权力指标评分前10类群体中大部分来自东部地区，一半人群的职业为检察官，学历为专科的占多数，专业法学和非法学的各占一半，年龄在26~35岁的稍多。

**表4-3　专业卷司法权力指标评分前10类群体**

| 区　域 | 职　业 | 学　历 | 专　业 | 年　龄 | 评分均值 |
|---|---|---|---|---|---|
| 东　部 | 律　师 | 专　科 | 法　学 | 55岁以上 | 100.00 |
| 东　部 | 检察官 | 专　科 | 非法学 | 55岁以上 | 100.00 |
| 东　部 | 检察官 | 专　科 | 法　学 | 36~45岁 | 97.44 |
| 东　部 | 律　师 | 专　科 | 非法学 | 36~45岁 | 97.44 |
| 东　部 | 法　官 | 专　科 | 法　学 | 25岁及以下 | 96.92 |
| 东　部 | 检察官 | 专　科 | 非法学 | 26~35岁 | 96.92 |
| 东　部 | 警　察 | 硕　士 | 非法学 | 46~55岁 | 96.92 |
| 东　部 | 检察官 | 专　科 | 法　学 | 26~35岁 | 92.92 |
| 东　部 | 律　师 | 专　科 | 非法学 | 26~35岁 | 91.69 |
| 西　部 | 检察官 | 研究生/博士 | 法　学 | 46~55岁 | 90.77 |

在区域、职业、学历等背景变量下交叉，得到法律职业群体对司法权力指标的评分均值。统计数据显示，司法权力指标评分后10类群体中，区域大部分集中在中部以及西部地区，职业大部分为律师，大部分为研究生学历，且博士居多。

**表4-4　专业卷司法权力指标评分后10类群体**

| 区　域 | 职　业 | 学　历 | 评分均值 |
|---|---|---|---|
| 中　部 | 律　师 | 专　科 | 59.69 |
| 东　北 | 律　师 | 研究生/博士 | 60.00 |
| 西　部 | 律　师 | 研究生/博士 | 60.85 |
| 西　部 | 警　察 | 研究生/博士 | 61.44 |
| 中　部 | 律　师 | 研究生/博士 | 61.78 |
| 东　北 | 律　师 | 本　科 | 62.75 |
| 东　部 | 律　师 | 研究生/博士 | 63.48 |
| 西　部 | 律　师 | 专　科 | 64.12 |
| 中　部 | 检察官 | 研究生/博士 | 65.38 |
| 中　部 | 律　师 | 研究生/硕士 | 65.48 |

### 指标2　当事人诉讼权利

交叉统计数据显示，当事人诉讼权利指标在职业、专业、学历、区域、性别、政治面貌背景变量下均存在显著性差异。通过提取高分组和低分组人群的特征，对当事人诉讼权利指标进行对应分析后发现：

具备东部（区域）、检察官（职业）、法官（职业）、中共党员（政治面貌）、36~45 岁（年龄）等背景特征的群体更可能为当事人诉讼权利指标打高分；

具备西部（区域）、律师（职业）、群众（政治面貌）、25 岁及以下（年龄）等背景特征的群体更可能为当事人诉讼权利指标打低分。

为进一步验证上述结果的准确性，在区域、职业、政治面貌、年龄等背景变量下交叉，得到法律职业群体对当事人诉讼权利指标的评分均值。统计数据显示，当事人诉讼权利指标评分前 10 类群体大部分来自东北和东部地区，职业多为法官、检察官，政治面貌多为群众、共青团员，年龄在 46~55 岁的稍多。

表 4-5　专业卷当事人诉讼权利指标评分前 10 类群体

| 区　域 | 职　业 | 政治面貌 | 年　龄 | 评分均值 |
|---|---|---|---|---|
| 东　部 | 律　师 | 群　众 | 55 岁以上 | 96.67 |
| 中　部 | 检察官 | 无党派 | 36~45 岁 | 96.67 |
| 东　部 | 法　官 | 民主党派 | 26~35 岁 | 93.33 |
| 东　北 | 法　官 | 群　众 | 26~35 岁 | 91.67 |
| 东　北 | 法　官 | 共青团员 | 46~55 岁 | 90.00 |
| 东　北 | 法　官 | 群　众 | 46~55 岁 | 88.67 |
| 东　北 | 检察官 | 群　众 | 25 岁及以下 | 88.67 |
| 东　部 | 检察官 | 共青团员 | 36~45 岁 | 86.67 |
| 西　部 | 律　师 | 共青团员 | 46~55 岁 | 86.67 |
| 东　北 | 法　官 | 中共党员 | 25 岁及以下 | 85.00 |

在区域、职业、政治面貌、年龄等背景变量下交叉，得到法律职业群体对当事人诉讼权利指标的评分均值。统计数据显示，当事人诉讼权利指标评分后 10 类群体中，区域上大部分在东部和东北地区，职业以律师为主，政治面貌民主党派和共青团员较多，年龄在 36~45 岁的较多。

表 4-6　专业卷当事人诉讼权利指标评分后 10 类群体

| 区　域 | 职　业 | 政治面貌 | 年　龄 | 评分均值 |
|---|---|---|---|---|
| 东　北 | 律　师 | 共青团员 | 46~55 岁 | 40.00 |
| 东　部 | 检察官 | 民主党派 | 55 岁以上 | 46.67 |
| 东　部 | 律　师 | 民主党派 | 55 岁以上 | 46.67 |
| 东　部 | 律　师 | 共青团员 | 46~55 岁 | 50.00 |
| 东　部 | 警　察 | 无党派 | 36~45 岁 | 50.00 |
| 东　北 | 法　官 | 群　众 | 25 岁及以下 | 50.00 |
| 东　部 | 律　师 | 无党派 | 36~45 岁 | 51.11 |
| 中　部 | 律　师 | 共青团员 | 36~45 岁 | 52.22 |
| 东　部 | 警　察 | 民主党派 | 36~45 岁 | 53.33 |
| 西　部 | 律　师 | 民主党派 | 46~55 岁 | 54.44 |

### 指标 3　民事司法程序

交叉统计数据显示，民事司法程序指标在职业、专业、学历、区域、性别、政治面貌背景变量下均存在显著性差异。通过提取高分组和低分组人群的特征，对民事司法程序指标进行对应分析后发现：

具备东部（区域）、检察官（职业）、中共党员（政治面貌）、36~45 岁（年龄）等背景特征的群体更可能为民事司法程序指标打高分；

具备西部（区域）、律师（职业）、本科（学历）、群众（政治面貌）、女性（性别）等背景特征的群体更可能为民事司法程序指标打低分。

为进一步验证上述结果的准确性，在区域、职业、政治面貌、年龄等背景变量下交叉，得到法律职业群体对民事司法程序指标的评分均值。统计数据显示，民事司法程序指标评分前 10 类群体中，区域均为东部和东北地区，职业上法官较多，政治面貌上群众占比最高，年龄在 36~45 岁的稍多。

**表 4-7　专业卷民事司法程序指标评分前 10 类群体**

| 区　域 | 职　业 | 政治面貌 | 年　龄 | 评分均值 |
|---|---|---|---|---|
| 东　北 | 警　察 | 共青团员 | 46~55 岁 | 100.00 |
| 东　北 | 法　官 | 中共党员 | 25 岁及以下 | 100.00 |
| 东　北 | 法　官 | 群　众 | 36~45 岁 | 96.67 |
| 东　部 | 法　官 | 民主党派 | 26~35 岁 | 96.67 |
| 东　北 | 法　官 | 中共党员 | 25 岁及以下 | 93.33 |
| 东　部 | 检察官 | 共青团员 | 36~45 岁 | 93.33 |
| 东　部 | 律　师 | 共青团员 | 55 岁以上 | 93.33 |
| 东　部 | 警　察 | 群　众 | 55 岁以上 | 93.33 |
| 东　部 | 法　官 | 群　众 | 46~55 岁 | 92.00 |
| 东　部 | 检察官 | 群　众 | 36~45 岁 | 91.79 |

在区域、职业、学历、政治面貌、性别等背景变量下交叉，得到法律职业群体对民事司法程序指标的评分均值。统计数据显示，民事司法程序指标评分后 13 类群体中，区域大部分集中在中部和西部地区，职业以警察和律师为主，专科学历人群占一半以上，政治面貌上民主党派占比最大，男性较多。

**表 4-8　专业卷民事司法程序指标评分后 13 类群体[1]**

| 区　域 | 职　业 | 学　历 | 政治面貌 | 性　别 | 评分均值 |
|---|---|---|---|---|---|
| 中　部 | 警　察 | 专　科 | 民主党派 | 男 | 46.67 |
| 中　部 | 检察官 | 专　科 | 群　众 | 女 | 46.67 |
| 东　部 | 警　察 | 研究生/硕士 | 共青团员 | 男 | 53.33 |
| 东　部 | 警　察 | 专　科 | 共青团员 | 男 | 53.33 |
| 中　部 | 检察官 | 专　科 | 群　众 | 男 | 53.33 |
| 中　部 | 律　师 | 专　科 | 群　众 | 男 | 53.33 |
| 中　部 | 警　察 | 研究生/博士 | 中共党员 | 男 | 53.33 |

[1] 因部分群体评分均值为同分，故一共列出 13 类群体。

续表

| 区　域 | 职　业 | 学　历 | 政治面貌 | 性　别 | 评分均值 |
|---|---|---|---|---|---|
| 中　部 | 检察官 | 专　科 | 中共党员 | 女 | 53.33 |
| 西　部 | 律　师 | 专　科 | 民主党派 | 男 | 53.33 |
| 西　部 | 律　师 | 研究生/硕士 | 无党派 | 男 | 53.33 |
| 西　部 | 法　官 | 专　科 | 民主党派 | 女 | 53.33 |
| 东　北 | 律　师 | 研究生/博士 | 民主党派 | 男 | 53.33 |
| 东　北 | 法　官 | 专　科 | 中共党员 | 男 | 53.33 |

### 指标 4　刑事司法程序

交叉统计数据显示，刑事司法程序指标在职业、学历、区域、年龄、性别、政治面貌背景变量下均存在显著性差异。通过提取高分组和低分组人群的特征，对刑事司法程序指标进行对应分析后发现：

具备西部（区域）、律师（职业）、本科（学历）、群众（政治面貌）等背景特征的群体更可能为刑事司法程序指标打高分；

具备中部（区域）、检察官（职业）、研究生/博士（学历）、中共党员（政治面貌）、36~45 岁（年龄）等背景特征的群体更可能为刑事司法程序指标打低分。

为进一步验证上述结果的准确性，在区域、职业、学历、政治面貌等背景变量下交叉，得到法律职业群体对刑事司法程序指标的评分均值。统计数据显示，刑事司法程序指标评分前 10 类群体，区域大多集中在东部以及西部地区，职业以检察官居多，学历大部分在专科及以上，政治面貌上群众居多。

**表 4-9　专业卷刑事司法程序指标评分前 10 类群体**

| 区　域 | 职　业 | 学　历 | 政治面貌 | 评分均值 |
|---|---|---|---|---|
| 东　部 | 警　察 | 高中及以下 | 群　众 | 100.00 |
| 西　部 | 法　官 | 高中及以下 | 中共党员 | 91.43 |
| 东　部 | 检察官 | 专　科 | 共青团员 | 88.57 |
| 东　北 | 法　官 | 本　科 | 民主党派 | 88.57 |
| 西　部 | 法　官 | 专　科 | 无党派 | 87.14 |
| 东　部 | 检察官 | 本　科 | 群　众 | 86.97 |
| 东　部 | 检察官 | 专　科 | 群　众 | 86.86 |
| 西　部 | 检察官 | 研究生/硕士 | 民主党派 | 85.71 |
| 东　部 | 检察官 | 高中及以下 | 中共党员 | 84.00 |
| 东　北 | 检察官 | 研究生/硕士 | 群　众 | 83.43 |

在区域、职业、学历、政治面貌、年龄等背景变量下交叉，得到法律职业群体对刑事司法程序指标的评分均值。统计数据显示，刑事司法程序指标评分后 10 类群体中，西部和东部地区占比较大，职业以律师和警察为主，学历上本科占比最大，政治面貌上民主党派和群众较多，年龄在 36~45 岁的居多。

**表 4-10　专业卷刑事司法程序指标评分后 10 类群体**

| 区　域 | 职　业 | 学　历 | 政治面貌 | 年　龄 | 评分均值 |
|---|---|---|---|---|---|
| 中　部 | 检察官 | 本　科 | 民主党派 | 55 岁以上 | 42.86 |

续表

| 区　域 | 职　业 | 学　历 | 政治面貌 | 年　龄 | 评分均值 |
|---|---|---|---|---|---|
| 西　部 | 律　师 | 研究生/硕士 | 群　众 | 36~45 岁 | 42.86 |
| 西　部 | 警　察 | 高中及以下 | 共青团员 | 25 岁及以下 | 45.71 |
| 西　部 | 警　察 | 高中及以下 | 群　众 | 26~35 岁 | 45.71 |
| 东　北 | 律　师 | 本　科 | 共青团员 | 36~45 岁 | 45.71 |
| 东　北 | 律　师 | 研究生/博士 | 民主党派 | 36~45 岁 | 45.71 |
| 东　部 | 警　察 | 本　科 | 民主党派 | 36~45 岁 | 45.71 |
| 东　部 | 律　师 | 本　科 | 无党派 | 55 岁以上 | 45.71 |
| 东　部 | 律　师 | 本　科 | 无党派 | 36~45 岁 | 48.57 |
| 中　部 | 律　师 | 专　科 | 群　众 | 36~45 岁 | 48.57 |

### 指标 5　行政司法程序

交叉统计数据显示，行政司法程序指标在职业、专业、学历、区域、年龄、性别、政治面貌背景变量下均存在显著性差异。通过提取高分组和低分组人群的特征，对行政司法程序指标进行对应分析后发现：

具备东部（区域）、检察官（职业）、法学（专业）、中共党员（政治面貌）等背景特征的群体更可能为行政司法程序指标打高分；

具备东北（区域）、律师（职业）、非法学（专业）、研究生/博士（学历）、男性（性别）等背景特征的群体更可能为行政司法程序指标打低分。

为进一步验证上述结果的准确性，在区域、职业、专业、政治面貌等背景变量下交叉，得到法律职业群体对行政司法程序指标的评分均值。统计数据显示，行政司法程序指标评分前 10 类群体中，东部地区占比较大，职业以法官和检察官为主，70%是法学专业，政治面貌上群众占一半。

**表 4-11　专业卷行政司法程序指标评分前 10 类群体**

| 区　域 | 职　业 | 专　业 | 政治面貌 | 评分均值 |
|---|---|---|---|---|
| 东　部 | 检察官 | 非法学 | 群　众 | 91.76 |
| 东　部 | 法　官 | 法　学 | 群　众 | 90.67 |
| 东　部 | 法　官 | 非法学 | 群　众 | 90.00 |
| 东　部 | 检察官 | 法　学 | 群　众 | 89.80 |
| 东　北 | 法　官 | 法　学 | 群　众 | 87.50 |
| 东　北 | 法　官 | 法　学 | 民主党派 | 86.67 |
| 东　部 | 法　官 | 法　学 | 共青团员 | 85.00 |
| 东　部 | 警　察 | 法　学 | 民主党派 | 85.00 |
| 中　部 | 法　官 | 非法学 | 共青团员 | 85.00 |
| 中　部 | 法　官 | 法　学 | 共青团员 | 84.00 |

在区域、职业、专业、学历、性别等背景变量下交叉，得到法律职业群体对行政司法程序指标的评分均值。统计数据显示，行政司法程序指标评分后 10 类群体中，中部地区占一半以上，职业分布均衡，律师、检察官、警察稍多，80%是法学专业，研究生/博士与专科学历各占一半，男性略多于女性。

表 4-12　专业卷行政司法程序指标评分后 10 类群体

| 区　域 | 职　业 | 专　业 | 学　历 | 性　别 | 评分均值 |
|---|---|---|---|---|---|
| 中　部 | 律　师 | 法　学 | 专　科 | 男 | 30.00 |
| 中　部 | 检察官 | 非法学 | 专　科 | 男 | 30.00 |
| 中　部 | 检察官 | 非法学 | 专　科 | 女 | 35.00 |
| 中　部 | 警　察 | 法　学 | 研究生/博士 | 男 | 40.00 |
| 中　部 | 律　师 | 法　学 | 专　科 | 女 | 45.00 |
| 西　部 | 警　察 | 法　学 | 研究生/博士 | 男 | 47.50 |
| 中　部 | 检察官 | 法　学 | 专　科 | 女 | 50.00 |
| 东　北 | 律　师 | 法　学 | 研究生/博士 | 女 | 50.00 |
| 东　北 | 法　官 | 法　学 | 研究生/博士 | 男 | 50.00 |
| 东　部 | 警　察 | 法　学 | 研究生/博士 | 男 | 55.00 |

### 指标 6　证据制度

交叉统计数据显示，证据制度指标在职业、专业、学历、区域、年龄、性别、政治面貌背景变量下均存在显著性差异。通过提取高分组和低分组人群的特征，对证据制度指标进行对应分析后发现：

具备东部（区域）、法官（职业）、中共党员（政治面貌）、36~45 岁（年龄）等背景特征的群体更可能为证据制度指标打高分；

具备西部（区域）、律师（职业）、无党派（政治面貌）、本科（学历）等背景特征的群体更可能为证据制度指标打低分。

为进一步验证上述结果的准确性，在区域、职业、政治面貌、年龄等背景变量下交叉，得到法律职业群体对证据制度指标的评分均值。统计数据显示，证据制度指标评分前 10 类群体中，中部和东北地区占比较大，80%为法官，政治面貌上民主党派和群众较多，年龄分布较均衡，25 岁及以下稍多。

表 4-13　专业卷证据制度指标评分前 10 类群体

| 区　域 | 职　业 | 政治面貌 | 年　龄 | 评分均值 |
|---|---|---|---|---|
| 东　北 | 法　官 | 民主党派 | 46~55 岁 | 100.00 |
| 东　部 | 法　官 | 民主党派 | 26~35 岁 | 90.29 |
| 东　北 | 法　官 | 中共党员 | 25 岁及以下 | 90.00 |
| 东　部 | 律　师 | 群　众 | 55 岁以上 | 88.57 |
| 中　部 | 法　官 | 群　众 | 55 岁以上 | 88.57 |
| 西　部 | 警　察 | 民主党派 | 25 岁及以下 | 88.57 |
| 东　北 | 法　官 | 群　众 | 36~45 岁 | 87.14 |
| 中　部 | 法　官 | 无党派 | 46~55 岁 | 85.71 |
| 中　部 | 法　官 | 中共党员 | 25 岁及以下 | 83.57 |
| 中　部 | 法　官 | 无党派 | 36~45 岁 | 83.57 |

在区域、职业、政治面貌、学历等背景变量下交叉，得到法律职业群体对证据制度指标的评分均值。统计数据显示，证据制度指标评分后 12 类群体中，中部地区占比比其他地区更大，职业以律师和检察官为主，政治面貌上民主党派居多，本科及以上学历占多数。

表 4-14　专业卷证据制度指标评分后 12 类群体〔1〕

| 区　域 | 职　业 | 政治面貌 | 学　历 | 评分均值 |
|---|---|---|---|---|
| 中　部 | 检察官 | 民主党派 | 本　科 | 42.86 |
| 中　部 | 检察官 | 群　众 | 专　科 | 44.29 |
| 中　部 | 检察官 | 民主党派 | 专　科 | 45.71 |
| 西　部 | 律　师 | 无党派 | 研究生/硕士 | 47.62 |
| 东　部 | 警　察 | 民主党派 | 本　科 | 50.48 |
| 西　部 | 律　师 | 民主党派 | 研究生/硕士 | 54.29 |
| 东　北 | 律　师 | 民主党派 | 研究生/博士 | 54.29 |
| 中　部 | 检察官 | 民主党派 | 本　科 | 55.71 |
| 中　部 | 律　师 | 群　众 | 专　科 | 55.71 |
| 东　北 | 律　师 | 民主党派 | 研究生/硕士 | 57.14 |
| 西　部 | 律　师 | 群　众 | 研究生/博士 | 57.14 |
| 东　部 | 律　师 | 群　众 | 研究生/博士 | 57.14 |

### 指标 7　司法腐败遏制

交叉统计数据显示，司法腐败遏制指标在职业、区域、性别、政治面貌背景变量下均存在显著性差异。通过提取高分组和低分组人群的特征，对司法腐败遏制指标进行对应分析后发现：

具备东部（区域）、检察官（职业）、中共党员（政治面貌）、36~45 岁（年龄）等背景特征的群体更可能为司法腐败遏制指标打高分；

具备西部（区域）、律师（职业）、群众（政治面貌）、本科（学历）等背景特征的群体更可能为司法腐败遏制指标打低分。

为进一步验证上述结果的准确性，在区域、职业、政治面貌、年龄等背景变量下交叉，得到法律职业群体对司法腐败遏制指标的评分均值。统计数据显示，司法腐败遏制指标评分前 10 类群体中，80%来自东北和东部地区，职业上法官、检察官居多，政治面貌上共青团员的占比最大，年龄以 46~55 岁、36~45 岁居多。

表 4-15　专业卷司法腐败遏制指标评分前 10 类群体

| 区　域 | 职　业 | 政治面貌 | 年　龄 | 评分均值 |
|---|---|---|---|---|
| 东　北 | 警　察 | 共青团员 | 46~55 岁 | 100.00 |
| 东　北 | 法　官 | 群　众 | 36~45 岁 | 100.00 |
| 东　北 | 法　官 | 民主党派 | 46~55 岁 | 100.00 |
| 西　部 | 律　师 | 共青团员 | 46~55 岁 | 100.00 |
| 中　部 | 检察官 | 民主党派 | 55 岁以上 | 100.00 |
| 东　部 | 检察官 | 共青团员 | 36~45 岁 | 100.00 |
| 东　部 | 法　官 | 共青团员 | 25 岁及以下 | 95.56 |
| 东　北 | 法　官 | 中共党员 | 25 岁及以下 | 95.00 |

〔1〕因部分群体评分均值为同分，故一共列出 12 类群体。

续表

| 区　域 | 职　业 | 政治面貌 | 年　龄 | 评分均值 |
| --- | --- | --- | --- | --- |
| 东　部 | 检察官 | 群　众 | 36~45 岁 | 93.72 |
| 东　北 | 法　官 | 群　众 | 46~55 岁 | 93.33 |

在区域、职业、政治面貌、学历等背景变量下交叉，得到法律职业群体对司法腐败遏制指标的评分均值。统计数据显示，司法腐败遏制指标评分后 10 类群体中，东北地区占比更大，职业上律师占 80%，政治面貌上民主党派占比最大，本科和专科学历稍多。

**表 4-16　专业卷司法腐败遏制指标评分后 10 类群体**

| 区　域 | 职　业 | 政治面貌 | 学　历 | 评分均值 |
| --- | --- | --- | --- | --- |
| 中　部 | 警　察 | 民主党派 | 专　科 | 30.00 |
| 东　北 | 律　师 | 民主党派 | 研究生/博士 | 33.33 |
| 东　部 | 检察官 | 民主党派 | 本　科 | 36.67 |
| 中　部 | 律　师 | 群　众 | 专　科 | 36.67 |
| 东　北 | 律　师 | 共青团员 | 本　科 | 38.89 |
| 西　部 | 律　师 | 无党派 | 研究生/硕士 | 40.00 |
| 东　北 | 律　师 | 中共党员 | 专　科 | 40.00 |
| 中　部 | 律　师 | 无党派 | 研究生/硕士 | 41.67 |
| 西　部 | 律　师 | 群　众 | 研究生/博士 | 43.33 |
| 东　北 | 律　师 | 中共党员 | 本　科 | 45.37 |

### 指标 8　法律职业化

交叉统计数据显示，法律职业化指标在职业、学历、区域、年龄、性别、政治面貌背景变量下均存在显著性差异。通过提取高分组和低分组人群的特征，对法律职业化指标进行对应分析后发现：

具备中部（区域）、检察官（职业）、中共党员（政治面貌）、研究生/博士（学历）等背景特征的群体更可能为法律职业化指标打高分；

具备西部（区域）、律师（职业）、群众（政治面貌）、本科（学历）等背景特征的群体更可能为法律职业化指标打低分。

为进一步验证上述结果的准确性，在区域、职业、政治面貌、学历等背景变量下交叉，得到法律职业群体对法律职业化指标的评分均值。统计数据显示，法律职业化指标评分前 10 类群体，区域以东部及西部地区为主，职业以警察较多，政治面貌上共青团员占一半，学历上专科、本科较多。

**表 4-17　专业卷法律职业化指标评分前 10 类群体**

| 区　域 | 职　业 | 政治面貌 | 学　历 | 评分均值 |
| --- | --- | --- | --- | --- |
| 东　部 | 警　察 | 群　众 | 高中及以下 | 84.44 |
| 东　部 | 检察官 | 共青团员 | 本　科 | 83.70 |
| 东　部 | 检察官 | 群　众 | 专　科 | 81.33 |
| 东　北 | 警　察 | 群　众 | 本　科 | 78.52 |
| 西　部 | 法　官 | 中共党员 | 研究生/博士 | 78.11 |

续表

| 区　域 | 职　业 | 政治面貌 | 学　历 | 评分均值 |
|---|---|---|---|---|
| 东　北 | 警　察 | 共青团员 | 专　科 | 77.04 |
| 东　部 | 法　官 | 共青团员 | 专　科 | 76.30 |
| 中　部 | 警　察 | 无党派 | 本　科 | 75.56 |
| 西　部 | 法　官 | 共青团员 | 专　科 | 73.78 |
| 西　部 | 检察官 | 共青团员 | 研究生/硕士 | 72.78 |

在区域、职业、政治面貌、学历等背景变量下交叉，得到法律职业群体对法律职业化指标的评分均值。统计数据显示，法律职业化指标评分后14类群体中，东北地区占比较其他地区大，职业以律师和警察为主，政治面貌以中共党员和无党派为主，学历上研究生/硕士的占比最大。

**表4-18　专业卷法律职业化指标评分后14类群体〔1〕**

| 区　域 | 职　业 | 政治面貌 | 学　历 | 评分均值 |
|---|---|---|---|---|
| 中　部 | 检察官 | 无党派 | 本　科 | 42.22 |
| 东　北 | 律　师 | 中共党员 | 研究生/博士 | 45.56 |
| 西　部 | 律　师 | 民主党派 | 研究生/博士 | 48.89 |
| 中　部 | 法　官 | 民主党派 | 本　科 | 48.89 |
| 东　北 | 律　师 | 共青团员 | 专　科 | 48.89 |
| 东　部 | 法　官 | 中共党员 | 高中及以下 | 48.89 |
| 东　北 | 警　察 | 中共党员 | 研究生/硕士 | 49.16 |
| 东　部 | 警　察 | 无党派 | 本　科 | 51.11 |
| 东　部 | 警　察 | 共青团员 | 研究生/硕士 | 51.11 |
| 中　部 | 警　察 | 中共党员 | 高中及以下 | 51.11 |
| 西　部 | 律　师 | 无党派 | 高中及以下 | 51.11 |
| 西　部 | 法　官 | 无党派 | 研究生/硕士 | 51.11 |
| 东　北 | 律　师 | 中共党员 | 专　科 | 51.11 |
| 东　北 | 律　师 | 共青团员 | 研究生/硕士 | 51.11 |

### 指标9　司法公开

交叉统计数据显示，司法公开指标在职业、专业、学历、年龄、性别、政治面貌背景变量下均存在显著性差异。通过提取高分组和低分组人群的特征，对司法公开指标进行对应分析后发现：

具备东部（区域）、法官（职业）、研究生/硕士（学历）、法学（专业）、中共党员（政治面貌）等背景特征的群体更可能为司法公开指标打高分；

具备警察（职业）、非法学（专业）、本科（学历）、男性（性别）等背景特征的群体更可能为司法公开指标打低分。

为进一步验证上述结果的准确性，在区域、职业、学历、专业、政治面貌等背景变量下交叉，得到法律职业群体对司法公开指标的评分均值。统计数据显示，司法公开指标评分前15类群体中，区域以中

〔1〕因部分群体评分均值为同分，故一共列出14类群体。

部和东北为主，职业绝大部分是法官，学历上本科和硕士占比较大，专业以法学专业居多，政治面貌上群众和民主党派较多。

表 4-19　专业卷司法公开指标评分前 15 类群体[1]

| 区　域 | 职　业 | 学　历 | 专　业 | 政治面貌 | 评分均值 |
|---|---|---|---|---|---|
| 东　部 | 法　官 | 研究生/硕士 | 法　学 | 共青团员 | 100.00 |
| 东　部 | 法　官 | 专　科 | 非法学 | 群　众 | 100.00 |
| 中　部 | 法　官 | 研究生/硕士 | 法　学 | 共青团员 | 100.00 |
| 中　部 | 法　官 | 研究生/硕士 | 法　学 | 无党派 | 100.00 |
| 中　部 | 法　官 | 本　科 | 法　学 | 无党派 | 100.00 |
| 中　部 | 法　官 | 本　科 | 法　学 | 民主党派 | 100.00 |
| 中　部 | 警　察 | 专　科 | 法　学 | 群　众 | 100.00 |
| 西　部 | 法　官 | 研究生/硕士 | 非法学 | 共青团员 | 100.00 |
| 西　部 | 法　官 | 本　科 | 法　学 | 民主党派 | 100.00 |
| 西　部 | 法　官 | 专　科 | 法　学 | 群　众 | 100.00 |
| 东　北 | 法　官 | 研究生/博士 | 法　学 | 中共党员 | 100.00 |
| 东　北 | 法　官 | 研究生/硕士 | 法　学 | 群　众 | 100.00 |
| 东　北 | 法　官 | 本　科 | 法　学 | 民主党派 | 100.00 |
| 东　北 | 法　官 | 本　科 | 非法学 | 群　众 | 100.00 |
| 东　北 | 律　师 | 本　科 | 非法学 | 民主党派 | 100.00 |

在职业、专业、学历、性别等背景变量下交叉，得到法律职业群体对司法公开指标的评分均值。统计数据显示，司法公开指标评分后 10 类群体中，警察占比较大，专业上非法学专业较多，学历上研究生/博士学历超过半数，性别上男性和女性各占一半。

表 4-20　专业卷司法公开指标评分后 10 类群体

| 职　业 | 专　业 | 学　历 | 性　别 | 评分均值 |
|---|---|---|---|---|
| 警　察 | 非法学 | 研究生/博士 | 女 | 43.33 |
| 律　师 | 非法学 | 研究生/博士 | 女 | 60.00 |
| 检察官 | 非法学 | 研究生/博士 | 女 | 60.00 |
| 警　察 | 法　学 | 研究生/博士 | 女 | 66.67 |
| 警　察 | 非法学 | 研究生/博士 | 男 | 66.67 |
| 律　师 | 法　学 | 研究生/博士 | 男 | 66.98 |
| 检察官 | 非法学 | 专　科 | 男 | 67.33 |
| 警　察 | 非法学 | 研究生/硕士 | 男 | 68.03 |
| 律　师 | 法　学 | 专　科 | 男 | 68.12 |
| 检察官 | 法　学 | 专　科 | 女 | 70.67 |

〔1〕因群体评分均值为同分，故一共列出 15 类群体。

## 二、公众群体对应分析

本部分将对公众卷的一级指标和二级指标在不同背景变量（包括职业、文化程度、区域、年龄、性别、政治面貌）下的得分进行检验，分析不同背景的公众对同一指标的评价是否存在明显差异。

表 4-21　公众卷背景变量分类

| 背景变量 | 变量类别 |
|---|---|
| 职　　业 | 党政机关人员，事业单位（含学校、研究机构）人员，企业、服务业人员，进城务工人员，农民（含林牧渔业生产者），自由职业者，离退休人员，学生，无业，其他 |
| 文化程度 | 初中及以下、高中/中专、本科/专科、研究生 |
| 区　　域 | 东部、中部、西部、东北 |
| 年　　龄 | 25 岁及以下、26~35 岁、36~45 岁、46~55 岁、56 岁及以上 |
| 性　　别 | 男、女 |
| 政治面貌 | 中共党员、民主党派、无党派、共青团员、群众 |

表 4-22　公众卷背景变量显著性检验

| 指　　标 | 职　业 | 文化程度 | 区　域 | 年　龄 | 性　别 | 政治面貌 |
|---|---|---|---|---|---|---|
| 1. 司法权力 | √ | √ | / | √ | √ | √ |
| 1.4 司法权力主体受到信任与认同 | √ | √ | √ | √ | √ | √ |
| 1.5 司法裁判受到信任与认同 | √ | √ | √ | √ | / | √ |
| 2. 当事人诉讼权利 | √ | √ | √ | / | √ | √ |
| 2.2 当事人享有获得辩护、代理的权利 | √ | √ | √ | / | √ | √ |
| 3. 民事司法程序 | √ | √ | √ | √ | / | √ |
| 3.1 民事审判符合公正要求 | √ | √ | √ | √ | / | √ |
| 3.2 民事诉讼中的调解自愿、合法 | √ | √ | √ | √ | √ | √ |
| 3.3 民事诉讼裁判得到有效执行 | √ | √ | √ | √ | / | √ |
| 4. 刑事司法程序 | √ | √ | √ | √ | / | √ |
| 4.1 侦查措施及时合法 | √ | √ | √ | √ | / | √ |
| 4.3 刑事审判公正及时有效 | √ | / | √ | √ | / | √ |
| 5. 行政司法程序 | √ | √ | √ | √ | / | √ |
| 5.2 行政诉讼裁判得到有效执行 | √ | √ | √ | √ | / | √ |
| 6. 证据制度 | √ | √ | √ | √ | √ | √ |
| 6.1 证据裁判原则得到贯彻 | √ | √ | √ | √ | √ | √ |
| 7. 司法腐败遏制 | √ | √ | √ | √ | √ | √ |
| 7.1 警察远离腐败 | √ | √ | √ | √ | √ | √ |
| 7.2 检察官远离腐败 | √ | √ | √ | √ | √ | √ |
| 7.3 法官远离腐败 | √ | √ | √ | √ | √ | √ |
| 8. 法律职业化 | √ | / | √ | √ | √ | √ |
| 8.2 法律职业人员遵守职业伦理规范 | √ | / | √ | √ | √ | √ |

续表

| 指　　标 | 职　业 | 文化程度 | 区　域 | 年　龄 | 性　别 | 政治面貌 |
|---|---|---|---|---|---|---|
| 9. 司法公开 | √ | √ | √ | √ | √ | √ |
| 9.1 司法过程依法公开 | √ | √ | √ | √ | √ | √ |
| 9.2 裁判结果依法公开 | √ | √ | √ | √ | / | √ |
| 10. 司法文化 | √ | √ | √ | √ | √ | √ |
| 10.1 公众参与司法的意识及程度 | √ | √ | √ | √ | √ | √ |
| 10.2 公众诉诸司法的意识及程度 | √ | √ | √ | √ | / | √ |
| 10.3 公众接受司法裁判的意识及程度 | √ | √ | √ | √ | / | √ |
| 10.4 公众接受现代刑罚理念的意识及程度 | √ | √ | √ | √ | / | √ |

### 指标 1　司法权力

交叉统计数据显示，司法权力指标在职业、文化程度、年龄、性别、政治面貌背景变量下均存在显著性差异。通过提取高分组和低分组人群的特征，对司法权力指标进行对应分析后发现：

具备东部（区域）、本科/专科（文化程度）、26~35 岁（年龄）等背景特征的群体更可能为司法权力指标打高分；

具备西部（区域）、高中/中专（文化程度）、群众（政治面貌）、自由职业者（职业）等背景特征的群体更可能为司法权力指标打低分。

为进一步验证上述结果的准确性，在区域、文化程度、年龄等背景变量下交叉，得到公众对司法权力指标的评分均值。统计数据显示，司法权力指标评分前 10 类群体中，区域上东北地区居多，文化程度上研究生居多，年龄上 46~55 岁占比最大。

**表 4-23　公众卷司法权力指标评分前 10 类群体**

| 区　域 | 文化程度 | 年　龄 | 评分均值 |
|---|---|---|---|
| 东　北 | 研究生 | 46~55 岁 | 82.86 |
| 西　部 | 研究生 | 46~55 岁 | 75.35 |
| 东　部 | 研究生 | 36~45 岁 | 74.89 |
| 西　部 | 研究生 | 25 岁及以下 | 74.42 |
| 西　部 | 研究生 | 26~35 岁 | 74.39 |
| 东　北 | 初中及以下 | 26~35 岁 | 74.19 |
| 东　北 | 本科/专科 | 46~55 岁 | 74.19 |
| 东　北 | 本科/专科 | 55 岁以上 | 74.19 |
| 东　北 | 高中/中专 | 25 岁及以下 | 74.00 |
| 东　部 | 研究生 | 46~55 岁 | 73.74 |

在区域、文化程度、政治面貌、职业等背景变量下交叉，得到公众对司法权力指标的评分均值。统计数据显示，司法权力指标评分后 10 类群体中，区域上中部和东部较多，文化程度上初中及以下较多，政治面貌集中在共青团员、无党派和群众三类中，农民占比较多，其次是党政机关人员。

表 4-24　公众卷司法权力指标评分后 10 类群体

| 区　域 | 文化程度 | 政治面貌 | 职　业 | 评分均值 |
|---|---|---|---|---|
| 中　部 | 高中/中专 | 共青团员 | 农　民 | 28.00 |
| 中　部 | 初中及以下 | 无党派 | 无　业 | 42.00 |
| 中　部 | 高中/中专 | 共青团员 | 党政机关人员 | 42.00 |
| 东　部 | 初中及以下 | 无党派 | 离退休人员 | 44.00 |
| 东　部 | 初中及以下 | 共青团员 | 党政机关人员 | 44.00 |
| 东　部 | 本科/专科 | 共青团员 | 农　民 | 48.00 |
| 西　部 | 研究生 | 群　众 | 农　民 | 48.00 |
| 东　北 | 高中/中专 | 群　众 | 其　他 | 48.00 |
| 东　部 | 初中及以下 | 无党派 | 农　民 | 49.00 |
| 中　部 | 研究生 | 共青团员 | 党政机关人员 | 49.33 |

### 指标 2　当事人诉讼权利

交叉统计数据显示，当事人诉讼权利指标在职业、文化程度、区域、性别、政治面貌背景变量下均存在显著性差异。通过提取高分组和低分组人群的特征，对当事人诉讼权利指标进行对应分析后发现：

具备东北（区域），26~35 岁（年龄），企业、服务业人员（职业）等背景特征的群体更可能为当事人诉讼权利指标打高分；

具备西部（区域）、高中/中专（文化程度）、女性（性别）、自由职业者（职业）、其他职业（职业）等背景特征的群体更可能为当事人诉讼权利指标打低分。

为进一步验证上述结果的准确性，在区域、年龄、职业等背景变量下交叉，得到公众对当事人诉讼权利指标的评分均值。统计数据显示，当事人诉讼权利指标评分前 11 类群体中来自东北地区的比重较大，年龄在 26 岁以上的居多，职业为党政机关人员、其他职业的占比较大。

表 4-25　公众卷当事人诉讼权利指标评分前 11 类群体〔1〕

| 区　域 | 年　龄 | 职　业 | 评分均值 |
|---|---|---|---|
| 东　北 | 36~45 岁 | 其　他 | 100.00 |
| 东　北 | 26~35 岁 | 其　他 | 80.00 |
| 中　部 | 25 岁及以下 | 其　他 | 77.50 |
| 东　北 | 46~55 岁 | 农　民 | 73.33 |
| 东　部 | 25 岁及以下 | 党政机关人员 | 73.33 |
| 东　部 | 46~55 岁 | 党政机关人员 | 71.46 |
| 东　北 | 46~55 岁 | 党政机关人员 | 70.88 |
| 东　北 | 36~45 岁 | 党政机关人员 | 70.26 |
| 东　部 | 26~35 岁 | 党政机关人员 | 70.14 |
| 西　部 | 25 岁及以下 | 其　他 | 70.00 |
| 西　部 | 26~35 岁 | 其　他 | 70.00 |

〔1〕 因部分群体评分均值为同分，故一共列出 11 类群体。

在区域、文化程度、性别、职业等背景变量下交叉，得到公众对当事人诉讼权利指标的评分均值。统计数据显示，当事人诉讼权利指标评分后12类群体中，区域大部分集中在中部，文化程度以初中及以下和研究生居多，女性多于男性，职业上其他职业和党政机关人员较多。

表4-26　公众卷当事人诉讼权利指标评分后12类群体[1]

| 区　域 | 文化程度 | 性　别 | 职　业 | 评分均值 |
| --- | --- | --- | --- | --- |
| 东　部 | 研究生 | 女 | 进城务工人员 | 30.00 |
| 东　部 | 初中及以下 | 男 | 党政机关人员 | 40.00 |
| 东　部 | 研究生 | 女 | 无　业 | 40.00 |
| 中　部 | 初中及以下 | 女 | 党政机关人员 | 40.00 |
| 中　部 | 初中及以下 | 男 | 其　他 | 40.00 |
| 中　部 | 初中及以下 | 女 | 其　他 | 40.00 |
| 中　部 | 高中/中专 | 女 | 其　他 | 40.00 |
| 中　部 | 研究生 | 女 | 农　民 | 40.00 |
| 中　部 | 研究生 | 女 | 离退休人员 | 40.00 |
| 中　部 | 研究生 | 女 | 其　他 | 40.00 |
| 东　北 | 初中及以下 | 女 | 党政机关人员 | 40.00 |
| 东　北 | 初中及以下 | 男 | 学　生 | 40.00 |

### 指标3　民事司法程序

交叉统计数据显示，民事司法程序指标在职业、文化程度、区域、年龄、政治面貌背景变量下均存在显著性差异。通过提取高分组和低分组人群的特征，对民事司法程序指标进行对应分析后发现：

具备东部（区域）、本科/专科（文化程度）、26~35岁（年龄）等背景特征的群体更可能为民事司法程序指标打高分；

具备西部（区域）、高中/中专（文化程度）、群众（政治面貌）、自由职业者（职业）等背景特征的群体更可能为民事司法程序指标打低分。

为进一步验证上述结果的准确性，在区域、文化程度、年龄等背景变量下交叉，得到公众对民事司法程序指标的评分均值。统计数据显示，民事司法程序指标评分前10类群体中，来自东北地区的占半数，文化程度均为研究生和本科/专科，年龄大部分在36~45岁、46~55岁。

表4-27　公众卷民事司法程序指标评分前10类群体

| 区　域 | 文化程度 | 年　龄 | 评分均值 |
| --- | --- | --- | --- |
| 东　北 | 研究生 | 46~55岁 | 74.76 |
| 东　北 | 本科/专科 | 36~45岁 | 70.45 |
| 西　部 | 研究生 | 46~55岁 | 70.08 |
| 东　部 | 研究生 | 36~45岁 | 69.37 |
| 西　部 | 研究生 | 26~35岁 | 69.33 |

[1] 因部分群体评分均值为同分，故一共列出12类群体。

续表

| 区　域 | 文化程度 | 年　龄 | 评分均值 |
|---|---|---|---|
| 东　北 | 本科/专科 | 55 岁以上 | 69.08 |
| 西　部 | 研究生 | 25 岁及以下 | 69.07 |
| 东　北 | 研究生 | 26~35 岁 | 69.05 |
| 东　部 | 本科/专科 | 36~45 岁 | 68.53 |
| 东　北 | 本科/专科 | 46~55 岁 | 68.50 |

在区域、文化程度、政治面貌、职业等背景变量下交叉，得到公众对民事司法程序指标的评分均值。统计数据显示，民事司法程序指标评分后 11 类群体中，西部地区和东部地区居多，学历在高中及以下的超过半数，政治面貌上无党派占比较大，农民占比较大。

表 4-28　公众卷民事司法程序指标评分后 11 类群体[1]

| 区　域 | 文化程度 | 政治面貌 | 职　业 | 评分均值 |
|---|---|---|---|---|
| 中　部 | 高中/中专 | 共青团员 | 农　民 | 40.00 |
| 中　部 | 初中及以下 | 无党派 | 无　业 | 40.00 |
| 西　部 | 本科/专科 | 民主党派 | 其　他 | 46.67 |
| 西　部 | 初中及以下 | 民主党派 | 学　生 | 46.67 |
| 东　部 | 研究生 | 群　众 | 其　他 | 46.67 |
| 东　部 | 研究生 | 群　众 | 进城务工人员 | 46.67 |
| 东　部 | 本科/专科 | 无党派 | 无　业 | 46.67 |
| 东　部 | 高中/中专 | 无党派 | 自由职业者 | 48.89 |
| 中　部 | 高中/中专 | 共青团员 | 农　民 | 50.00 |
| 西　部 | 初中及以下 | 无党派 | 农　民 | 50.00 |
| 西　部 | 本科/专科 | 中共党员 | 进城务工人员 | 50.00 |

### 指标 4　刑事司法程序

交叉统计数据显示，刑事司法程序指标在职业、文化程度、区域、年龄、政治面貌背景变量下均存在显著性差异。通过提取高分组和低分组人群的特征，对刑事司法程序指标进行对应分析后发现：

具备东北（区域），26~35 岁（年龄），男性（性别），企业、服务业人员（职业）等背景特征的群体更可能为刑事司法程序指标打高分；

具备西部（区域）、高中/中专（文化程度）、女性（性别）、自由职业者（职业）等背景特征的群体更可能为刑事司法程序指标打低分。

为进一步验证上述结果的准确性，在区域、年龄、性别、职业等背景变量下交叉，得到公众对刑事司法程序指标的评分均值。统计数据显示，刑事司法程序指标评分前 14 类群体中，东北地区占多数，年龄上 25 岁及以下的居多，女性多于男性，职业上其他职业、农民占比较大。

[1] 因部分群体评分均值为同分，故一共列出 11 类群体。

表 4-29 公众卷刑事司法程序指标评分前 14 类群体[1]

| 区 域 | 年 龄 | 性 别 | 职 业 | 评分均值 |
|---|---|---|---|---|
| 东 北 | 25 岁及以下 | 女 | 农 民 | 86.67 |
| 东 北 | 55 岁以上 | 女 | 自由职业者 | 86.67 |
| 东 部 | 25 岁及以下 | 女 | 农 民 | 80.00 |
| 中 部 | 25 岁及以下 | 女 | 农 民 | 80.00 |
| 东 北 | 36~45 岁 | 男 | 离退休人员 | 80.00 |
| 东 北 | 25 岁及以下 | 男 | 进城务工人员 | 75.56 |
| 东 北 | 25 岁及以下 | 女 | 党政机关人员 | 74.76 |
| 中 部 | 46~55 岁 | 男 | 党政机关人员 | 74.39 |
| 中 部 | 46~55 岁 | 男 | 其 他 | 73.33 |
| 中 部 | 55 岁以上 | 女 | 其 他 | 73.33 |
| 东 北 | 55 岁以上 | 女 | 进城务工人员 | 73.33 |
| 东 北 | 26~35 岁 | 男 | 其 他 | 73.33 |
| 东 北 | 25 岁及以下 | 女 | 离退休人员 | 73.33 |
| 东 北 | 26~35 岁 | 女 | 其 他 | 73.33 |

在区域、文化程度、性别、职业等背景变量下交叉，得到公众对刑事司法程序指标的评分均值。统计数据显示，刑事司法程序指标评分后 10 类群体中，东北地区占 80%，文化程度上研究生居多，性别上男性和女性各占一半，职业上其他职业、离退休人员、进城务工人员稍多。

表 4-30 公众卷刑事司法程序指标评分后 10 类群体

| 区 域 | 文化程度 | 性 别 | 职 业 | 评分均值 |
|---|---|---|---|---|
| 东 北 | 高中/中专 | 男 | 其 他 | 33.33 |
| 东 北 | 研究生 | 女 | 离退休人员 | 40.00 |
| 西 部 | 研究生 | 女 | 离退休人员 | 40.00 |
| 东 北 | 研究生 | 男 | 自由职业者 | 53.33 |
| 东 北 | 本科/专科 | 男 | 农 民 | 53.33 |
| 东 北 | 研究生 | 女 | 进城务工人员 | 53.33 |
| 东 北 | 初中及以下 | 男 | 党政机关人员 | 53.33 |
| 东 北 | 初中及以下 | 男 | 其 他 | 53.33 |
| 东 部 | 研究生 | 女 | 进城务工人员 | 53.33 |
| 东 北 | 初中及以下 | 女 | 企业、服务业人员 | 54.07 |

### 指标 5 行政司法程序

交叉统计数据显示，行政司法程序指标在职业、文化程度、区域、年龄、政治面貌背景变量下均存在显著性差异。通过提取高分组和低分组人群的特征，对行政司法程序指标进行对应分析后发现：

[1] 因部分群体评分均值为同分，故一共列出 14 类群体。

具备本科/专科（文化程度）、26~35 岁（年龄）、民主党派（政治面貌）等背景特征的群体更可能为行政司法程序指标打高分；

具备西部（区域）、高中/中专（文化程度）、女性（性别）、自由职业者（职业）、其他职业（职业）等背景特征的群体更可能为行政司法程序指标打低分。

为进一步验证上述结果的准确性，在文化程度、年龄、政治面貌等背景变量下交叉，得到公众对行政司法程序指标的评分均值。统计数据显示，行政司法程序指标评分前 10 类群体中，学历为研究生的比例超过半数，年龄以 46~55 岁、55 岁以上居多，政治面貌上无党派人士居多。

表 4-31　公众卷行政司法程序指标评分前 10 类群体

| 文化程度 | 年　龄 | 政治面貌 | 评分均值 |
|---|---|---|---|
| 本科/专科 | 55 岁以上 | 无党派 | 85.00 |
| 研究生 | 46~55 岁 | 民主党派 | 83.33 |
| 研究生 | 55 岁以上 | 共青团员 | 80.00 |
| 研究生 | 55 岁以上 | 无党派 | 80.00 |
| 研究生 | 36~45 岁 | 民主党派 | 77.50 |
| 高中/中专 | 26~35 岁 | 无党派 | 75.76 |
| 本科/专科 | 25 岁及以下 | 民主党派 | 74.17 |
| 高中/中专 | 46~55 岁 | 无党派 | 74.00 |
| 研究生 | 36~45 岁 | 无党派 | 73.33 |
| 研究生 | 46~55 岁 | 无党派 | 73.33 |

在区域、文化程度、性别、职业等背景变量下交叉，得到公众对行政司法程序指标的评分均值。统计数据显示，行政司法程序指标评分后 10 类群体中，各地区占比相差不大，文化程度大部分在高中及以下，女性多于男性，职业上其他职业较多。

表 4-32　公众卷行政司法程序指标评分后 10 类群体

| 区　域 | 文化程度 | 性　别 | 职　业 | 评分均值 |
|---|---|---|---|---|
| 西　部 | 初中及以下 | 女 | 其　他 | 40.00 |
| 西　部 | 研究生 | 女 | 离退休人员 | 40.00 |
| 东　北 | 高中/中专 | 女 | 其　他 | 40.00 |
| 东　北 | 高中/中专 | 男 | 其　他 | 40.00 |
| 东　北 | 初中及以下 | 女 | 党政机关人员 | 40.00 |
| 中　部 | 研究生 | 女 | 离退休人员 | 40.00 |
| 中　部 | 初中及以下 | 女 | 其　他 | 40.00 |
| 中　部 | 初中及以下 | 女 | 学　生 | 40.00 |
| 东　部 | 高中/中专 | 男 | 无　业 | 47.14 |
| 东　部 | 本科/专科 | 男 | 农　民 | 48.00 |

### 指标 6　证据制度

交叉统计数据显示，证据制度指标在职业、文化程度、区域、年龄、性别、政治面貌背景变量下均存在显著性差异。通过提取高分组和低分组人群的特征，对证据制度指标进行对应分析后发现：

具备东北（区域），男性（性别），26~35 岁（年龄），企业、服务业人员（职业）等背景特征的群体更可能为证据制度指标打高分；

具备西部（区域），高中/中专（文化程度），女性（性别），其他职业（职业）、自由职业者（职业）等背景特征的群体更可能为证据制度指标打低分。

为进一步验证上述结果的准确性，在区域、性别、年龄、职业等背景变量下交叉，得到公众对证据制度指标的评分均值。统计数据显示，证据制度指标评分前 10 类群体中，东部及东北地区占比较大，男性和女性各占一半，年龄以 55 岁以上居多，职业上离退休人员较多。

**表 4-33　公众卷证据制度指标评分前 10 类群体**

| 区　域 | 性　别 | 年　龄 | 职　业 | 评分均值 |
|---|---|---|---|---|
| 东　部 | 男 | 36~45 岁 | 学　生 | 90.00 |
| 东　部 | 男 | 55 岁以上 | 其　他 | 80.00 |
| 东　部 | 女 | 36~45 岁 | 离退休人员 | 80.00 |
| 东　部 | 男 | 36~45 岁 | 离退休人员 | 80.00 |
| 东　部 | 女 | 55 岁以上 | 进城务工人员 | 80.00 |
| 中　部 | 男 | 26~35 岁 | 离退休人员 | 80.00 |
| 东　北 | 女 | 25 岁及以下 | 离退休人员 | 80.00 |
| 东　北 | 女 | 55 岁以上 | 自由职业者 | 80.00 |
| 东　北 | 女 | 55 岁以上 | 党政机关人员 | 75.00 |
| 东　北 | 男 | 55 岁以上 | 事业单位人员 | 73.75 |

在区域、文化程度、性别、职业等背景变量下交叉，得到公众对证据制度指标的评分均值。统计数据显示，证据制度指标评分后 13 类群体中，区域上东北地区占比较大，文化程度在高中及以下的超过半数，男性略少于女性，职业上其他职业占比较大。

**表 4-34　公众卷证据制度指标评分后 13 类群体**[1]

| 区　域 | 文化程度 | 性　别 | 职　业 | 评分均值 |
|---|---|---|---|---|
| 东　北 | 高中/中专 | 男 | 其　他 | 20.00 |
| 东　北 | 初中及以下 | 女 | 学　生 | 20.00 |
| 东　北 | 初中及以下 | 男 | 党政机关人员 | 33.33 |
| 东　北 | 本科/专科 | 女 | 其　他 | 40.00 |
| 东　北 | 研究生 | 女 | 离退休人员 | 40.00 |
| 东　北 | 本科/专科 | 男 | 农　民 | 40.00 |
| 东　北 | 研究生 | 女 | 进城务工人员 | 40.00 |
| 西　部 | 初中及以下 | 女 | 其　他 | 40.00 |
| 西　部 | 高中/中专 | 男 | 其　他 | 40.00 |
| 中　部 | 高中/中专 | 女 | 其　他 | 40.00 |

〔1〕因部分群体评分均值为同分，故一共列出 13 类群体。

续表

| 区　域 | 文化程度 | 性　别 | 职　业 | 评分均值 |
|---|---|---|---|---|
| 东　部 | 研究生 | 女 | 无　业 | 40.00 |
| 东　部 | 研究生 | 男 | 无　业 | 40.00 |
| 东　部 | 初中及以下 | 男 | 党政机关人员 | 40.00 |

### 指标 7　司法腐败遏制

交叉统计数据显示，司法腐败遏制指标在职业、文化程度、区域、年龄、性别、政治面貌背景变量下均存在显著性差异。通过提取高分组和低分组人群的特征，对司法腐败遏制指标进行对应分析后发现：

具备东部（区域），企业、服务业人员（职业），26~35 岁（年龄）等背景特征的群体更可能为司法腐败遏制指标打高分；

具备西部（区域）、高中/中专（文化程度）、自由职业者（职业）、其他职业（职业）等背景特征的群体更可能为司法腐败遏制指标打低分。

为进一步验证上述结果的准确性，在区域、职业、年龄等背景变量下交叉，得到公众对司法腐败遏制指标的评分均值。统计数据显示，司法腐败遏制指标评分前 10 类群体中，区域在东部地区的占一半，职业上党政机关人员占比较大，年龄上 25 岁及以下、55 岁以上的较多。

**表 4-35　公众卷司法腐败遏制指标评分前 10 类群体**

| 区　域 | 职　业 | 年　龄 | 评分均值 |
|---|---|---|---|
| 中　部 | 自由职业者 | 55 岁以上 | 100.00 |
| 东　部 | 其　他 | 55 岁以上 | 86.67 |
| 中　部 | 其　他 | 46~55 岁 | 80.00 |
| 东　部 | 其　他 | 25 岁及以下 | 76.67 |
| 东　北 | 党政机关人员 | 25 岁及以下 | 71.33 |
| 东　部 | 学　生 | 36~45 岁 | 70.00 |
| 中　部 | 党政机关人员 | 36~45 岁 | 69.28 |
| 西　部 | 自由职业者 | 55 岁以上 | 68.89 |
| 东　部 | 党政机关人员 | 25 岁及以下 | 68.67 |
| 东　部 | 党政机关人员 | 26~35 岁 | 68.43 |

在区域、文化程度、职业等背景变量下交叉，得到公众对司法腐败遏制指标的评分均值。统计数据显示，司法腐败遏制指标评分后 12 类群体中，东北地区所占比重最大，文化程度以研究生和初中及以下居多，职业分布较均衡，无业、农民、其他职业、党政机关人员、学生稍多。

**表 4-36　公众卷司法腐败遏制指标评分后 12 类群体[1]**

| 区　域 | 文化程度 | 职　业 | 评分均值 |
|---|---|---|---|
| 西　部 | 研究生 | 无　业 | 20.00 |

〔1〕因部分群体评分均值为同分，故一共列出 12 类群体。

续表

| 区　域 | 文化程度 | 职　业 | 评分均值 |
|---|---|---|---|
| 中　部 | 研究生 | 农　民 | 40.00 |
| 东　北 | 研究生 | 进城务工人员 | 40.00 |
| 东　北 | 初中及以下 | 事业单位人员 | 42.67 |
| 东　北 | 本科/专科 | 其　他 | 44.44 |
| 东　北 | 初中及以下 | 党政机关人员 | 45.33 |
| 中　部 | 本科/专科 | 农　民 | 46.67 |
| 东　部 | 研究生 | 无　业 | 48.89 |
| 东　部 | 初中及以下 | 党政机关人员 | 48.89 |
| 东　部 | 研究生 | 其　他 | 50.00 |
| 东　北 | 高中/中专 | 学　生 | 50.00 |
| 东　北 | 初中及以下 | 学　生 | 50.00 |

### 指标 8　法律职业化

交叉统计数据显示，法律职业化指标在职业、区域、年龄、性别、政治面貌背景变量下均存在显著性差异。通过提取高分组和低分组人群的特征，对法律职业化指标进行对应分析后发现：

具备东部（区域），男性（性别），企业、服务业人员（职业）等背景特征的群体更可能为法律职业化指标打高分；

具备西部（区域）、女性（性别）、其他职业（职业）等背景特征的群体更可能为法律职业化指标打低分。

为进一步验证上述结果的准确性，在区域、性别、职业等背景变量下交叉，得到公众对法律职业化指标的评分均值。统计数据显示，法律职业化指标评分前 10 类群体中，西部地区占半数，女性多于男性，职业上事业单位人员和其他职业的较多。

**表 4-37　公众卷法律职业化指标评分前 10 类群体**

| 区　域 | 性　别 | 职　业 | 评分均值 |
|---|---|---|---|
| 东　部 | 女 | 其　他 | 66.74 |
| 东　北 | 女 | 事业单位人员 | 65.43 |
| 西　部 | 女 | 其　他 | 65.00 |
| 东　部 | 女 | 农　民 | 62.98 |
| 西　部 | 男 | 党政机关人员 | 62.86 |
| 西　部 | 女 | 党政机关人员 | 62.75 |
| 西　部 | 男 | 其　他 | 62.65 |
| 西　部 | 女 | 农　民 | 62.53 |
| 东　北 | 女 | 事业单位人员 | 62.47 |
| 东　部 | 女 | 事业单位人员 | 62.38 |

在区域、性别、职业等背景变量下交叉，得到公众对法律职业化指标的评分均值。统计数据显示，法律职业化指标评分后 10 类群体中，区域上东北地区较多，男性多于女性，职业分布较均衡，但农民的

评分更低。

表 4-38　公众卷法律职业化指标评分后 10 类群体

| 区　域 | 性　别 | 职　业 | 评分均值 |
|---|---|---|---|
| 东　北 | 女 | 其　他 | 45.00 |
| 东　北 | 男 | 农　民 | 53.93 |
| 东　部 | 男 | 农　民 | 56.04 |
| 东　北 | 女 | 进城务工人员 | 56.25 |
| 东　部 | 男 | 无　业 | 56.76 |
| 中　部 | 男 | 企业、服务业人员 | 57.36 |
| 东　北 | 男 | 其　他 | 57.50 |
| 中　部 | 男 | 事业单位人员 | 57.58 |
| 东　北 | 女 | 企业、服务业人员 | 57.67 |
| 东　北 | 男 | 自由职业者 | 57.86 |

### 指标 9　司法公开

交叉统计数据显示，司法公开指标在职业、文化程度、区域、年龄、性别、政治面貌背景变量下均存在显著性差异。通过提取高分组和低分组人群的特征，对司法公开指标进行对应分析后发现：

具备东部（区域）、本科/专科（文化程度）、男性（性别）、26~35 岁（年龄）等背景特征的群体更可能为司法公开指标打高分；

具备西部（区域）、高中/中专（文化程度）、女性（性别）、自由职业者（职业）等背景特征的群体更可能为司法公开指标打低分。

为进一步验证上述结果的准确性，在区域、文化程度、性别、年龄等背景变量下交叉，得到公众对司法公开指标的评分均值。统计数据显示，司法公开指标评分前 11 类群体中，区域分布较均衡，西部地区稍多，文化程度上研究生占多数，男性多于女性，年龄上以 46~55 岁居多。

表 4-39　公众卷司法公开指标评分前 11 类群体[1]

| 区　域 | 文化程度 | 性　别 | 年　龄 | 评分均值 |
|---|---|---|---|---|
| 东　北 | 研究生 | 女 | 46~55 岁 | 84.00 |
| 东　北 | 研究生 | 男 | 46~55 岁 | 83.75 |
| 中　部 | 研究生 | 女 | 46~55 岁 | 78.57 |
| 西　部 | 研究生 | 男 | 55 岁以上 | 78.00 |
| 西　部 | 研究生 | 男 | 46~55 岁 | 77.41 |
| 东　部 | 本科/专科 | 男 | 55 岁以上 | 76.88 |
| 西　部 | 研究生 | 女 | 26~35 岁 | 76.11 |
| 东　北 | 本科/专科 | 男 | 46~55 岁 | 76.10 |
| 西　部 | 研究生 | 男 | 25 岁及以下 | 75.24 |

[1] 因部分群体评分均值为同分，故一共列出 11 类群体。

续表

| 区 域 | 文化程度 | 性 别 | 年 龄 | 评分均值 |
|---|---|---|---|---|
| 中 部 | 研究生 | 男 | 55 岁以上 | 75.00 |
| 中 部 | 研究生 | 男 | 46~55 岁 | 75.00 |

在区域、文化程度、性别、职业等背景变量下交叉，得到公众对司法公开指标的评分均值。统计数据显示，司法公开指标评分后 11 类群体中，东北地区所占的比重较其他地区更大，但西部地区的评分更低，文化程度上研究生占比较大，男性略多于女性，职业上农民占比较大。

**表 4-40 公众卷司法公开指标评分后 11 类群体**〔1〕

| 区 域 | 文化程度 | 性 别 | 职 业 | 评分均值 |
|---|---|---|---|---|
| 西 部 | 研究生 | 女 | 离退休人员 | 30.00 |
| 西 部 | 研究生 | 男 | 无 业 | 30.00 |
| 东 北 | 高中/中专 | 男 | 其 他 | 40.00 |
| 东 北 | 本科/专科 | 女 | 农 民 | 40.00 |
| 东 北 | 初中及以下 | 女 | 党政机关人员 | 40.00 |
| 东 北 | 初中及以下 | 男 | 学 生 | 50.00 |
| 东 北 | 研究生 | 男 | 进城务工人员 | 50.00 |
| 中 部 | 本科/专科 | 女 | 农 民 | 50.00 |
| 中 部 | 本科/专科 | 男 | 农 民 | 53.33 |
| 中 部 | 研究生 | 男 | 自由职业者 | 54.29 |
| 东 部 | 高中/中专 | 女 | 其 他 | 54.29 |

### 指标 10 司法文化

交叉统计数据显示，司法文化指标在职业、文化程度、区域、年龄、性别、政治面貌背景变量下均存在显著性差异。通过提取高分组和低分组人群的特征，对司法文化指标进行对应分析后发现：

具备东部或东北（区域）、本科/专科（文化程度）、26~35 岁（年龄）、事业单位人员（职业）等背景特征的群体更可能为司法文化指标打高分；

具备西部（区域）、高中/中专（文化程度）、群众（政治面貌）、自由职业者（职业）等背景特征的群体更可能为司法文化指标打低分。

为进一步验证上述结果的准确性，在区域、文化程度、年龄、职业等背景变量下交叉，得到公众对司法文化指标的评分均值。统计数据显示，司法文化指标评分前 11 类群体中，东北地区占比较大，文化程度上初中及以下较多，年龄以 25 岁及以下居多，职业上党政机关人员占比较大。

**表 4-41 公众卷司法文化指标评分前 11 类群体**〔2〕

| 区 域 | 文化程度 | 年 龄 | 职 业 | 评分均值 |
|---|---|---|---|---|
| 东 部 | 初中及以下 | 25 岁及以下 | 其 他 | 84.00 |

〔1〕 因部分群体评分均值为同分，故一共列出 11 类群体。
〔2〕 因部分群体评分均值为同分，故一共列出 11 类群体。

续表

| 区 域 | 文化程度 | 年 龄 | 职 业 | 评分均值 |
|---|---|---|---|---|
| 西 部 | 研究生 | 55 岁以上 | 事业单位人员 | 84.00 |
| 西 部 | 初中及以下 | 46~55 岁 | 党政机关人员 | 80.00 |
| 东 北 | 初中及以下 | 25 岁及以下 | 无 业 | 80.00 |
| 东 北 | 初中及以下 | 25 岁及以下 | 进城务工人员 | 80.00 |
| 东 北 | 本科/专科 | 36~45 岁 | 无 业 | 80.00 |
| 东 北 | 研究生 | 46~55 岁 | 事业单位人员 | 79.00 |
| 东 北 | 研究生 | 46~55 岁 | 党政机关人员 | 78.86 |
| 中 部 | 本科/专科 | 25 岁及以下 | 其 他 | 77.50 |
| 东 部 | 高中/中专 | 25 岁及以下 | 党政机关人员 | 77.33 |
| 中 部 | 本科/专科 | 46~55 岁 | 离退休人员 | 77.33 |

在区域、文化程度、政治面貌、职业等背景变量下交叉，得到公众对司法文化指标的评分均值。统计数据显示，司法文化指标评分后 10 类群体中，区域上东北和中部地区较多，文化程度在初中及以下的占四成，政治面貌上无党派占半数，职业上离退休人员占半数。

**表 4-42 公众卷司法文化指标评分后 10 类群体**

| 区 域 | 文化程度 | 政治面貌 | 职 业 | 评分均值 |
|---|---|---|---|---|
| 中 部 | 高中/中专 | 共青团员 | 农 民 | 40.00 |
| 东 北 | 研究生 | 民主党派 | 离退休人员 | 44.00 |
| 西 部 | 本科/专科 | 无党派 | 学 生 | 46.67 |
| 东 部 | 高中/中专 | 共青团员 | 离退休人员 | 48.00 |
| 东 部 | 初中及以下 | 无党派 | 离退休人员 | 48.00 |
| 中 部 | 研究生 | 无党派 | 自由职业者 | 48.00 |
| 东 北 | 初中及以下 | 无党派 | 离退休人员 | 48.00 |
| 东 北 | 高中/中专 | 无党派 | 农 民 | 48.00 |
| 东 北 | 初中及以下 | 中共党员 | 农 民 | 48.00 |
| 中 部 | 初中及以下 | 共青团员 | 离退休人员 | 49.33 |

# 第五章　司法文明指标关联分析

本章通过对指标之间的相关性进行检验，并对2个指标间的散点图进行解析，以便发现指标之间的关系，为司法文明指数研究提供参考依据。

## 一、不同指标间的相关性分析

首先对总体的一级指标进行相关性分析。

若2个指标间的pearson相关系数r大于一定值，且通过显著性检验，即可认为两者间存在线性相关关系。

相关系数r的取值范围为-1到1，r > 0为正相关，r < 0为负相关。| r | 越接近于1，说明相关性越强；越接近于0，说明相关性越弱。一般而言，当 | r | 为0.0-0.2时，表示极弱相关或无相关；为0.2~0.4时，表示弱相关；为0.4~0.6时，表示中等程度相关；为0.6~0.8时，表示强相关；为0.8~1.0时，表示极强相关。

分析结果显示，10个一级指标之间相关系数均未超过0.6。从下表可见，司法权力与民事司法程序、刑事司法程序、司法公开4个指标间，民事司法程序与刑事司法程序、行政司法程序3个指标间，刑事司法程序与证据制度指标间，司法腐败遏制与法律职业化指标间的相关系数在0.5~0.6之间，且p值均小于0.01的显著性水平，呈现中等程度的相关性。

表5-1　一级指标间相关系数

| 一级指标 | 司法权力 | 当事人诉讼权利 | 民事司法程序 | 刑事司法程序 | 行政司法程序 | 证据制度 | 司法腐败遏制 | 法律职业化 | 司法公开 | 司法文化 |
|---|---|---|---|---|---|---|---|---|---|---|
| 司法权力 | 1 | | | | | | | | | |
| 当事人诉讼权利 | 0.432 | 1 | | | | | | | | |
| 民事司法程序 | 0.564 | 0.466 | 1 | | | | | | | |
| 刑事司法程序 | 0.503 | 0.402 | 0.541 | 1 | | | | | | |
| 行政司法程序 | 0.458 | 0.359 | 0.551 | 0.370 | 1 | | | | | |
| 证据制度 | 0.387 | 0.344 | 0.451 | 0.511 | 0.313 | 1 | | | | |
| 司法腐败遏制 | 0.471 | 0.277 | 0.416 | 0.485 | 0.246 | 0.436 | 1 | | | |
| 法律职业化 | 0.263 | 0.127 | 0.245 | 0.322 | 0.124 | 0.306 | 0.552 | 1 | | |
| 司法公开 | 0.557 | 0.422 | 0.472 | 0.388 | 0.382 | 0.343 | 0.275 | 0.100 | 1 | |
| 司法文化 | 0.385 | 0.291 | 0.334 | 0.220 | 0.224 | 0.120 | 0.162 | 0.051 | 0.363 | 1 |

然后对专业卷的一级指标进行相关性分析。

分析结果显示，10个一级指标之间相关系数均未超过0.8。从下表可见，司法权力与当事人诉讼权利、民事司法程序、刑事司法程序、行政司法程序、证据制度、司法腐败遏制7个指标间，当事人诉讼权利与民事司法程序、刑事司法程序、证据制度4个指标间，民事司法程序与刑事司法程序、行政司法程序3个指标间，刑事司法程序与行政司法程序、证据制度3个指标间的相关系数在0.6~0.8之间，且p值均小于0.01的显著性水平，呈现较强的相关性。

表5-2　专业卷一级指标间相关系数

| 一级指标 | 司法权力 | 当事人诉讼权利 | 民事司法程序 | 刑事司法程序 | 行政司法程序 | 证据制度 | 司法腐败遏制 | 法律职业化 | 司法公开 | 司法文化 |
|---|---|---|---|---|---|---|---|---|---|---|
| 司法权力 | 1 | | | | | | | | | |
| 当事人诉讼权利 | 0.666 | 1 | | | | | | | | |
| 民事司法程序 | 0.690 | 0.637 | 1 | | | | | | | |
| 刑事司法程序 | 0.729 | 0.671 | 0.640 | 1 | | | | | | |
| 行政司法程序 | 0.651 | 0.588 | 0.781 | 0.608 | 1 | | | | | |
| 证据制度 | 0.626 | 0.687 | 0.571 | 0.674 | 0.557 | 1 | | | | |
| 司法腐败遏制 | 0.717 | 0.480 | 0.507 | 0.591 | 0.435 | 0.409 | 1 | | | |
| 法律职业化 | 0.462 | 0.275 | 0.293 | 0.303 | 0.236 | 0.187 | 0.515 | 1 | | |
| 司法公开 | 0.520 | 0.510 | 0.484 | 0.449 | 0.429 | 0.591 | 0.289 | 0.126 | 1 | |

继续对公众卷的一级指标进行相关性分析。

分析结果显示，10个一级指标之间相关系数均未超过0.6。从下表可见，司法权力与民事司法程序、司法公开3个指标间，司法腐败遏制与法律职业化指标间的相关系数在0.5~0.6之间，且p值均小于0.01的显著性水平，呈现中等程度的相关性。

表5-3　公众卷一级指标间相关系数

| 一级指标 | 司法权力 | 当事人诉讼权利 | 民事司法程序 | 刑事司法程序 | 行政司法程序 | 证据制度 | 司法腐败遏制 | 法律职业化 | 司法公开 | 司法文化 |
|---|---|---|---|---|---|---|---|---|---|---|
| 司法权力 | 1 | | | | | | | | | |
| 当事人诉讼权利 | 0.373 | 1 | | | | | | | | |
| 民事司法程序 | 0.520 | 0.388 | 1 | | | | | | | |
| 刑事司法程序 | 0.431 | 0.304 | 0.461 | 1 | | | | | | |
| 行政司法程序 | 0.393 | 0.276 | 0.438 | 0.261 | 1 | | | | | |
| 证据制度 | 0.325 | 0.236 | 0.367 | 0.433 | 0.210 | 1 | | | | |
| 司法腐败遏制 | 0.383 | 0.197 | 0.342 | 0.424 | 0.152 | 0.416 | 1 | | | |
| 法律职业化 | 0.207 | 0.087 | 0.225 | 0.323 | 0.084 | 0.326 | 0.565 | 1 | | |
| 司法公开 | 0.568 | 0.360 | 0.403 | 0.307 | 0.320 | 0.213 | 0.223 | 0.076 | 1 | |
| 司法文化 | 0.385 | 0.291 | 0.334 | 0.220 | 0.224 | 0.120 | 0.162 | 0.051 | 0.363 | 1 |

### 指标1　司法权力

对司法权力的5个二级指标进行相关性分析。分析结果显示，5个二级指标之间相关系数均未超过0.6。从下表可见，司法权力公正行使与司法权力主体受到信任与认同、司法裁判受到信任与认同3个指标间，司法权力主体受到信任与认同与司法裁判受到信任与认同指标间的相关系数在0.5~0.6之间，且p值均小于0.01的显著性水平，呈现中等程度的相关性。

表 5-4 司法权力的二级指标间相关系数

| 二级指标 | 司法权力依法行使 | 司法权力独立行使 | 司法权力公正行使 | 司法权力主体受到信任与认同 | 司法裁判受到信任与认同 |
|---|---|---|---|---|---|
| 司法权力依法行使 | 1 | | | | |
| 司法权力独立行使 | 0.405 | 1 | | | |
| 司法权力公正行使 | 0.281 | 0.311 | 1 | | |
| 司法权力主体受到信任与认同 | 0.340 | 0.436 | 0.502 | 1 | |
| 司法裁判受到信任与认同 | 0.314 | 0.364 | 0.537 | 0.579 | 1 |

对司法权力的二级指标与司法权力指标进行相关性检验，相关系数均在 0.5 以上，且 p 值均小于 0.01 的显著性水平。其中“司法权力主体受到信任与认同”与司法权力指标的相关系数为 0.882，呈现出极强的相关性。

司法权力与民事司法程序、刑事司法程序、司法公开 3 个指标有中等程度的相关性，故对司法权力的二级指标与这 3 个指标进行相关性检验，结果显示也具有一定的相关性。其中“司法裁判受到信任与认同”与司法公开指标的相关系数为 0.601，且 p 值小于 0.01 的显著性水平，说明 2 个指标间存在强相关关系。

观察司法权力的二级指标与 10 个一级指标之间的相关系数，发现“司法权力独立行使”与司法腐败遏制指标的相关系数为 0.733，且 p 值小于 0.01 的显著性水平，说明 2 个指标间存在强相关关系。

表 5-5 司法权力二级指标与有关一级指标间相关系数

| 二级指标 | 司法权力 | 民事司法程序 | 刑事司法程序 | 司法腐败遏制 | 司法公开 |
|---|---|---|---|---|---|
| 司法权力依法行使 | 0.580 | 0.370 | 0.476 | 0.385 | 0.234 |
| 司法权力独立行使 | 0.753 | 0.453 | 0.500 | 0.733 | 0.185 |
| 司法权力公正行使 | 0.727 | 0.584 | 0.565 | 0.412 | 0.410 |
| 司法权力主体受到信任与认同 | 0.882 | 0.492 | 0.463 | 0.422 | 0.512 |
| 司法裁判受到信任与认同 | 0.794 | 0.552 | 0.448 | 0.370 | 0.601 |

### 指标 2 当事人诉讼权利

对当事人诉讼权利的 4 个二级指标进行相关性分析。分析结果显示，4 个二级指标之间相关系数较低，均未超过 0.4，呈现弱相关或无相关。

表 5-6 当事人诉讼权利的二级指标间相关系数

| 二级指标 | 当事人享有不被强迫自证其罪的权利 | 当事人享有获得辩护、代理的权利 | 当事人享有证据性权利 | 当事人享有获得救济的权利 |
|---|---|---|---|---|
| 当事人享有不被强迫自证其罪的权利 | 1 | | | |
| 当事人享有获得辩护、代理的权利 | 0.381 | 1 | | |
| 当事人享有证据性权利 | 0.125 | 0.105 | 1 | |
| 当事人享有获得救济的权利 | 0.189 | 0.162 | 0.388 | 1 |

对当事人诉讼权利的二级指标与当事人诉讼权利指标进行相关性检验，除“当事人享有不被强迫自证其罪的权利”以外，相关系数均在 0.5 以上，且 p 值均小于 0.01 的显著性水平。其中“当事人享有

获得救济的权利”与当事人诉讼权利指标的相关系数为0.900，呈现出极强的相关性。

观察当事人诉讼权利的二级指标与10个一级指标之间的相关系数，发现“当事人享有获得救济的权利”与证据制度指标的相关系数为0.601，且p值小于0.01的显著性水平，说明2个指标间存在强相关关系。

表5-7　当事人诉讼权利二级指标与有关一级指标间相关系数

| 二级指标 | 当事人诉讼权利 | 证据制度 |
|---|---|---|
| 当事人享有不被强迫自证其罪的权利 | 0.467 | 0.313 |
| 当事人享有获得辩护、代理的权利 | 0.894 | 0.299 |
| 当事人享有证据性权利 | 0.568 | 0.469 |
| 当事人享有获得救济的权利 | 0.900 | 0.601 |

### 指标3　民事司法程序

对民事司法程序的3个二级指标进行相关性分析。分析结果显示，3个二级指标之间相关系数较低，均未超过0.3，呈现弱相关或无相关。

表5-8　民事司法程序的二级指标间相关系数

| 二级指标 | 民事审判符合公正要求 | 民事诉讼中的调解自愿、合法 | 民事诉讼裁判得到有效执行 |
|---|---|---|---|
| 民事审判符合公正要求 | 1 | | |
| 民事诉讼中的调解自愿、合法 | 0.232 | 1 | |
| 民事诉讼裁判得到有效执行 | 0.292 | 0.129 | 1 |

对民事司法程序的二级指标与民事司法程序指标进行相关性检验，相关系数均在0.6以上，且p值均小于0.01的显著性水平。其中“民事审判符合公正要求”与民事司法程序指标的相关系数为0.772，呈现出强相关性。

民事司法程序与司法权力、刑事司法程序、行政司法程序3个指标有中等程度的相关性，故对民事司法程序的二级指标与这3个指标进行相关性检验，结果显示也具有一定的相关性。其中“民事诉讼裁判得到有效执行”与行政司法程序指标的相关系数为0.522，且p值小于0.01的显著性水平，说明2个指标间存在中等程度的相关关系。

表5-9　民事司法程序二级指标与有关一级指标间相关系数

| 二级指标 | 民事司法程序 | 司法权力 | 刑事司法程序 | 行政司法程序 |
|---|---|---|---|---|
| 民事审判符合公正要求 | 0.772 | 0.430 | 0.376 | 0.425 |
| 民事诉讼中的调解自愿、合法 | 0.631 | 0.319 | 0.446 | 0.196 |
| 民事诉讼裁判得到有效执行 | 0.672 | 0.424 | 0.315 | 0.522 |

### 指标4　刑事司法程序

对刑事司法程序的3个二级指标进行相关性分析。分析结果显示，3个二级指标之间相关系数偏低，均未超过0.5，呈现弱相关或中等程度相关。

表 5-10　刑事司法程序的二级指标间相关系数

| 二级指标 | 侦查措施及时合法 | 审查起诉公正有效 | 刑事审判公正及时有效 |
| --- | --- | --- | --- |
| 侦查措施及时合法 | 1 | | |
| 审查起诉公正有效 | 0.247 | 1 | |
| 刑事审判公正及时有效 | 0.456 | 0.341 | 1 |

对刑事司法程序的二级指标与刑事司法程序指标进行相关性检验，相关系数均在 0.6 以上，且 p 值均小于 0.01 的显著性水平。其中“侦查措施及时合法”与刑事司法程序指标的相关系数为 0.902，呈现出极强的相关性。

刑事司法程序与司法权力、民事司法程序、证据制度 3 个指标有中等程度的相关性，故对刑事司法程序的二级指标与这 3 个指标进行相关性检验，结果显示也具有一定的相关性。其中“审查起诉公正有效”与证据制度指标的相关系数为 0.553，且 p 值小于 0.01 的显著性水平，说明 2 个指标间存在中等程度的相关关系。

表 5-11　刑事司法程序二级指标与有关一级指标间相关系数

| 二级指标 | 刑事司法程序 | 司法权力 | 民事司法程序 | 证据制度 |
| --- | --- | --- | --- | --- |
| 侦查措施及时合法 | 0.902 | 0.476 | 0.481 | 0.421 |
| 审查起诉公正有效 | 0.649 | 0.414 | 0.342 | 0.553 |
| 刑事审判公正及时有效 | 0.753 | 0.350 | 0.457 | 0.454 |

### 指标 5　行政司法程序

对行政司法程序的 2 个二级指标进行相关性分析。分析结果显示，2 个二级指标之间相关系数偏低，为 0.421，呈现中等程度相关。

表 5-12　行政司法程序的二级指标间相关系数

| 二级指标 | 行政审判符合公正要求 | 行政诉讼裁判得到有效执行 |
| --- | --- | --- |
| 行政审判符合公正要求 | 1 | |
| 行政诉讼裁判得到有效执行 | 0.421 | 1 |

对行政司法程序的二级指标与行政司法程序指标进行相关性检验，相关系数均在 0.8 以上，且 p 值均小于 0.01 的显著性水平，呈现出极强的相关性。

行政司法程序与民事司法程序指标有中等程度的相关性，故对行政司法程序的二级指标与民事司法程序指标进行相关性检验，结果显示也具有一定的相关性。其中“行政审判符合公正要求”与民事司法程序指标的相关系数为 0.701，且 p 值小于 0.01 的显著性水平，说明 2 个指标间存在强相关关系。

观察行政司法程序的二级指标与 10 个一级指标之间的相关系数，发现“行政审判符合公正要求”与司法权力、刑事司法程序指标的相关系数均大于 0.5，且 p 值均小于 0.01 的显著性水平，说明其与这 2 个指标存在中等程度的相关关系。

表 5-13　行政司法程序二级指标与有关一级指标间相关系数

| 二级指标 | 行政司法程序 | 民事司法程序 | 司法权力 | 刑事司法程序 |
| --- | --- | --- | --- | --- |
| 行政审判符合公正要求 | 0.861 | 0.701 | 0.575 | 0.577 |

续表

| 二级指标 | 行政司法程序 | 民事司法程序 | 司法权力 | 刑事司法程序 |
|---|---|---|---|---|
| 行政诉讼裁判得到有效执行 | 0.959 | 0.509 | 0.433 | 0.334 |

## 指标 6　证据制度

对证据制度的 3 个二级指标进行相关性分析。分析结果显示，3 个二级指标之间相关系数在 0.4～0.6 之间，呈现中等程度相关。

表 5-14　证据制度的二级指标间相关系数

| 二级指标 | 证据裁判原则得到贯彻 | 证据依法得到采纳与排除 | 证明过程得到合理规范 |
|---|---|---|---|
| 证据裁判原则得到贯彻 | 1 | | |
| 证据依法得到采纳与排除 | 0.515 | 1 | |
| 证明过程得到合理规范 | 0.409 | 0.521 | 1 |

对证据制度的二级指标与证据制度指标进行相关性检验，相关系数均在 0.8 以上，且 p 值均小于 0.01 的显著性水平，呈现出极强的相关性。

证据制度与刑事司法程序指标有中等程度的相关性，故对证据制度的二级指标与刑事司法程序指标进行相关性检验，结果显示也具有一定的相关性。其中“证据依法得到采纳与排除”与刑事司法程序指标的相关系数为 0.601，且 p 值小于 0.01 的显著性水平，说明 2 个指标间存在强相关关系。

观察证据制度的二级指标与 10 个一级指标之间的相关系数，发现“证据依法得到采纳与排除”与司法权力、当事人诉讼权利 2 个指标的相关系数均大于 0.5，且 p 值小于 0.01 的显著性水平，说明其与这些指标间存在中等程度的相关关系。“证明过程得到合理规范”与司法权力、当事人诉讼权利、民事司法程序、司法公开 4 个指标的相关系数均大于 0.5，且 p 值小于 0.01 的显著性水平，说明其与这些指标间存在中等程度的相关关系。

表 5-15　证据制度二级指标与有关一级指标间相关系数

| 二级指标 | 证据制度 | 刑事司法程序 | 司法权力 | 当事人诉讼权利 | 民事司法程序 | 司法公开 |
|---|---|---|---|---|---|---|
| 证据裁判原则得到贯彻 | 0.958 | 0.480 | 0.360 | 0.324 | 0.428 | 0.314 |
| 证据依法得到采纳与排除 | 0.805 | 0.601 | 0.504 | 0.568 | 0.447 | 0.461 |
| 证明过程得到合理规范 | 0.851 | 0.568 | 0.560 | 0.599 | 0.509 | 0.562 |

## 指标 7　司法腐败遏制

对司法腐败遏制的 3 个二级指标进行相关性分析。分析结果显示，3 个二级指标之间相关系数较高，均超过 0.6，呈现强相关或极强相关。

表 5-16　司法腐败遏制的二级指标间相关系数

| 二级指标 | 警察远离腐败 | 检察官远离腐败 | 法官远离腐败 |
|---|---|---|---|
| 警察远离腐败 | 1 | | |
| 检察官远离腐败 | 0.700 | 1 | |
| 法官远离腐败 | 0.696 | 0.829 | 1 |

对司法腐败遏制的二级指标与司法腐败遏制指标进行相关性检验，相关系数均在 0.8 以上，且 p 值均小于 0.01 的显著性水平，呈现出极强的相关性。

司法腐败遏制与法律职业化指标有中等程度的相关性，故对司法腐败遏制的二级指标与法律职业化指标进行相关性检验，结果显示也具有一定的相关性。其中“检察官远离腐败”“法官远离腐败”与法律职业化指标的相关系数均大于 0.5，且 p 值小于 0.01 的显著性水平，说明法律职业化与这 2 个指标间均存在中等程度相关关系。

**表 5-17　司法腐败遏制二级指标与有关一级指标间相关系数**

| 二级指标 | 司法腐败遏制 | 法律职业化 |
| --- | --- | --- |
| 警察远离腐败 | 0.883 | 0.489 |
| 检察官远离腐败 | 0.923 | 0.505 |
| 法官远离腐败 | 0.924 | 0.513 |

### 指标 8　法律职业化

对法律职业化的 3 个二级指标进行相关性分析。分析结果显示，3 个二级指标之间相关系数较低，均未超过 0.3，呈现弱相关或无相关。

**表 5-18　法律职业化的二级指标间相关系数**

| 二级指标 | 法律职业人员获得职业培训 | 法律职业人员遵守职业伦理规范 | 法律职业人员享有职业保障 |
| --- | --- | --- | --- |
| 法律职业人员获得职业培训 | 1 | | |
| 法律职业人员遵守职业伦理规范 | -0.044 | 1 | |
| 法律职业人员享有职业保障 | 0.116 | 0.276 | 1 |

对法律职业化的二级指标与法律职业化指标进行相关性检验，“法律职业人员获得职业培训”与法律职业化指标的相关系数为 0.316，且 p 值小于 0.01 的显著性水平，呈现弱相关性。其他 2 个二级指标与法律职业化指标的相关系数均大于 0.7，且 p 值均小于 0.01 的显著性水平，呈现出强或极强的相关性。

法律职业化与司法腐败遏制指标有中等程度的相关性，故对法律职业化的二级指标与司法腐败遏制指标进行相关性检验，结果显示也具有一定的相关性。其中“法律职业人员遵守职业伦理规范”与司法腐败遏制指标的相关系数为 0.534，且 p 值小于 0.01 的显著性水平，说明 2 个指标间存在中等程度相关关系。

**表 5-19　法律职业化二级指标与有关一级指标间相关系数**

| 二级指标 | 法律职业化 | 司法腐败遏制 |
| --- | --- | --- |
| 法律职业人员获得职业培训 | 0.316 | -0.004 |
| 法律职业人员遵守职业伦理规范 | 0.922 | 0.534 |
| 法律职业人员享有职业保障 | 0.780 | 0.303 |

### 指标 9　司法公开

对司法公开的 2 个二级指标进行相关性分析。分析结果显示，2 个二级指标之间相关系数为 0.741，呈现强相关。

表 5-20 司法公开的二级指标间相关系数

| 二级指标 | 司法过程依法公开 | 裁判结果依法公开 |
|---|---|---|
| 司法过程依法公开 | 1 | |
| 裁判结果依法公开 | 0.741 | 1 |

对司法公开的二级指标与司法公开指标进行相关性检验，相关系数均在 0.9 以上，且 p 值均小于 0.01 的显著性水平，呈现出极强的相关性。

司法公开与司法权力指标有中等程度的相关性，故对司法公开的二级指标与司法权力指标进行相关性检验，结果显示也具有一定的相关性。其中“裁判结果依法公开”与司法权力指标的相关系数为 0.538，且 p 值小于 0.01 的显著性水平，说明 2 个指标间存在中等程度相关关系。

表 5-21 司法公开二级指标与有关一级指标间相关系数

| 二级指标 | 司法公开 | 司法权力 |
|---|---|---|
| 司法过程依法公开 | 0.924 | 0.493 |
| 裁判结果依法公开 | 0.940 | 0.538 |

### 指标 10 司法文化

对司法文化的 4 个二级指标进行相关性分析。分析结果显示，4 个二级指标之间相关系数较低，均未超过 0.3，呈现弱相关或无相关。

表 5-22 司法文化的二级指标间相关系数

| 二级指标 | 公众参与司法的意识及程度 | 公众诉诸司法的意识及程度 | 公众接受司法裁判的意识及程度 | 公众接受现代刑罚理念的意识及程度 |
|---|---|---|---|---|
| 公众参与司法的意识及程度 | 1 | | | |
| 公众诉诸司法的意识及程度 | 0.232 | 1 | | |
| 公众接受司法裁判的意识及程度 | 0.204 | 0.218 | 1 | |
| 公众接受现代刑罚理念的意识及程度 | 0.084 | 0.057 | 0.095 | 1 |

对司法文化的二级指标与司法文化指标进行相关性检验，相关系数均在 0.5~0.7 之间，且 p 值均小于 0.01 的显著性水平，呈现出中等程度相关性或强相关性。

司法文化的二级指标与除司法文化的其他一级指标间均为弱相关或无相关。

表 5-23 司法文化二级指标与有关一级指标间相关系数

| 二级指标 | 司法文化 |
|---|---|
| 公众参与司法的意识及程度 | 0.605 |
| 公众诉诸司法的意识及程度 | 0.549 |
| 公众接受司法裁判的意识及程度 | 0.573 |
| 公众接受现代刑罚理念的意识及程度 | 0.645 |

## 二、部分指标间的影响关系分析

影响一个指标得分的因素，除了基本的背景变量外，还包括其余指标的表现情况。在统计学中，回归分析常用于在满足一定的条件假设的前提下，分析一个指标的多个影响因素。本部分主要研究指标间的影响关系，对背景变量的影响不予考虑。使用逐步回归方法对影响各指标的因素进行分析，提取出了几个解释力较高的回归模型。

### （一）司法公开的影响指标

前述部分数据分析表明，司法公开与司法权力、当事人诉讼权利、司法腐败遏制、司法文化之间均存在显著的相关关系。此部分将对上述指标进行线性回归分析，进一步探究不同变量之间的关系。通过逐步回归选择变量，得到最后的回归模型。分析结果显示，司法公开与司法权力、当事人诉讼权利、司法文化之间存在显著的正向相关关系，其中司法权力对司法公开的影响效果最大。当其他指标固定时，司法权力提高 1 分，司法公开均值提高 0.457 分；当事人诉讼权利提高 1 分，司法公开均值提高 0.147 分；司法文化提高 1 分，司法公开均值提高 0.144 分，且上述指标均能通过显著性检验。

表 5-24 司法公开与相关变量回归结果

| 变 量 | 系 数 | 标准化系数 | p 值 | VIF |
|---|---|---|---|---|
| （常量） | 5.040 | 0 | 0.000 | 0 |
| 司法权力 | 0.580 | 0.457 | 0.000 | 1.288 |
| 当事人诉讼权利 | 0.131 | 0.147 | 0.000 | 1.198 |
| 司法文化 | 0.227 | 0.144 | 0.000 | 1.212 |

据上述回归结果表，可以得出司法公开与相关变量的标准化回归公式：

司法公开=0.457×司法权力+0.147×当事人诉讼权利+0.144×司法文化

对回归假设进行检验，回归方程的 F 检验 p 值小于 0.05，通过显著性检验，能够用上述公式描述指标间的关系。自变量的 VIF 值均小于 10，说明变量间不存在多重共线性，且上述回归模型的 Durbin-Watson 值为 1.950，在 2 左右，说明该模型不存在序列的自相关性。

对回归残差的正态性进行检验，回归残差的直方图结果显示，残差序列分布符合正态假定，且残差的 P-P 图也显示残差序列服从正态假设。

### （二）司法腐败遏制的影响指标

司法腐败遏制是当下司法环境中需要重点关注的问题。下面将探究司法腐败遏制指标与其他一级指标的回归关系。司法腐败遏制指标为因变量，通过逐步回归选择变量，得到最后的回归模型。分析结果显示，法律职业化、司法权力、证据制度、刑事司法程序、民事司法程序、司法文化对司法腐败遏制均存在正向相关关系，而行政司法程序对司法腐败遏制的影响则是负向的，与现实情况不符，可能是因为残差存在异方差。

当其他指标固定时，法律职业化提高 1 分，司法腐败遏制均值提高 0.426 分，法律职业化指标对司法腐败遏制均值的影响效果最大；司法权力提高 1 分，司法腐败遏制均值提高 0.175 分；证据制度提高 1 分，司法腐败遏制均值提高 0.154 分；刑事司法程序提高 1 分，司法腐败遏制均值提高 0.125 分；民事司法程序提高 1 分，司法腐败遏制均值提高 0. 055 分；行政司法程序提高 1 分，司法腐败遏制均值下降 0. 046 分；司法文化提高 1 分，司法腐败遏制均值提高 0. 019 分，且上述指标均能通过显著性检验。

表 5-25　司法腐败遏制与相关变量回归结果

| 变　量 | 系　数 | 标准化系数 | p 值 | VIF |
|---|---|---|---|---|
| (常量) | -16. 885 | 0 | 0. 000 | 0 |
| 法律职业化 | 0. 584 | 0. 426 | 0. 000 | 1. 188 |
| 司法权力 | 0. 244 | 0. 175 | 0. 000 | 1. 653 |
| 证据制度 | 0. 151 | 0. 154 | 0. 000 | 1. 362 |
| 刑事司法程序 | 0. 176 | 0. 125 | 0. 000 | 1. 545 |
| 民事司法程序 | 0. 090 | 0. 055 | 0. 000 | 1. 737 |
| 行政司法程序 | -0. 044 | -0. 046 | 0. 000 | 1. 301 |
| 司法文化 | 0. 033 | 0. 019 | 0. 001 | 1. 221 |

据上述回归结果表，可以得出司法腐败遏制与相关变量的标准化回归公式：

司法腐败遏制=0. 426×法律职业化+0. 175×司法权力+0. 154×证据制度+0. 125×刑事司法程序+0. 055×民事司法程序-0. 046×行政司法程序+0. 019×司法文化

对回归假设进行检验，回归方程的 F 检验 p 值小于 0. 05，通过显著性检验，能够用上述公式描述指标间的关系。自变量的 VIF 值均小于 10，说明变量间不存在多重共线性，且上述回归模型的 Durbin-Watson 值为 1. 985，在 2 左右，说明该模型不存在序列的自相关性。

对回归残差的正态性进行检验，回归残差的直方图结果显示，残差序列分布符合正态假定，且残差的 P-P 图也显示残差序列服从正态假设。

### （三）当事人诉讼权利的影响指标

当事人诉讼权利关乎公众在司法案件中所享有的相关权利。使用线性回归探究其余指标与当事人诉讼权利指标间的关系，通过逐步回归选择变量，得到最后的回归模型。分析结果显示，民事司法程序、司法公开、司法文化、刑事司法程序、司法权力、行政司法程序、证据制度对当事人诉讼权利的影响均是正向的，而法律职业化对当事人诉讼权利的影响则是负向的，这与平时的认知相反，可能是因为残差存在异方差。

当其他指标固定时，民事司法程序提高 1 分，当事人诉讼权利均值提高 0. 167 分，民事司法程序指标对当事人诉讼权利均值的影响效果最大；司法公开提高 1 分，当事人诉讼权利均值提高 0. 145 分；司法文化提高 1 分，当事人诉讼权利均值提高 0. 108 分；刑事司法程序提高 1 分，当事人诉讼权利均值提高 0. 091 分；司法权力提高 1 分，当事人诉讼权利均值提高 0. 086 分；行政司法程序提高 1 分，当事人诉讼权利均值提高 0. 066 分；证据制度提高 1 分，当事人诉讼权利均值提高 0. 062 分；法律职业化提高 1 分，当事人诉讼权利均值下降 0. 035 分，且上述指标均能通过显著性检验。

表 5-26　当事人诉讼权利与相关变量回归结果

| 变　量 | 系　数 | 标准化系数 | p 值 | VIF |
|---|---|---|---|---|
| (常量) | -2. 365 | 0 | 0. 019 | 0 |

续表

| 变　量 | 系　数 | 标准化系数 | p 值 | VIF |
|---|---|---|---|---|
| 民事司法程序 | 0.278 | 0.167 | 0.000 | 1.749 |
| 司法公开 | 0.162 | 0.145 | 0.000 | 1.575 |
| 司法文化 | 0.192 | 0.108 | 0.000 | 1.253 |
| 刑事司法程序 | 0.132 | 0.091 | 0.000 | 1.549 |
| 司法权力 | 0.123 | 0.086 | 0.000 | 1.940 |
| 行政司法程序 | 0.065 | 0.066 | 0.000 | 1.309 |
| 证据制度 | 0.062 | 0.062 | 0.000 | 1.362 |
| 法律职业化 | -0.049 | -0.035 | 0.000 | 1.195 |

据上述回归结果表，可以得出当事人诉讼权利与相关变量的标准化回归公式：

司法腐败遏制=0.167×民事司法程序+0.145×司法公开+0.108×司法文化+0.091×刑事司法程序+0.086×司法权力+0.066×行政司法程序+0.062×证据制度-0.035×法律职业化

对回归假设进行检验，回归方程的 F 检验 p 值小于 0.05，通过显著性检验，能够用上述公式描述指标间的关系。自变量的 VIF 值均小于 10，说明变量间不存在多重共线性，且上述回归模型的 Durbin-Watson 值为 1.976，在 2 左右，说明该模型不存在序列的自相关性。

对回归残差的正态性进行检验，回归残差的直方图结果显示，残差序列分布符合正态假定，且残差的 P-P 图也显示残差序列服从正态假设。

# 第六章　2014—2017年度数据动态分析

## 一、2014—2017 年度数据总体变化情况

司法文明指数问卷调查从 2014 年开始，已经进行了四年。四年中对调查对象、指标体系以及相关问题不断进行修订。此外，每年的执行区域也有所不同：2014 年，调查了北京、上海、广东、吉林、福建、湖北、四川、青海和海南 9 个省/直辖市；2015 年，调查了 20 个省/自治区/直辖市，分别为北京、山西、内蒙古、吉林、黑龙江、上海、江苏、浙江、安徽、福建、山东、湖北、广东、海南、重庆、四川、贵州、云南、青海和宁夏；2016 年与 2017 年，则对全国 31 个省/自治区/直辖市（除了港、澳、台）均进行了问卷调查。

2014—2017 年度司法文明指标得分及排名显示，四年内所有省/自治区/直辖市的得分都在 60 分以上，均达到了及格以上水平。上海、宁夏的排名一直在前五名；海南的排名增幅最大，由 2016 年的第 15 名上升至 2017 年的第一名；黑龙江的排名比较靠后，一直处在后五名的范围内。

表 6-1　2014—2017 年度司法文明指标得分及排名

| 省　份 | 2014 年 | 2015 年 | 2016 年 | 2017 年 |
|---|---|---|---|---|
| 北　京 | 65.6（3/9） | 64.3（13/20） | 69.7（6/31） | 68.7（26/31） |
| 天　津 | / | / | 69.8（5/31） | 69.1（22/31） |
| 河　北 | / | / | 69.9（4/31） | 70.3（11/31） |
| 山　西 | / | 64.3（12/20） | 67.4（24/31） | 69.1（21/31） |
| 内蒙古 | / | 65.4（4/20） | 68.3（17/31） | 69.8（14/31） |
| 辽　宁 | / | / | 69.5（8/31） | 69.8（15/31） |
| 吉　林 | 63.7（9/9） | 64.8（10/20） | 69.1（11/31） | 71.0（8/31） |
| 黑龙江 | / | 62.8（20/20） | 65.6（29/31） | 68.6（27/31） |
| 上　海 | 68.8（1/9） | 66.6（1/20） | 70.5（1/31） | 71.5（4/31） |
| 江　苏 | / | 65.0（7/20） | 69.2（10/31） | 71.2（6/31） |
| 浙　江 | / | 65.8（2/20） | 68.0（20/31） | 73.1（2/31） |
| 安　徽 | / | 64.9（8/20） | 67.4（23/31） | 70.3（10/31） |
| 福　建 | 64.7（7/9） | 65.3（5/20） | 69（12/31） | 70.0（12/31） |
| 江　西 | / | / | 67.3（25/31） | 69.7（16/31） |
| 山　东 | / | 64.7（11/20） | 68.4（14/31） | 71.1（7/31） |
| 河　南 | / | / | 64.9（30/31） | 69.2（20/31） |
| 湖　北 | 64.3（8/9） | 63.4（18/20） | 67.9（21/31） | 67.4（31/31） |
| 湖　南 | / | / | 66.6（26/31） | 67.6（30/31） |

续表

| 省　份 | 2014年 | 2015年 | 2016年 | 2017年 |
|---|---|---|---|---|
| 广　东 | 65.4（4/9） | 64.2（14/20） | 69.3（9/31） | 69.7（18/31） |
| 广　西 | / | / | 66.3（28/31） | 67.9（28/31） |
| 海　南 | 66.7（2/9） | 63.7（16/20） | 68.4（15/31） | 76.2（1/31） |
| 重　庆 | / | 63.8（15/20） | 68.1（19/31） | 69.4（19/31） |
| 四　川 | 64.8（6/9） | 64.8（9/20） | 68.9（13/31） | 68.7（25/31） |
| 贵　州 | / | 63.0（19/20） | 67.8（22/31） | 68.9（24/31） |
| 云　南 | / | 65.1（6/20） | 69.7（7/31） | 71.9（3/31） |
| 西　藏 | / | / | 68.4（16/31） | 67.8（29/31） |
| 陕　西 | / | / | 63.8（31/31） | 69.7（17/31） |
| 甘　肃 | / | / | 66.5（27/31） | 69.9（13/31） |
| 青　海 | 65.0（5/9） | 63.5（17/20） | 68.2（18/31） | 71.0（9/31） |
| 宁　夏 | / | 65.6（3/20） | 70.3（2/31） | 71.4（5/31） |
| 新　疆 | / | / | 70.0（3/31） | 69.0（23/31） |

对一级指标得分四年内变化的分析结果显示：

（1）司法权力指标得分四年内呈现“先升后降再回升”的趋势，2017年该指标得分最高（72.0）。

（2）当事人诉讼权利指标得分2015年相对于2014年呈现下降趋势，2015年后逐年上升，2017年该指标得分最高（69.8）。

（3）民事司法程序指标得分2015年相对于2014年呈现下降趋势，2015年后逐年上升，2017年该指标得分最高（71.2）。

（4）刑事司法程序指标得分四年内呈现逐年上升的趋势，2017年该指标得分最高（71.5）。

（5）行政司法程序指标得分2015年相对于2014年呈现下降趋势，2015年后逐年上升，2017年该指标得分最高（70.9）。

（6）证据制度指标得分四年内呈现“先升后降再回升”的趋势，2017年该指标得分最高（70.2）。

（7）司法腐败遏制指标得分2015年相对于2014年呈现下降趋势，2015年后逐年回升，2014年该指标得分最高（66.9）。

（8）法律职业化指标得分四年内呈现“先降后升再下降”的趋势，2016年该指标得分最高（66.4）。

（9）司法公开指标得分2015年相对于2014年呈现下降趋势，2015年后逐年上升，2017年该指标得分最高（75.9）。

（10）司法文化指标得分2015年相对于2014年呈现上升趋势，2015年后逐年下降，2015年该指标得分最高（68.5）。

2014年所有一级指标中司法公开得分最高（69.9），司法文化得分最低（56.6）；2015年司法权力得分最高（71.5），法律职业化得分最低（57.7）；2016年司法公开得分最高（72.8），司法腐败遏制得分最低（64.7）；2017年司法公开得分最高（75.9），法律职业化得分最低（64.5）。

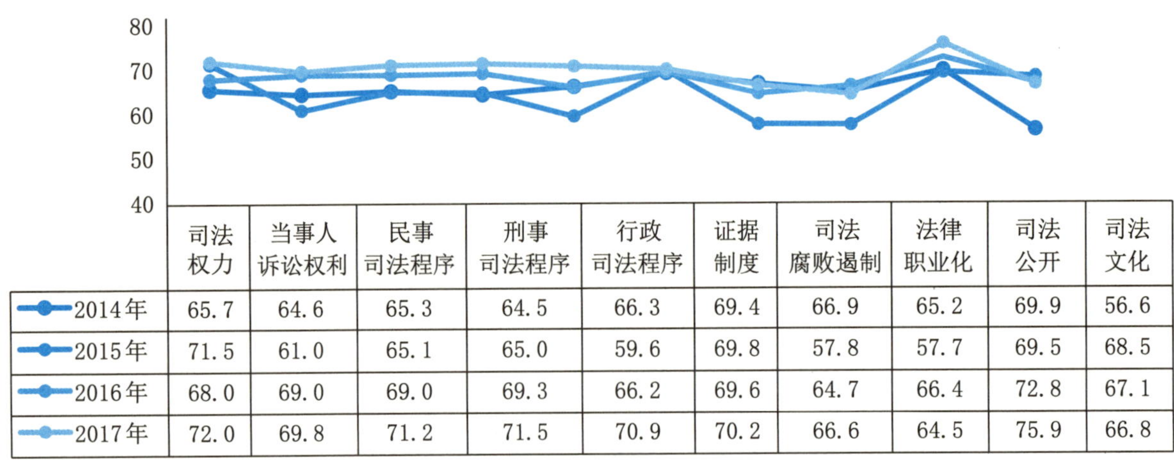


| | 司法权力 | 当事人诉讼权利 | 民事司法程序 | 刑事司法程序 | 行政司法程序 | 证据制度 | 司法腐败遏制 | 法律职业化 | 司法公开 | 司法文化 |
|---|---|---|---|---|---|---|---|---|---|---|
| 2014年 | 65.7 | 64.6 | 65.3 | 64.5 | 66.3 | 69.4 | 66.9 | 65.2 | 69.9 | 56.6 |
| 2015年 | 71.5 | 61.0 | 65.1 | 65.0 | 59.6 | 69.8 | 57.8 | 57.7 | 69.5 | 68.5 |
| 2016年 | 68.0 | 69.0 | 69.0 | 69.3 | 66.2 | 69.6 | 64.7 | 66.4 | 72.8 | 67.1 |
| 2017年 | 72.0 | 69.8 | 71.2 | 71.5 | 70.9 | 70.2 | 66.6 | 64.5 | 75.9 | 66.8 |

图 6-1 一级指标得分年度变化情况

## 二、2014—2017 年度指标及得分变化情况

### 指标 1 司法权力

对不同省/自治区/直辖市的一级指标“司法权力”的年度得分进行比较，结果显示，上海在 2014—2017 年中，司法权力得分有两年位列前三名；云南 2015 年、2017 年两年得分位列前三名；海南 2014 年、2017 年司法权力得分排名第一；黑龙江、湖北在司法权力得分方面表现较差，黑龙江在其被评估的三年中（2014 年不在评估之列），有两年位列后三名；湖北在 2014—2017 年中，有两年位列后三名。

表 6-2 “司法权力”排名前三与后三省/自治区/直辖市

| 年 份 | “司法权力”排名前后三省/自治区/直辖市 | |
|---|---|---|
| 2014 年 | 前：海南、上海、福建 | 后：湖北、北京、四川[1] |
| 2015 年 | 前：宁夏、安徽、云南 | 后：海南、黑龙江、青海 |
| 2016 年 | 前：上海、辽宁、青海 | 后：黑龙江、河南、陕西 |
| 2017 年 | 前：海南、云南、宁夏 | 后：广西、湖北、湖南 |

表 6-3 “司法权力”得分比较

| 省 份 | 2014 年 | 2015 年 | 2016 年 | 2017 年 |
|---|---|---|---|---|
| 海 南 | 68.5 | 68.3 | 69.2 | 87.4 |
| 云 南 | / | 73.4 | 71.1 | 75.5 |
| 宁 夏 | / | 74.6 | 70.5 | 74.5 |
| 浙 江 | / | 72.8 | 66.4 | 74.3 |
| 吉 林 | 65.2 | 71.2 | 69.4 | 73.2 |
| 江 苏 | / | 70.8 | 68.5 | 73.1 |
| 安 徽 | / | 73.5 | 66.8 | 73.1 |
| 青 海 | 65.5 | 68.0 | 71.6 | 72.7 |

[1] 后三位顺序为倒数第三名至倒数第一名，即湖北第 29 名，北京第 30 名，四川第 31 名。后三位顺序下同。

续表

| 省　份 | 2014 年 | 2015 年 | 2016 年 | 2017 年 |
|---|---|---|---|---|
| 山　东 | / | 70. 3 | 67. 4 | 72. 6 |
| 河　北 | / | / | 69. 2 | 72. 6 |
| 甘　肃 | / | / | 66. 5 | 72. 5 |
| 内蒙古 | / | 70. 4 | 67. 1 | 72. 4 |
| 上　海 | 68. 3 | 71. 7 | 71. 6 | 72. 4 |
| 陕　西 | / | / | 61. 7 | 71. 9 |
| 辽　宁 | / | / | 71. 6 | 71. 7 |
| 福　建 | 66. 3 | 72. 6 | 66. 9 | 71. 6 |
| 新　疆 | / | / | 70. 8 | 71. 4 |
| 山　西 | / | 71. 7 | 66. 8 | 70. 9 |
| 河　南 | / | / | 63. 5 | 70. 7 |
| 天　津 | / | / | 70. 8 | 70. 6 |
| 黑龙江 | / | 68. 2 | 64. 0 | 70. 5 |
| 广　东 | 65. 5 | 72. 2 | 69. 1 | 70. 4 |
| 贵　州 | / | 71. 9 | 68. 4 | 70. 4 |
| 四　川 | 62. 9 | 72. 2 | 69. 8 | 70. 3 |
| 江　西 | / | / | 66. 6 | 70. 1 |
| 重　庆 | / | 71. 8 | 66. 6 | 69. 8 |
| 西　藏 | / | / | 68. 9 | 69. 7 |
| 北　京 | 64. 6 | 73. 2 | 69. 2 | 69. 6 |
| 广　西 | / | / | 65. 4 | 69. 3 |
| 湖　北 | 64. 9 | 70. 7 | 67. 7 | 68. 8 |
| 湖　南 | / | / | 64. 6 | 68. 6 |

2014—2017 年司法权力的二级指标有部分调整，每年的二级指标情况如下表：

**表 6-4　“司法权力”的二级指标变化情况**

| 年　份 | 二级指标 |
|---|---|
| 2014 年 | （1）侦查权的合理运作<br>（2）公诉权的合理运作<br>（3）审判权的合理运作<br>（4）执行权的合理运作<br>（5）司法行政管理权的合理运作<br>（6）法律监督权的合理运作<br>（7）公安司法机关的合理分工与相互制衡 |

续表

| 年　份 | 二级指标 |
| --- | --- |
| 2015 年 | (1) 司法权力依法行使<br>(2) 司法权力独立行使<br>(3) 司法权力公正行使<br>(4) 权力主体的合理分工与相互制约 |
| 2016 年 | (1) 司法权力依法行使<br>(2) 司法权力独立行使<br>(3) 司法权力公正行使 |
| 2017 年 | (1) 司法权力依法行使<br>(2) 司法权力独立行使<br>(3) 司法权力公正行使<br>(4) 司法权力主体受到信任与认同<br>(5) 司法裁判受到信任与认同 |

2014—2017 年指标体系因不断修订完善发生一些变化，下面对四年中共同涉及的指标得分进行比较。其中 2015—2017 年司法权力下共同涉及的二级指标有：①司法权力依法行使；②司法权力独立行使；③司法权力公正行使；④司法权力主体受到信任与认同；⑤司法裁判受到信任与认同。

其中 2014—2016 年指标“司法权力主体受到信任与认同”和“司法裁判受到信任与认同”在一级指标“司法公开与司法公信力”下。

从单个二级指标看，统计数据显示：

(1)“司法权力依法行使”2015—2017 年呈现逐年下降的趋势，且 2017 年的下降幅度更大，2015 年该指标得分最高（73.5）。

(2)“司法权力独立行使”与“司法权力公正行使”2015—2017 年均呈现逐年上升的趋势，其中 2017 年“司法权力公正行使”比“司法权力独立行使”上升的幅度更大，2 个指标均在 2017 年得分最高（61.8、79.9）。

(3)“司法权力主体受到信任与认同”四年内呈现逐年上升的趋势，于 2017 年得分达到最高（72.7）。

(4)“司法裁判受到信任与认同”2015 年相对于 2014 年呈现下降趋势，之后呈现逐年上升的趋势，于 2017 年得分最高（77.5）。

从 5 个二级指标相比较看，统计数据显示：

(1) 2014 年“司法裁判受到信任与认同”得分更高（74.8）；2015 年“司法权力依法行使”得分最高（73.5）；2016 年“司法裁判受到信任与认同”得分最高（75.0）；2017 年“司法权力公正行使”得分最高（79.9）。

(2) 2015—2017 年得分最低的指标均为“司法权力独立行使”（55.3、59.7、61.8），且与其他指标得分相差较大。

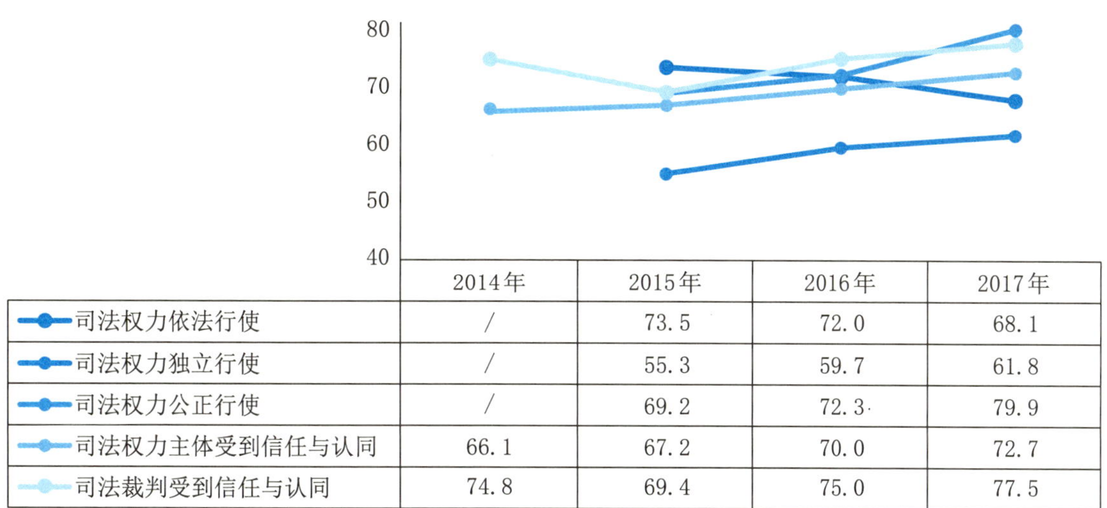


| | 2014年 | 2015年 | 2016年 | 2017年 |
|---|---|---|---|---|
| 司法权力依法行使 | / | 73.5 | 72.0 | 68.1 |
| 司法权力独立行使 | / | 55.3 | 59.7 | 61.8 |
| 司法权力公正行使 | / | 69.2 | 72.3 | 79.9 |
| 司法权力主体受到信任与认同 | 66.1 | 67.2 | 70.0 | 72.7 |
| 司法裁判受到信任与认同 | 74.8 | 69.4 | 75.0 | 77.5 |

图 6-2　“司法权力”的二级指标得分年度变化情况

对上述 5 个二级指标得分排名前三及后三的省/自治区/直辖市进行统计，结果显示：

（1）在 2015—2017 年三年中，宁夏、云南在“司法权力依法行使”上的得分均排在前三名，黑龙江连续两年（2015 年、2016 年）位列最后一名。

（2）在 2016 年和 2017 年，青海在“司法权力独立行使”上的得分均排在前三名，湖南在这一指标上的得分均排在后三名。

（3）在“司法权力公正行使”这一指标的得分上，上海连续两年（2015 年、2016 年）位列前三名，浙江在 2015 年、2017 年位列前三名，青海连续两年（2015 年、2016 年）排在后三名。

（4）上海连续三年（2014—2016 年）在“司法权力主体受到信任与认同”上的得分排名前三，尤其是 2014 年、2015 年上海的得分排名第一，黑龙江连续两年（2016 年、2017 年）在该指标上得分垫底。

（5）上海连续两年（2014 年、2015 年）在“司法裁判受到信任与认同”上的得分排在前两名，湖北 2014 年及 2017 年在该指标上的得分排在后三名。

表 6-5　“司法权力”的二级指标排名前三与后三省/自治区/直辖市

| 二级指标 | 2014 年 | 2015 年 | 2016 年 | 2017 年 |
|---|---|---|---|---|
| 司法权力依法行使 | / | 前：宁夏、云南、安徽 | 前：辽宁、云南、宁夏 | 前：海南、宁夏、云南 |
| | | 后：海南、青海、黑龙江 | 后：湖北、重庆、黑龙江 | 后：湖南、天津、广西 |
| 司法权力独立行使 | / | 前：四川、吉林、上海 | 前：青海、天津、新疆 | 前：海南、青海、云南 |
| | | 后：安徽、福建、北京 | 后：黑龙江、湖南、陕西 | 后：湖南、广西、江西 |
| 司法权力公正行使 | / | 前：江苏、上海、浙江 | 前：新疆、上海、江苏 | 前：海南、云南、浙江 |
| | | 后：宁夏、湖北、青海 | 后：青海、陕西、河南 | 后：黑龙江、北京、湖北 |
| 司法权力主体受到信任与认同 | 前：上海、四川、广东 | 前：上海、山东、浙江 | 前：新疆、宁夏、上海 | 前：海南、浙江、宁夏 |
| | 后：北京、青海、海南 | 后：山西、贵州、青海 | 后：甘肃、河南、黑龙江 | 后：广东、湖南、黑龙江 |
| 司法裁判受到信任与认同 | 前：四川、上海、吉林 | 前：上海、浙江、内蒙古 | 前：新疆、宁夏、西藏 | 前：海南、云南、浙江 |
| | 后：广东、海南、湖北 | 后：云南、山西、贵州 | 后：河南、陕西、广西 | 后：湖南、湖北、贵州 |

## 指标 2　当事人诉讼权利

对不同省/自治区/直辖市的一级指标“当事人诉讼权利”的年度得分进行比较，结果显示，2014

年、2015 年连续两年上海位列第一名；2016 年、2017 年连续两年宁夏位列前三名，湖南位列后三名。

表 6-6 “当事人诉讼权利”排名前三与后三省/自治区/直辖市

| 年 份 | “当事人诉讼权利”排名前后三省/自治区/直辖市 | |
|---|---|---|
| 2014 年 | 前：上海、海南、四川 | 后：福建、吉林、北京 |
| 2015 年 | 前：上海、内蒙古、安徽 | 后：湖北、贵州、山西 |
| 2016 年 | 前：宁夏、河北、云南 | 后：湖南、河南、陕西 |
| 2017 年 | 前：海南、宁夏、吉林 | 后：广西、湖南、北京 |

表 6-7 “当事人诉讼权利”得分比较

| 省 份 | 2014 年 | 2015 年 | 2016 年 | 2017 年 |
|---|---|---|---|---|
| 海 南 | 65.2 | 60.9 | 69.1 | 74.1 |
| 云 南 | / | 60.4 | 71.3 | 71.5 |
| 宁 夏 | / | 61.0 | 72.2 | 72.9 |
| 浙 江 | / | 61.1 | 68.1 | 71.5 |
| 吉 林 | 63.7 | 62.2 | 70.5 | 72.1 |
| 江 苏 | / | 62.1 | 69.8 | 70.6 |
| 安 徽 | / | 62.3 | 66.2 | 68.5 |
| 青 海 | 64.2 | 60.6 | 69.2 | 70.1 |
| 山 东 | / | 59.9 | 69.9 | 70.5 |
| 河 北 | / | / | 71.5 | 70.4 |
| 甘 肃 | / | / | 66.2 | 71.7 |
| 内蒙古 | / | 63.7 | 69.5 | 70.0 |
| 上 海 | 67.4 | 64.4 | 70.3 | 71.3 |
| 陕 西 | / | / | 63.4 | 68.7 |
| 辽 宁 | / | / | 70.5 | 70.1 |
| 福 建 | 63.9 | 61.3 | 70.1 | 69.2 |
| 新 疆 | / | / | 70.0 | 69.6 |
| 山 西 | / | 57.6 | 69.2 | 68.8 |
| 河 南 | / | / | 64.1 | 69.7 |
| 天 津 | / | / | 71.2 | 68.0 |
| 黑龙江 | / | 60.2 | 67.7 | 69.1 |
| 广 东 | 64.7 | 60.5 | 69.9 | 69.4 |
| 贵 州 | / | 58.6 | 69.9 | 69.6 |
| 四 川 | 64.7 | 61.5 | 70.3 | 68.5 |
| 江 西 | / | / | 69.0 | 70.5 |
| 重 庆 | / | 60.9 | 69.0 | 69.5 |
| 西 藏 | / | / | 69.6 | 68.8 |

续表

| 省　份 | 2014 年 | 2015 年 | 2016 年 | 2017 年 |
|---|---|---|---|---|
| 北　京 | 63.2 | 62.1 | 69.7 | 66.4 |
| 广　西 | / | / | 67.2 | 67.7 |
| 湖　北 | 64.2 | 58.9 | 69.6 | 68.1 |
| 湖　南 | / | / | 66.2 | 67.4 |

2014—2017 年当事人诉讼权利的二级指标有部分调整，每年的二级指标情况如下表：

表 6-8　“当事人诉讼权利”的二级指标变化情况

<table>
<tr><th>年　份</th><th>二级指标</th></tr>
<tr><td>2014 年</td><td>（1）当事人享有启动诉讼程序的权利<br>（2）当事人在法官面前享有平等的诉讼地位<br>（3）当事人享有由一个依法设立的法庭进行公正、公开审判的权利<br>（4）当事人享有获得辩护、代理的权利<br>（5）当事人享有获得救济的权利<br>（6）受到刑事指控的人享有不被强迫自证其罪的权利</td></tr>
<tr><td>2015 年</td><td rowspan="3">（1）当事人享有不被强迫自证其罪的权利<br>（2）当事人享有获得辩护、代理的权利<br>（3）当事人享有证据权利<br>（4）当事人享有获得救济的权利</td></tr>
<tr><td>2016 年</td></tr>
<tr><td>2017 年</td></tr>
</table>

2015—2017 年当事人诉讼权利下共同涉及的二级指标有：①当事人享有不被强迫自证其罪的权利；②当事人享有获得辩护、代理的权利；③当事人享有证据权利；④当事人享有获得救济的权利。

2014—2017 年共同涉及的指标有：①当事人享有获得辩护、代理的权利；②当事人享有获得救济的权利；③受到刑事指控的人享有不被强迫自证其罪的权利。

从单个二级指标看，统计数据显示：

（1）“当事人享有不被强迫自证其罪的权利”在 2014—2016 年呈现逐年上升的趋势，且 2015 年相对于 2014 年的上升幅度更大，达 14.7 分；2017 年相对于 2016 年有小幅下降，下降幅度为 1 分，2016 年该指标得分最高（76.7）。

（2）“当事人享有获得辩护、代理的权利”2015 年相对于 2014 年呈现下降趋势，且下降幅度较大，达 15 分；2016 年相对于 2015 年呈现上升趋势；2017 年相对于 2016 年又呈现下降趋势，但下降幅度不大，2014 年该指标得分最高（76.6）。

（3）“当事人享有证据权利”基本保持平稳，2017 年得分有小幅度上涨，2017 年该指标得分最高（66.2）。

（4）“当事人享有获得救济的权利”四年内呈现逐年上升趋势，且每年上升幅度不大，2017 年该指标得分最高（69.9）。

从 4 个二级指标相比较看，统计数据显示：

（1）2014 年“当事人享有获得辩护、代理的权利”得分最高（76.6），“当事人享有获得救济的权利”得分最低（60.1）。

（2）2015—2017 年“当事人享有不被强迫自证其罪的权利”得分均为最高（75.2、76.7、75.7），2015 年“当事人享有获得辩护、代理的权利”得分最低（61.6）。

（3）2016年、2017年“当事人享有证据权利”得分最低（64.8、66.2）。

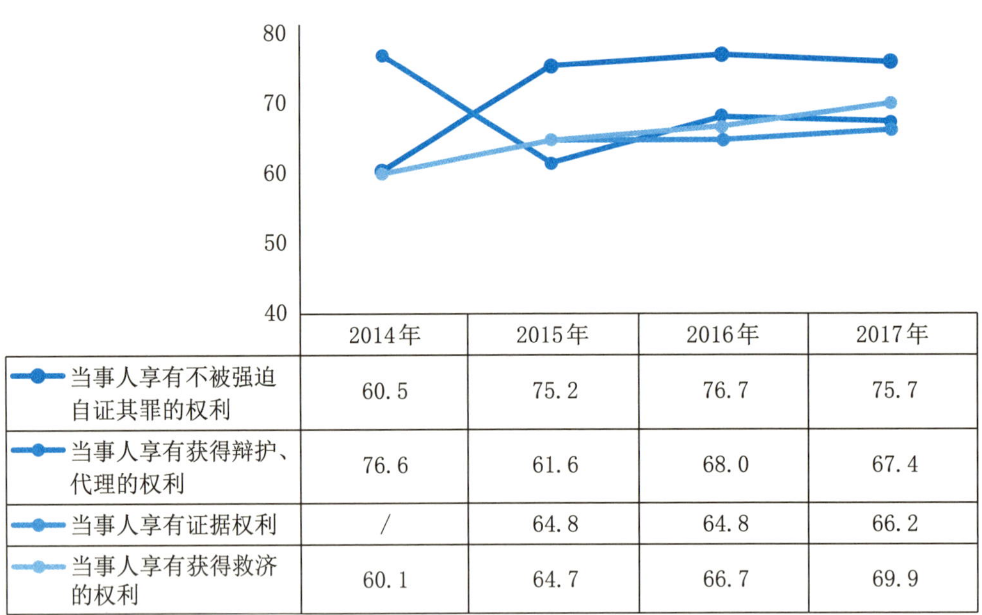

| | 2014年 | 2015年 | 2016年 | 2017年 |
|---|---|---|---|---|
| 当事人享有不被强迫自证其罪的权利 | 60.5 | 75.2 | 76.7 | 75.7 |
| 当事人享有获得辩护、代理的权利 | 76.6 | 61.6 | 68.0 | 67.4 |
| 当事人享有证据权利 | / | 64.8 | 64.8 | 66.2 |
| 当事人享有获得救济的权利 | 60.1 | 64.7 | 66.7 | 69.9 |



图6-3 “当事人诉讼权利”的二级指标得分年度变化情况

对上述4个二级指标得分排名前三及后三的省/自治区/直辖市进行统计，结果显示：

（1）上海在“当事人享有不被强迫自证其罪的权利”上的得分在2014年、2017年均位于前三名，海南连续两年（2014年、2015年）排名后三位。

（2）上海连续两年（2014年、2015年）在“当事人享有获得辩护、代理的权利”上的得分排名第一，湖北（2014年、2015年）、甘肃（2016年、2017年）连续两年排名后三位。

（3）山西连续两年（2015年、2016年）在“当事人享有证据权利”上的得分排名前两位。

（4）海南2014年、2017年在“当事人享有获得救济的权利”上的得分排名前两位，青海连续两年（2015年、2016年）排名靠后。

表6-9 “当事人诉讼权利”的二级指标排名前三与后三省/自治区/直辖市

| 二级指标 | 2014年 | 2015年 | 2016年 | 2017年 |
|---|---|---|---|---|
| 当事人享有不被强迫自证其罪的权利 | 前：广东、上海、青海 | 前：云南、山东、江苏 | 前：青海、云南、宁夏 | 前：上海、甘肃、山西 |
| | 后：吉林、湖北、海南 | 后：四川、海南、贵州 | 后：安徽、湖南、河南 | 后：天津、西藏、北京 |
| 当事人享有获得辩护、代理的权利 | 前：上海、海南、四川 | 前：上海、内蒙古、江苏 | 前：福建、吉林、四川 | 前：浙江、江苏、宁夏 |
| | 后：北京、湖北、青海 | 后：湖北、贵州、山西 | 后：甘肃、河南、陕西 | 后：北京、贵州、甘肃 |
| 当事人享有证据权利 | / | 前：山西、内蒙古、海南 | 前：宁夏、河北、山西 | 前：吉林、宁夏、甘肃 |
| | | 后：江苏、贵州、四川 | 后：广西、湖南、陕西 | 后：湖北、北京、海南 |
| 当事人享有获得救济的权利 | 前：上海、海南、湖北 | 前：浙江、吉林、黑龙江 | 前：天津、云南、宁夏 | 前：海南、云南、吉林 |
| | 后：广东、福建、北京 | 后：贵州、四川、青海 | 后：青海、河南、陕西 | 后：广西、安徽、天津 |

### 指标3 民事司法程序

对不同省/自治区/直辖市的一级指标“民事司法程序”的年度得分进行比较，结果显示，上海连续四年在“民事司法程序”上的得分排名前三位，青海连续三年（2014—2016年）排名后三位，表现较差。

表 6-10　“民事司法程序”排名前三与后三省/自治区/直辖市

| 年　份 | “民事司法程序”排名前后三省/自治区/直辖市 | |
|---|---|---|
| 2014 年 | 前：海南、上海、四川 | 后：青海、福建、吉林 |
| 2015 年 | 前：上海、浙江、江苏 | 后：青海、黑龙江、湖北 |
| 2016 年 | 前：辽宁、上海、河北 | 后：青海、陕西、河南 |
| 2017 年 | 前：海南、浙江、上海 | 后：北京、湖南、西藏 |

表 6-11　“民事司法程序”得分比较

| 省　份 | 2014 年 | 2015 年 | 2016 年 | 2017 年 |
|---|---|---|---|---|
| 海　南 | 68.8 | 65.4 | 68.6 | 77.8 |
| 云　南 | / | 65.2 | 69.6 | 72.6 |
| 宁　夏 | / | 64.7 | 69.0 | 72.5 |
| 浙　江 | / | 66.8 | 68.9 | 74.9 |
| 吉　林 | 61.9 | 65.8 | 69.9 | 72.0 |
| 江　苏 | / | 66.3 | 69.6 | 72.6 |
| 安　徽 | / | 64.0 | 68.5 | 70.1 |
| 青　海 | 63.3 | 63.5 | 66.9 | 72.1 |
| 山　东 | / | 64.9 | 69.2 | 70.9 |
| 河　北 | / | / | 70.6 | 70.7 |
| 甘　肃 | / | / | 67.6 | 69.9 |
| 内蒙古 | / | 65.5 | 69.7 | 71.2 |
| 上　海 | 68.5 | 67.3 | 70.8 | 73.8 |
| 陕　西 | / | / | 66.5 | 70.9 |
| 辽　宁 | / | / | 71.1 | 72.0 |
| 福　建 | 63.1 | 65.7 | 70.1 | 70.2 |
| 新　疆 | / | / | 70.2 | 70.0 |
| 山　西 | / | 64.9 | 69.2 | 69.4 |
| 河　南 | / | / | 65.7 | 69.4 |
| 天　津 | / | / | 70.6 | 71.8 |
| 黑龙江 | / | 63.0 | 68.1 | 69.6 |
| 广　东 | 64.1 | 65.7 | 70.4 | 71.9 |
| 贵　州 | / | 64.5 | 68.1 | 71.5 |
| 四　川 | 67.5 | 66.1 | 69.9 | 70.1 |
| 江　西 | / | / | 68.0 | 72.1 |
| 重　庆 | / | 64.7 | 69.1 | 70.1 |
| 西　藏 | / | / | 69.0 | 69.1 |
| 北　京 | 65.8 | 64.8 | 69.3 | 69.4 |

续表

| 省　份 | 2014 年 | 2015 年 | 2016 年 | 2017 年 |
|---|---|---|---|---|
| 广　西 | / | / | 67.4 | 69.8 |
| 湖　北 | 64.9 | 62.9 | 68.2 | 70.1 |
| 湖　南 | / | / | 68.5 | 69.1 |

2014—2017 年民事司法程序的二级指标有部分调整，每年的二级指标情况如下表：

表 6-12　“民事司法程序”的二级指标变化情况

| 年　份 | 二级指标 |
|---|---|
| 2014 年 | （1）民事起诉得到及时受理<br>（2）民事诉讼符合公正要求<br>（3）民事诉讼中的调解自愿、合法<br>（4）民事诉讼裁判得到有效执行<br>（5）民事司法能够提供有效的诉讼救济途径 |
| 2015 年 | （1）民事起诉得到及时受理<br>（2）民事审判符合公正要求<br>（3）民事诉讼中的调解自愿、合法<br>（4）民事诉讼裁判得到有效执行 |
| 2016 年<br>2017 年 | （1）民事审判符合公正要求<br>（2）民事诉讼中的调解自愿、合法<br>（3）民事诉讼裁判得到有效执行 |

2014—2017 年民事司法程序下共同涉及的二级指标有：①民事审判符合公正要求；②民事诉讼中的调解自愿、合法；③民事诉讼裁判得到有效执行。

2014 年与 2015 年共同涉及的指标有：①民事起诉得到及时受理；②民事审判符合公正要求；③民事诉讼中的调解自愿、合法；④民事诉讼裁判得到有效执行。

从单个二级指标看，统计数据显示：

（1）“民事起诉得到及时受理”只在 2014 年与 2015 年被纳入调查，且两年的得分基本持平，2015 年比 2014 年高 0.3 分。

（2）“民事审判符合公正要求”四年内呈现逐年上升趋势，且每年增幅相差不多，在 2~4 分之间，2017 年该指标得分最高（70.9）。

（3）“民事诉讼中的调解自愿、合法”四年内呈现逐年上升趋势，且 2015 年相对于 2014 年上升幅度最大，达 6.2 分，2017 年该指标得分最高（69.8）。

（4）“民事诉讼裁判得到有效执行”2015 年相对于 2014 年有大幅下降，下降幅度为 7.5 分，2015 年后呈现逐年上升的趋势，2016 年相对于 2015 年上升幅度为 8 分，2015 年该指标得分最低（62.5），2017 年得分最高（73.0）。

从 4 个二级指标相比较看，统计数据显示：

（1）2014 年“民事诉讼裁判得到有效执行”得分最高（70.0），“民事审判符合公正要求”得分最低（60.2）。

（2）2015 年“民事起诉得到及时受理”得分最高（67.8），“民事诉讼裁判得到有效执行”得分最低（62.5）。

(3) 2016 年“民事诉讼裁判得到有效执行”得分最高 (70.5),“民事审判符合公正要求”得分最低 (67.2)。

(4) 2017 年“民事诉讼裁判得到有效执行”得分最高 (73.0),“民事诉讼中的调解自愿、合法”得分最低 (69.8)。

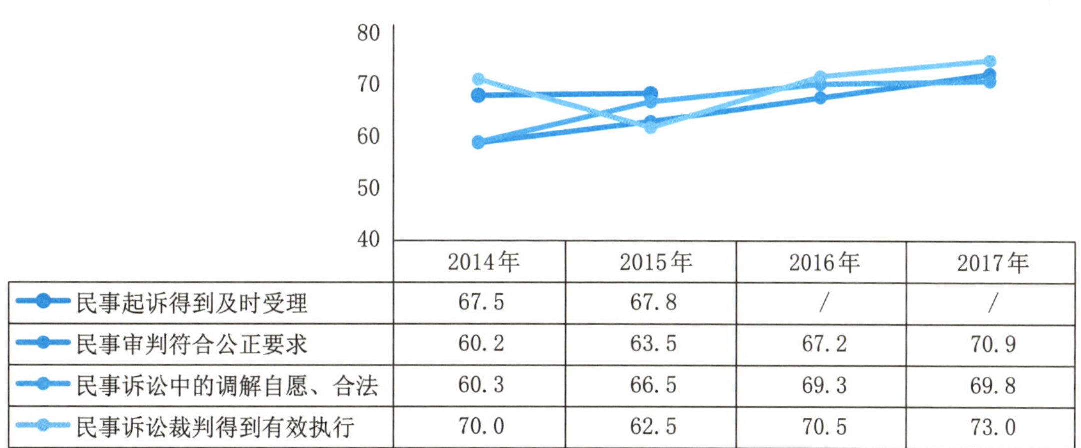


| | 2014年 | 2015年 | 2016年 | 2017年 |
|---|---|---|---|---|
| 民事起诉得到及时受理 | 67.5 | 67.8 | / | / |
| 民事审判符合公正要求 | 60.2 | 63.5 | 67.2 | 70.9 |
| 民事诉讼中的调解自愿、合法 | 60.3 | 66.5 | 69.3 | 69.8 |
| 民事诉讼裁判得到有效执行 | 70.0 | 62.5 | 70.5 | 73.0 |

图 6-4　“民事司法程序”的二级指标得分年度变化情况

对上述 4 个二级指标得分排名前三及后三的省/自治区/直辖市进行统计,结果显示:

(1) 湖北在“民事起诉得到及时受理”上的得分在 2014 年与 2015 年均位列后三名。

(2) 2014 年、2015 年、2017 年,上海在“民事审判符合公正要求”上的得分均排在前三名,尤其是 2014 年与 2015 年位列第一名;青海连续三年 (2014—2016 年) 在该指标上的得分位于后三名,尤其是 2015 年与 2016 年得分垫底。

(3) 2015—2017 年,上海连续三年在“民事诉讼中的调解自愿、合法”上的得分排名前三位,河南连续两年 (2016 年、2017 年) 排名倒数第二位。

(4) 2015 年、2016 年,四川连续两年在“民事诉讼裁判得到有效执行”上的得分排名前三位,而在 2014 年与 2017 年表现较差,排名后三位。

表 6-13　“民事司法程序”的二级指标排名前三与后三省/自治区/直辖市

| 二级指标 | 2014 年 | 2015 年 | 2016 年 | 2017 年 |
|---|---|---|---|---|
| 民事起诉得到及时受理 | 前:海南、四川、广东、北京[1] | 前:浙江、江苏、宁夏 | / | / |
| | 后:青海、湖北、吉林 | 后:海南、贵州、湖北 | / | / |
| 民事审判符合公正要求 | 前:上海、四川、海南 | 前:上海、福建、吉林 | 前:辽宁、福建、天津 | 前:浙江、海南、上海 |
| | 后:广东、青海、吉林 | 后:黑龙江、山西、青海 | 后:陕西、河南、青海 | 后:西藏、新疆、山西 |
| 民事诉讼中的调解自愿、合法 | 前:四川、青海、北京、海南[2] | 前:山西、四川、上海 | 前:云南、上海、广东 | 前:海南、上海、江苏 |
| | 后:吉林、广东、湖北 | 后:北京、贵州、黑龙江 | 后:陕西、河南、甘肃 | 后:北京、河南、天津 |
| 民事诉讼裁判得到有效执行 | 前:上海、海南、青海 | 前:浙江、四川、广东 | 前:新疆、四川、宁夏 | 前:海南、浙江、江西 |
| | 后:广东、四川、福建 | 后:重庆、湖北、黑龙江 | 后:陕西、山西、河南 | 后:湖北、四川、福建 |

[1] 四川与广东在“民事起诉得到及时受理”上的得分相同,均为 69.5 分。

[2] 北京与海南在“民事诉讼中的调解自愿、合法”上的得分相同,均为 61.4 分。

### 指标 4　刑事司法程序

对不同省/自治区/直辖市的一级指标"刑事司法程序"的年度得分进行比较，结果显示，上海连续四年在"刑事司法程序"上的得分排名前三位，吉林连续两年（2014 年、2015 年）在该指标上的得分排名后三位。

**表 6-14　"刑事司法程序"排名前三与后三省/自治区/直辖市**

| 年　份 | "刑事司法程序"排名前后三省/自治区/直辖市 | |
|---|---|---|
| 2014 年 | 前：上海、广东、福建 | 后：四川、青海、吉林 |
| 2015 年 | 前：上海、江苏、山西 | 后：海南、吉林、黑龙江 |
| 2016 年 | 前：上海、广东、福建 | 后：山东、陕西、河南 |
| 2017 年 | 前：海南、浙江、上海 | 后：广西、湖北、新疆 |

**表 6-15　"刑事司法程序"得分比较**

| 省　份 | 2014 年 | 2015 年 | 2016 年 | 2017 年 |
|---|---|---|---|---|
| 海　南 | 64.7 | 63.1 | 69.8 | 81.5 |
| 云　南 | / | 64.8 | 70.3 | 72.1 |
| 宁　夏 | / | 64.8 | 71.4 | 72.4 |
| 浙　江 | / | 66.2 | 70.2 | 75.5 |
| 吉　林 | 62.6 | 62.6 | 70.1 | 72.3 |
| 江　苏 | / | 67.3 | 71.3 | 73.2 |
| 安　徽 | / | 66.7 | 68.9 | 71.9 |
| 青　海 | 63.2 | 63.4 | 67.8 | 70.8 |
| 山　东 | / | 64.1 | 66.9 | 71.4 |
| 河　北 | / | / | 70.0 | 72.5 |
| 甘　肃 | / | / | 66.9 | 73.1 |
| 内蒙古 | / | 64.3 | 68.3 | 71.7 |
| 上　海 | 68.2 | 68.7 | 72.6 | 73.8 |
| 陕　西 | / | / | 66.6 | 69.7 |
| 辽　宁 | / | / | 69.8 | 70.4 |
| 福　建 | 64.8 | 66.1 | 71.7 | 72.4 |
| 新　疆 | / | / | 69.6 | 68.0 |
| 山　西 | / | 67.1 | 67.5 | 72.0 |
| 河　南 | / | / | 64.1 | 69.9 |
| 天　津 | / | / | 69.3 | 71.6 |
| 黑龙江 | / | 62.2 | 67.1 | 69.9 |
| 广　东 | 65.0 | 65.9 | 71.9 | 72.3 |
| 贵　州 | / | 63.9 | 69.0 | 70.0 |
| 四　川 | 64.0 | 64.8 | 69.9 | 70.0 |

续表

| 省　份 | 2014 年 | 2015 年 | 2016 年 | 2017 年 |
|---|---|---|---|---|
| 江　西 | / | / | 71.4 | 72.3 |
| 重　庆 | / | 65.1 | 70.5 | 71.7 |
| 西　藏 | / | / | 68.7 | 69.5 |
| 北　京 | 64.4 | 64.5 | 71.1 | 69.7 |
| 广　西 | / | / | 67.7 | 68.6 |
| 湖　北 | 64.1 | 63.4 | 69.6 | 68.0 |
| 湖　南 | / | / | 69.0 | 69.8 |

2014—2017 年刑事司法程序的二级指标有部分调整，每年的二级指标情况如下表：

表 6-16　“刑事司法程序”的二级指标变化情况

| 年　份 | 二级指标 |
|---|---|
| 2014 年 | (1) 刑事司法程序贯彻无罪推定原则<br>(2) 刑事侦查合法、有效<br>(3) 刑事公诉公正、有效<br>(4) 刑事审判符合公正要求<br>(5) 刑事裁判的执行公正、人道<br>(6) 刑事司法能够提供有效的诉讼救济途径 |
| 2015 年<br>2016 年<br>2017 年 | (1) 侦查措施及时合法<br>(2) 审查起诉公正有效<br>(3) 刑事审判公正及时有效 |

2014—2017 年刑事司法程序下共同涉及的二级指标有：①侦查措施及时合法；②审查起诉公正有效；③刑事审判公正及时有效。其中 2014 年指标“刑事侦查合法、有效”与指标“侦查措施及时合法”含义相同。

从单个二级指标看，统计数据显示：

(1) “侦查措施及时合法” 2015 年相对于 2014 年呈现下降趋势，下降幅度为 3.2 分，2015—2017 年呈现逐年上升趋势，且 2016 年相对于 2015 年上升幅度较大，在 5 分以上，2017 年该指标得分最高(72.0)。

(2) “审查起诉公正有效” 在 2014—2016 年呈现逐年上升趋势，上升幅度较大，而在 2017 年略有下降，2016 年该指标得分最高 (69.9)。

(3) “刑事审判公正及时有效” 四年内呈现逐年上升趋势，且 2017 年相对于 2016 年上升幅度较大，2017 年该指标得分最高 (73.2)。

从 3 个二级指标相比较看，统计数据显示：

(1) 2014 年 “侦查措施及时合法” 得分最高 (68.0)，“审查起诉公正有效” 得分最低 (53.2)，且与其他指标得分相差较大。

(2) 2015 年 “刑事审判公正及时有效” 得分最高 (66.5)，“审查起诉公正有效” 得分最低(62.7)。

(3) 2016 年 “侦查措施及时合法” 得分最高 (70.6)，“刑事审判公正及时有效” 得分最低

(67.4)。

(4) 2017年“刑事审判公正及时有效”得分最高(73.2),“审查起诉公正有效”得分最低(69.5)。

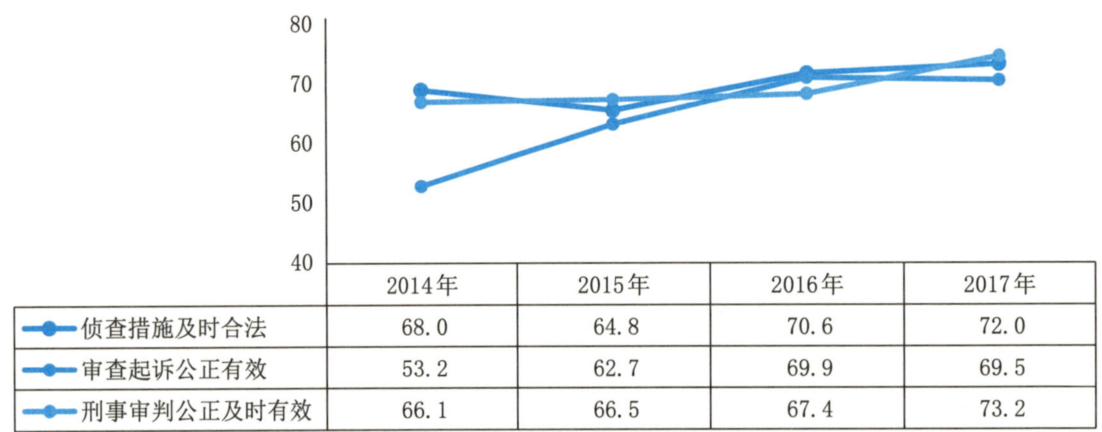


| | 2014年 | 2015年 | 2016年 | 2017年 |
|---|---|---|---|---|
| 侦查措施及时合法 | 68.0 | 64.8 | 70.6 | 72.0 |
| 审查起诉公正有效 | 53.2 | 62.7 | 69.9 | 69.5 |
| 刑事审判公正及时有效 | 66.1 | 66.5 | 67.4 | 73.2 |

图6-5 “刑事司法程序”的二级指标得分年度变化情况

对上述3个二级指标得分排名前三及后三的省/自治区/直辖市进行统计，结果显示：

(1) 上海在“侦查措施及时合法”上的得分连续三年(2014—2016年)均排名第一，海南在该指标上的得分连续三年(2014—2016年)均排名后三位，但2017年海南在该指标上的得分排名第一。

(2) 上海2014年、2015年在“审查起诉公正有效”上的得分均排在前三名，广东2016年、2017年在该指标上的得分同样排在前三名，青海连续三年(2014—2016年)得分位列后三名。

(3) 上海连续三年(2014—2016年)在“刑事审判公正及时有效”上的得分排名前三位，河南连续两年(2016年、2017年)排名后三位。

表6-17 “刑事司法程序”的二级指标排名前三与后三省/自治区/直辖市

| 二级指标 | 2014年 | 2015年 | 2016年 | 2017年 |
|---|---|---|---|---|
| 侦查措施及时合法 | 前：上海、广东、四川 | 前：上海、浙江、内蒙古 | 前：上海、辽宁、新疆 | 前：海南、浙江、宁夏 |
| | 后：青海、北京、海南 | 后：青海、贵州、海南 | 后：海南、河南、甘肃 | 后：湖北、湖南、北京 |
| 审查起诉公正有效 | 前：湖北、上海、福建 | 前：上海、福建、内蒙古 | 前：宁夏、广东、江西 | 前：海南、浙江、广东 |
| | 后：吉林、北京、青海 | 后：贵州、山西、青海 | 后：青海、山东、河南 | 后：黑龙江、辽宁、新疆 |
| 刑事审判公正及时有效 | 前：四川、上海、海南 | 前：上海、江苏、安徽 | 前：江苏、上海、江西 | 前：海南、浙江、安徽 |
| | 后：北京、青海、福建 | 后：内蒙古、吉林、黑龙江 | 后：山西、陕西、河南 | 后：河南、湖北、新疆 |

### 指标5 行政司法程序

对不同省/自治区/直辖市的一级指标“行政司法程序”的年度得分进行比较，结果显示，上海2014年、2015年、2017年在“行政司法程序”指标上的得分排名前三位，湖北2014年、2015年、2017年在该指标上的得分排名后三位。

表 6-18　“行政司法程序”排名前三与后三省/自治区/直辖市

| 年　份 | “行政司法程序”排名前后三省/自治区/直辖市 | |
|---|---|---|
| 2014年 | 前：上海、广东、海南 | 后：湖北、青海、吉林、四川〔1〕 |
| 2015年 | 前：上海、内蒙古、福建 | 后：重庆、贵州、湖北 |
| 2016年 | 前：天津、宁夏、内蒙古 | 后：青海、黑龙江、陕西 |
| 2017年 | 前：海南、浙江、上海 | 后：新疆、西藏、湖北 |

表 6-19　“行政司法程序”得分比较

| 省　份 | 2014年 | 2015年 | 2016年 | 2017年 |
|---|---|---|---|---|
| 海　南 | 68.1 | 59.9 | 68.0 | 86.3 |
| 云　南 | / | 60.0 | 66.3 | 72.2 |
| 宁　夏 | / | 59.7 | 68.6 | 70.4 |
| 浙　江 | / | 60.9 | 66.1 | 74.1 |
| 吉　林 | 62.7 | 60.3 | 65.7 | 70.4 |
| 江　苏 | / | 60.7 | 67.8 | 71.8 |
| 安　徽 | / | 58.5 | 64.4 | 71.4 |
| 青　海 | 65.3 | 59.7 | 63.5 | 72.9 |
| 山　东 | / | 60.2 | 67.2 | 73.4 |
| 河　北 | / | / | 68.1 | 71.8 |
| 甘　肃 | / | / | 64.4 | 69.8 |
| 内蒙古 | / | 61.8 | 68.4 | 69.8 |
| 上　海 | 71.7 | 62.6 | 67.9 | 73.6 |
| 陕　西 | / | / | 61.4 | 70.8 |
| 辽　宁 | / | / | 67.2 | 70.2 |
| 福　建 | 65.8 | 61.1 | 68.2 | 68.6 |
| 新　疆 | / | / | 66.8 | 67.8 |
| 山　西 | / | 58.8 | 64.1 | 70.2 |
| 河　南 | / | / | 63.6 | 71.1 |
| 天　津 | / | / | 69.0 | 71.7 |
| 黑龙江 | / | 58.4 | 62.7 | 70.3 |
| 广　东 | 69.6 | 59.1 | 67.7 | 70.8 |
| 贵　州 | / | 57.3 | 64.2 | 69.7 |
| 四　川 | 61.4 | 60.1 | 67.4 | 68.8 |
| 江　西 | / | / | 66.7 | 70.5 |
| 重　庆 | / | 58.0 | 68.1 | 69.8 |
| 西　藏 | / | / | 64.7 | 67.4 |
| 北　京 | 66.8 | 58.3 | 67.8 | 70.2 |

〔1〕湖北与青海在“行政司法程序”上的得分相同，均为65.3分，并列倒数第三。

续表

| 省　份 | 2014 年 | 2015 年 | 2016 年 | 2017 年 |
|---|---|---|---|---|
| 广　西 | / | / | 66.0 | 67.9 |
| 湖　北 | 65.3 | 57.2 | 65.2 | 66.5 |
| 湖　南 | / | / | 64.8 | 69.1 |

2014—2017 年行政司法程序的二级指标有部分调整，每年的二级指标情况如下表：

表 6-20　“行政司法程序”的二级指标变化情况

| 年　份 | 二级指标 |
|---|---|
| 2014 年 | (1) 行政起诉得到及时受理<br>(2) 行政诉讼符合公正要求<br>(3) 行政诉讼裁判得到尊重与有效执行<br>(4) 行政司法能够提供有效的诉讼救济途径 |
| 2015 年 | (1) 行政起诉得到及时受理<br>(2) 行政审判符合公正要求<br>(3) 行政诉讼裁判得到有效执行 |
| 2016 年 | (1) 行政审判符合公正要求<br>(2) 行政诉讼裁判得到有效执行 |
| 2017 年 | |

2014—2017 年行政司法程序下共同涉及的二级指标有：①行政审判符合公正要求；②行政诉讼裁判得到有效执行。

2014 年与 2015 年共同涉及的指标有：①行政起诉得到及时受理；②行政审判符合公正要求；③行政诉讼裁判得到有效执行。

从单个二级指标看，统计数据显示：

(1) “行政起诉得到及时受理” 只在 2014 年与 2015 年被纳入调查，且 2015 年该指标得分有大幅下降，下降幅度达 15.8 分。

(2) “行政审判符合公正要求” 呈现逐年上升的趋势，且 2015 年相对于 2014 年与 2017 年相对于 2016 年的上升幅度差距不大，都在 5 分以上，2017 年该指标得分最高（74.2）。

(3) “行政诉讼裁判得到有效执行” 2015 年相对于 2014 年呈现下降趋势，下降幅度为 7.8 分，2015—2017 年呈现逐年上升趋势，且增幅大致相同，2014 年该指标得分最高（68.3）。

从 3 个二级指标相比较看，统计数据显示：

(1) 2014 年 “行政起诉得到及时受理” 得分最高（74.4），“行政审判符合公正要求” 得分最低（62.2）。

(2) 2015 年 “行政审判符合公正要求” 得分最高（67.8），“行政起诉得到及时受理” 得分最低（58.6）。

(3) 2016 年及 2017 年 “行政审判符合公正要求” 得分（68.4、74.2）均高于 “行政诉讼裁判得到有效执行” 得分（64.0、67.7）。

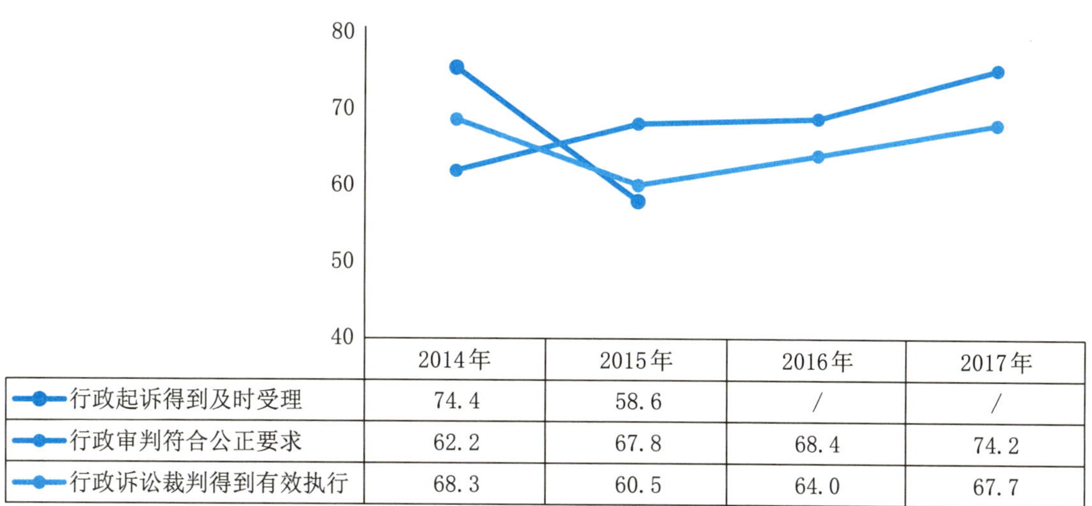


| | 2014年 | 2015年 | 2016年 | 2017年 |
| --- | --- | --- | --- | --- |
| 行政起诉得到及时受理 | 74.4 | 58.6 | / | / |
| 行政审判符合公正要求 | 62.2 | 67.8 | 68.4 | 74.2 |
| 行政诉讼裁判得到有效执行 | 68.3 | 60.5 | 64.0 | 67.7 |

图 6-6　“行政司法程序”的二级指标得分年度变化情况

对上述 3 个二级指标得分排名前三及后三的省/自治区/直辖市进行统计，结果显示：

（1）上海在“行政起诉得到及时受理”上的得分连续两年（2014 年、2015 年）均位列前三名，湖北在该指标上的得分连续两年（2014 年、2015 年）均位列后三名。

（2）上海 2014 年、2015 年、2017 年在“行政审判符合公正要求”上的得分均排在前三名，尤其是 2014 年与 2015 年位列第一名；贵州连续两年（2015 年、2016 年）在该指标上的得分位于后三名，尤其 2015 年得分垫底。

（3）上海连续两年（2014 年、2015 年）在“行政诉讼裁判得到有效执行”上的得分排名前三位，海南连续两年（2016 年、2017 年）排名前三位，且 2017 年位列第一，重庆 2015 年、2017 年在该指标上的得分均排名后三位。

表 6-21　“行政司法程序”的二级指标排名前三与后三省/自治区/直辖市

| 二级指标 | 2014 年 | 2015 年 | 2016 年 | 2017 年 |
| --- | --- | --- | --- | --- |
| 行政起诉得到及时受理 | 前：广东、海南、上海 | 前：内蒙古、上海、吉林 | / | / |
| | 后：湖北、吉林、四川 | 后：山西、湖北、贵州 | / | / |
| 行政审判符合公正要求 | 前：上海、海南、青海 | 前：上海、山东、山西 | 前：重庆、天津、河北 | 前：海南、山东、上海 |
| | 后：湖北、四川、吉林 | 后：宁夏、安徽、贵州 | 后：贵州、陕西、青海 | 后：西藏、新疆、湖北 |
| 行政诉讼裁判得到有效执行 | 前：广东、上海、北京 | 前：上海、浙江、福建 | 前：福建、宁夏、海南 | 前：海南、青海、浙江 |
| | 后：吉林、青海、四川 | 后：重庆、北京、湖北 | 后：黑龙江、河南、陕西 | 后：湖南、重庆、广西 |

## 指标 6　证据制度

对不同省/自治区/直辖市的一级指标“证据制度”的年度得分进行比较，结果显示，上海 2014 年、2017 年在“证据制度”上的得分均排名首位，湖北 2014 年、2015 年、2017 年在该指标上的得分均位列后三名，且 2017 年得分垫底，青海连续两年（2015 年、2016 年）的指标得分排名后三位。

表 6-22　“证据制度”排名前三与后三省/自治区/直辖市

| 年　份 | “证据制度”排名前后三省/自治区/直辖市 | |
| --- | --- | --- |
| 2014 年 | 前：上海、青海、四川 | 后：湖北、吉林、福建 |

续表

| 年 份 | “证据制度”排名前后三省/自治区/直辖市 | |
|---|---|---|
| 2015年 | 前：北京、吉林、云南 | 后：青海、湖北、贵州 |
| 2016年 | 前：宁夏、云南、北京 | 后：河南、青海、陕西 |
| 2017年 | 前：上海、海南、山东 | 后：北京、湖南、湖北 |

表6-23 “证据制度”得分比较

| 省 份 | 2014年 | 2015年 | 2016年 | 2017年 |
|---|---|---|---|---|
| 海 南 | 69.2 | 68.0 | 69.1 | 74.2 |
| 云 南 | / | 71.7 | 73.3 | 71.7 |
| 宁 夏 | / | 71.3 | 73.4 | 72.2 |
| 浙 江 | / | 70.6 | 68.0 | 72.1 |
| 吉 林 | 67.1 | 72.0 | 68.9 | 73.0 |
| 江 苏 | / | 70.7 | 71.3 | 69.9 |
| 安 徽 | / | 69.9 | 68.8 | 69.5 |
| 青 海 | 70.6 | 67.4 | 66.3 | 67.9 |
| 山 东 | / | 71.6 | 70.2 | 73.9 |
| 河 北 | / | / | 71.2 | 71.6 |
| 甘 肃 | / | / | 67.8 | 71.1 |
| 内蒙古 | / | 70.0 | 68.6 | 69.5 |
| 上 海 | 74.2 | 70.5 | 71.1 | 74.5 |
| 陕 西 | / | / | 64.7 | 69.8 |
| 辽 宁 | / | / | 67.9 | 68.6 |
| 福 建 | 66.1 | 69.0 | 71.1 | 70.5 |
| 新 疆 | / | / | 70.9 | 68.7 |
| 山 西 | / | 70.7 | 70.0 | 70.1 |
| 河 南 | / | / | 66.6 | 70.5 |
| 天 津 | / | / | 71.1 | 68.8 |
| 黑龙江 | / | 70.4 | 68.5 | 68.5 |
| 广 东 | 69.3 | 68.3 | 71.3 | 69.9 |
| 贵 州 | / | 66.8 | 69.3 | 69.6 |
| 四 川 | 70.6 | 68.2 | 71.3 | 68.6 |
| 江 西 | / | / | 69.3 | 70.9 |
| 重 庆 | / | 69.7 | 71.1 | 71.0 |
| 西 藏 | / | / | 68.5 | 70.8 |
| 北 京 | 70.1 | 72.6 | 71.4 | 67.5 |
| 广 西 | / | / | 69.0 | 68.9 |
| 湖 北 | 67.6 | 67.2 | 69.6 | 66.8 |

续表

| 省　份 | 2014 年 | 2015 年 | 2016 年 | 2017 年 |
|---|---|---|---|---|
| 湖　南 | / | / | 68.9 | 66.8 |

2014—2017 年证据制度的二级指标有部分调整，每年的二级指标情况如下表：

**表 6-24　“证据制度”的二级指标变化情况**

<table>
<tr><th>年　份</th><th>二级指标</th></tr>
<tr><td>2014 年</td><td>（1）当事人的证据权利获得有效保障<br>（2）公安司法人员具有证据意识<br>（3）证据依法得到采纳与排除<br>（4）证明过程得到合理规范</td></tr>
<tr><td>2015 年</td><td rowspan="3">（1）证据裁判原则得到贯彻<br>（2）证据依法得到采纳与排除<br>（3）证明过程得到合理规范</td></tr>
<tr><td>2016 年</td></tr>
<tr><td>2017 年</td></tr>
</table>

2014—2017 年证据制度下共同涉及的二级指标有：①证据依法得到采纳与排除；②证明过程得到合理规范。

2015—2017 年共同涉及的指标有：①证据裁判原则得到贯彻；②证据依法得到采纳与排除；③证明过程得到合理规范。

从单个二级指标看，统计数据显示：

（1）“证据裁判原则得到贯彻”在 2015—2017 年呈现逐年下降趋势，且 2017 年相对于 2016 年的下降幅度大于 2016 年相对于 2015 年的下降幅度，2015 年该指标得分最高（70.1）。

（2）“证据依法得到采纳与排除”在 2014—2016 年呈现逐年下降趋势，2017 年相对于 2016 年得分有大幅上升，上升幅度在 5 分以上，2014 年该指标得分最高（76.1）。

（3）“证明过程得到合理规范”在 2014—2017 年呈现“先升后降”的趋势，2016 年得分最高（75.4）。

从 3 个二级指标相比较看，统计数据显示：

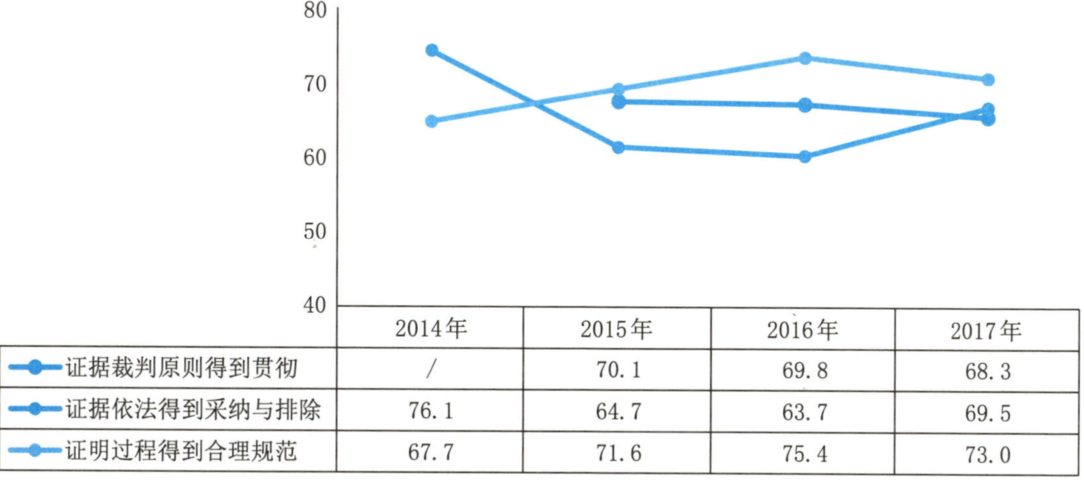


|  | 2014年 | 2015年 | 2016年 | 2017年 |
|---|---|---|---|---|
| 证据裁判原则得到贯彻 | / | 70.1 | 69.8 | 68.3 |
| 证据依法得到采纳与排除 | 76.1 | 64.7 | 63.7 | 69.5 |
| 证明过程得到合理规范 | 67.7 | 71.6 | 75.4 | 73.0 |

**图 6-7　“证据制度”的二级指标得分年度变化情况**

（1）2014 年“证据依法得到采纳与排除”得分（76.1）高于“证明过程得到合理规范”（67.7）。

（2）2015—2017 年“证明过程得到合理规范”均为得分最高的指标（71.6、75.4、73.0）。

（3）2015 年、2016 年“证据依法得到采纳与排除”得分最低（64.7、63.7）。

（4）2017 年“证据裁判原则得到贯彻”得分最低（68.3），“证明过程得到合理规范”得分最高（73.0）。

对上述 3 个二级指标得分排名前三及后三的省/自治区/直辖市进行统计，结果显示：

（1）云南在“证据裁判原则得到贯彻”上的得分连续两年（2015 年、2016 年）位列前三名。

（2）上海 2014 年、2015 年、2017 年在“证据依法得到采纳与排除”上的得分均排在前三名，尤其是 2017 年位列第一名，湖北 2014 年、2015 年、2017 年在“证据依法得到采纳与排除”上的得分均排在后三名，尤其是 2014 年、2015 年得分垫底。

（3）宁夏连续两年（2016 年、2017 年）在“证明过程得到合理规范”上的得分排名第一，上海 2014 年、2017 年在该指标上的得分也位列前三名，湖北 2014 年、2015 年、2017 年得分均排在后三名，海南在 2014 年该指标得分排名第二，而 2017 年该指标得分垫底。

表 6-25　“证据制度”的二级指标排名前三与后三省/自治区/直辖市

| 二级指标 | 2014 年 | 2015 年 | 2016 年 | 2017 年 |
|---|---|---|---|---|
| 证据裁判原则得到贯彻 | / | 前：北京、吉林、云南 | 前：云南、广东、新疆 | 前：海南、山东、上海 |
| | / | 后：湖北、青海、贵州 | 后：西藏、河南、陕西 | 后：新疆、天津、黑龙江 |
| 证据依法得到采纳与排除 | 前：北京、上海、四川 | 前：北京、上海、山东 | 前：江苏、云南、宁夏 | 前：上海、山东、吉林 |
| | 后：青海、海南、湖北 | 后：宁夏、贵州、湖北 | 后：甘肃、辽宁、河南 | 后：四川、湖北、湖南 |
| 证明过程得到合理规范 | 前：上海、海南、四川 | 前：云南、山西、吉林 | 前：宁夏、河北、天津 | 前：宁夏、上海、甘肃 |
| | 后：湖北、福建、吉林 | 后：贵州、湖北、四川 | 后：浙江、陕西、青海 | 后：北京、湖北、海南 |

## 指标 7　司法腐败遏制

对不同省/自治区/直辖市的一级指标“司法腐败遏制”的年度得分进行比较，结果显示，上海连续两年（2014 年、2015 年）在“司法腐败遏制”上的得分排名前三位，北京连续两年（2014 年、2015 年）在该指标上的得分排名后三位。海南 2015 年在该指标上的得分位于后三位，2014 年、2017 年则位列首位。

表 6-26　“司法腐败遏制”排名前三与后三省/自治区/直辖市

| 年　份 | “司法腐败遏制”排名前后三省/自治区/直辖市 | |
|---|---|---|
| 2014 年 | 前：海南、上海、青海 | 后：北京、湖北、福建 |
| 2015 年 | 前：上海、云南、四川 | 后：海南、北京、黑龙江 |
| 2016 年 | 前：新疆、青海、西藏 | 后：广西、黑龙江、陕西 |
| 2017 年 | 前：海南、浙江、云南 | 后：湖南、广西、江西 |

表 6-27　“司法腐败遏制”得分比较

| 省　份 | 2014 年 | 2015 年 | 2016 年 | 2017 年 |
|---|---|---|---|---|
| 海　南 | 68.8 | 56.7 | 65.5 | 87.2 |
| 云　南 | / | 60.2 | 68.6 | 69.9 |
| 宁　夏 | / | 59.5 | 65.2 | 67.2 |

续表

| 省　份 | 2014 年 | 2015 年 | 2016 年 | 2017 年 |
|---|---|---|---|---|
| 浙　江 | / | 59. 0 | 63. 0 | 70. 0 |
| 吉　林 | 66. 6 | 57. 2 | 67. 1 | 66. 0 |
| 江　苏 | / | 57. 8 | 65. 5 | 68. 4 |
| 安　徽 | / | 57. 5 | 64. 7 | 69. 1 |
| 青　海 | 68. 2 | 56. 9 | 69. 7 | 66. 7 |
| 山　东 | / | 57. 9 | 63. 6 | 66. 1 |
| 河　北 | / | / | 65. 4 | 65. 3 |
| 甘　肃 | / | / | 62. 9 | 68. 4 |
| 内蒙古 | / | 58. 7 | 64. 8 | 66. 1 |
| 上　海 | 68. 6 | 60. 6 | 68. 4 | 66. 8 |
| 陕　西 | / | / | 57. 7 | 66. 4 |
| 辽　宁 | / | / | 66. 3 | 63. 7 |
| 福　建 | 64. 7 | 57. 8 | 63. 9 | 67. 2 |
| 新　疆 | / | / | 70. 8 | 68. 0 |
| 山　西 | / | 59. 0 | 63. 1 | 66. 2 |
| 河　南 | / | / | 61. 0 | 63. 9 |
| 天　津 | / | / | 65. 5 | 64. 0 |
| 黑龙江 | / | 53. 0 | 57. 9 | 63. 5 |
| 广　东 | 65. 9 | 57. 7 | 64. 3 | 64. 4 |
| 贵　州 | / | 56. 8 | 66. 4 | 65. 3 |
| 四　川 | 67. 7 | 59. 7 | 65. 1 | 65. 9 |
| 江　西 | / | / | 62. 2 | 61. 7 |
| 重　庆 | / | 56. 8 | 64. 6 | 66. 7 |
| 西　藏 | / | / | 69. 3 | 67. 9 |
| 北　京 | 65. 8 | 54. 7 | 68. 2 | 64. 4 |
| 广　西 | / | / | 59. 9 | 61. 9 |
| 湖　北 | 65. 5 | 58. 4 | 65. 1 | 64. 9 |
| 湖　南 | / | / | 60. 4 | 62. 1 |

2014—2017 年司法腐败遏制的二级指标有部分调整，每年的二级指标情况如下表：

表 6-28　“司法腐败遏制”的二级指标变化情况

| 年份 | 二级指标 |
|---|---|
| 2014 年 | （1）律师遵守职业伦理规范<br>（2）警察遵守职业伦理规范与远离腐败<br>（3）检察官遵守职业伦理规范与远离腐败<br>（4）法官遵守职业伦理规范与远离腐败 |

续表

| 年份 | 二级指标 |
|---|---|
| 2015 年 | (1) 警察远离腐败<br>(2) 检察官远离腐败<br>(3) 法官远离腐败 |
| 2016 年 | |
| 2017 年 | |

2014—2017 年司法腐败遏制下共同涉及的二级指标有：①警察远离腐败；②检察官远离腐败；③法官远离腐败。

从单个二级指标看，统计数据显示：

司法腐败遏制的 3 个二级指标都呈现 2015 年相对于 2014 年下降之后又逐年上升的趋势，每个二级指标的得分最低值都在 2015 年（56.8、59.5、57.4）。

从 3 个二级指标相比较看，统计数据显示：

“检察官远离腐败”在 2014—2017 年均是得分最高的指标（76.6、59.5、67.0、68.4），2014 年“法官远离腐败”得分最低（64.0），2015—2017 年“警察远离腐败”得分最低（56.8、62.7、65.0）。

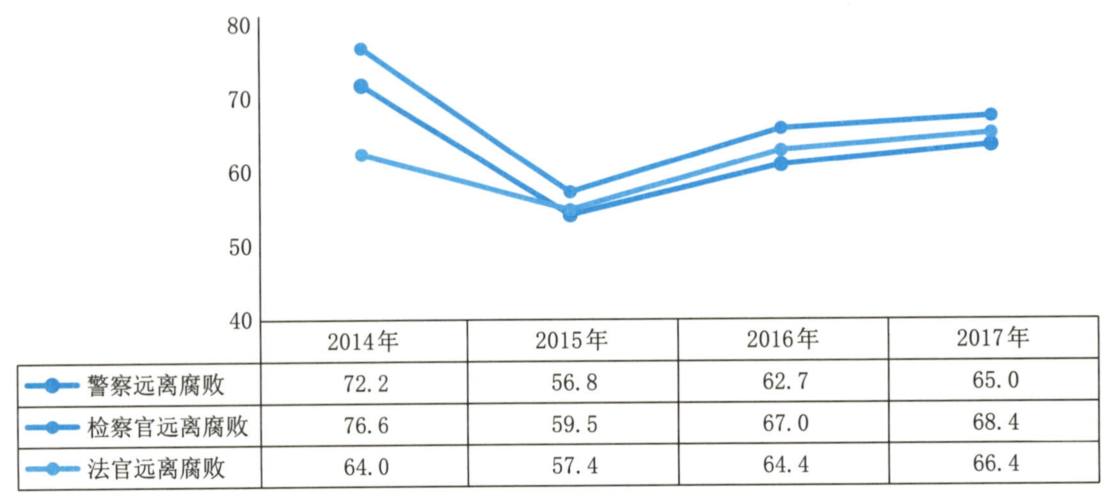


| | 2014年 | 2015年 | 2016年 | 2017年 |
|---|---|---|---|---|
| 警察远离腐败 | 72.2 | 56.8 | 62.7 | 65.0 |
| 检察官远离腐败 | 76.6 | 59.5 | 67.0 | 68.4 |
| 法官远离腐败 | 64.0 | 57.4 | 64.4 | 66.4 |

图 6-8 “司法腐败遏制”的二级指标得分年度变化情况

对上述 3 个二级指标得分排名前三及后三的省/自治区/直辖市进行统计，结果显示：

(1) 云南在“警察远离腐败”上的得分连续三年（2015—2017 年）均位列前三名，青海于 2014 年、2015 年排名后三位，但 2016 年青海在该指标上的得分排名第二，广西连续两年（2016 年、2017 年）排名后三位。

(2) 上海连续两年（2014 年、2015 年）在“检察官远离腐败”上的得分排在前三名，尤其是 2014 年上海得分排名第一，广西连续两年（2016 年、2017 年）得分排名后三位。

(3) 上海连续两年（2014 年、2015 年）在“法官远离腐败”上的得分排名前三位，黑龙江连续三年（2015—2017 年）得分排名后三位。

表 6-29 “司法腐败遏制”的二级指标排名前三与后三省/自治区/直辖市

| 二级指标 | 2014 年 | 2015 年 | 2016 年 | 2017 年 |
|---|---|---|---|---|
| 警察远离腐败 | 前：海南、四川、上海 | 前：云南、上海、浙江 | 前：新疆、青海、云南 | 前：海南、浙江、云南 |
| | 后：吉林、福建、青海 | 后：青海、北京、黑龙江 | 后：广西、陕西、黑龙江 | 后：湖南、广西、江西 |

续表

| 二级指标 | 2014 年 | 2015 年 | 2016 年 | 2017 年 |
| --- | --- | --- | --- | --- |
| 检察官远离腐败 | 前：上海、海南、吉林 | 前：四川、宁夏、上海 | 前：新疆、青海、西藏 | 前：海南、云南、安徽 |
| | 后：四川、北京、广东 | 后：重庆、北京、黑龙江 | 后：黑龙江、广西、陕西 | 后：广西、江西、湖南 |
| 法官远离腐败 | 前：青海、四川、上海 | 前：上海、四川、浙江 | 前：新疆、青海、西藏 | 前：海南、云南、浙江 |
| | 后：吉林、湖北、北京、福建[1] | 后：青海、北京、黑龙江 | 后：广西、黑龙江、陕西 | 后：黑龙江、江西、广西 |

### 指标 8　法律职业化

对不同省/自治区/直辖市的一级指标“法律职业化”的年度得分进行比较，结果显示，辽宁连续两年（2016 年、2017 年）在“法律职业化”上的得分排在第三名，北京 2015 年在该指标上的得分排名垫底，但 2017 年在该指标上的得分排名第二。

**表 6-30　“法律职业化”排名前三与后三省/自治区/直辖市**

| 年　份 | “法律职业化”排名前后三省/自治区/直辖市 | |
| --- | --- | --- |
| 2014 年 | 前：上海、海南、广东 | 后：吉林、青海、湖北 |
| 2015 年 | 前：内蒙古、山西、宁夏 | 后：黑龙江、重庆、北京 |
| 2016 年 | 前：河北、青海、辽宁 | 后：广西、江西、陕西 |
| 2017 年 | 前：青海、北京、辽宁 | 后：湖南、山西、甘肃 |

**表 6-31　“法律职业化”得分比较**

| 省　份 | 2014 年 | 2015 年 | 2016 年 | 2017 年 |
| --- | --- | --- | --- | --- |
| 海　南 | 68. 0 | 58. 3 | 67. 3 | 67. 1 |
| 云　南 | / | 57. 9 | 66. 7 | 65. 3 |
| 宁　夏 | / | 59. 4 | 67. 6 | 64. 6 |
| 浙　江 | / | 58. 9 | 67. 1 | 65. 6 |
| 吉　林 | 63. 3 | 57. 5 | 67. 0 | 66. 1 |
| 江　苏 | / | 56. 4 | 68. 3 | 66. 8 |
| 安　徽 | / | 57. 9 | 64. 7 | 64. 4 |
| 青　海 | 63. 1 | 59. 2 | 69. 6 | 68. 5 |
| 山　东 | / | 56. 7 | 67. 7 | 64. 9 |
| 河　北 | / | / | 71. 2 | 65. 3 |
| 甘　肃 | / | / | 64. 2 | 61. 1 |
| 内蒙古 | / | 59. 9 | 65. 5 | 63. 6 |
| 上　海 | 70. 1 | 57. 7 | 68. 8 | 66. 3 |
| 陕　西 | / | / | 60. 6 | 63. 3 |
| 辽　宁 | / | / | 69. 6 | 67. 3 |

[1] 吉林与湖北在“法官远离腐败”上的得分相同，均为 63. 1 分，并列倒数第三。

续表

| 省 份 | 2014 年 | 2015 年 | 2016 年 | 2017 年 |
|---|---|---|---|---|
| 福 建 | 64.2 | 58.4 | 65.4 | 64.0 |
| 新 疆 | / | / | 68.0 | 64.6 |
| 山 西 | / | 59.7 | 64.4 | 61.5 |
| 河 南 | / | / | 63.5 | 65.0 |
| 天 津 | / | / | 68.2 | 63.3 |
| 黑龙江 | / | 56.0 | 65.0 | 63.3 |
| 广 东 | 66.3 | 56.5 | 68.6 | 65.8 |
| 贵 州 | / | 58.2 | 64.3 | 62.0 |
| 四 川 | 63.8 | 58.8 | 66.2 | 64.7 |
| 江 西 | / | / | 61.4 | 65.4 |
| 重 庆 | / | 54.6 | 65.5 | 63.6 |
| 西 藏 | / | / | 67.1 | 62.1 |
| 北 京 | 64.9 | 53.7 | 69.1 | 67.7 |
| 广 西 | / | / | 63.4 | 63.9 |
| 湖 北 | 62.9 | 58.4 | 66.0 | 62.0 |
| 湖 南 | / | / | 65.2 | 61.5 |

2014—2017 年法律职业化的二级指标有部分调整，每年的二级指标情况如下表：

表 6-32 “法律职业化”的二级指标变化情况

| 年 份 | 二级指标 |
|---|---|
| 2014 年 | （1）法律职业人员具有适格性<br>（2）法律职业人员获得职业培训<br>（3）法律职业人员享有职业保障 |
| 2015 年<br>2016 年<br>2017 年 | （1）法律职业人员获得职业培训<br>（2）法律职业人员遵守法律职业伦理规范<br>（3）法律职业人员享有职业保障 |

2014—2017 年法律职业化下共同涉及的二级指标有：①法律职业人员获得职业培训；②法律职业人员遵守职业伦理规范；③法律职业人员享有职业保障。

其中 2014 年指标“法律职业人员具有适格性”与 2014 年后的指标“法律职业人员遵守职业伦理规范”测量的内容存在差异。

从单个二级指标看，统计数据显示：

（1）2014—2017 年 3 个二级指标均呈现“下降—上升—下降”的趋势，其中 2015 年得分均处于最低值。

（2）“法律职业人员获得职业培训”的得分在 2015 年最低（51.3），没有达到及格线，在 2016 年达到最高（70.1）。

（3）“法律职业人员具有适格性”是 2014 年的指标，得分为 70.5；“法律职业人员遵守职业伦理规范”是2015年及其后的指标，在2015年的得分最低（57.5），没有达到及格线，2016年的得分最高（61.3）。

（4）“法律职业人员享有职业保障”的得分在2015年最低（61.7），在2016年达到最高（67.6）。

从3个二级指标相比较看，统计数据显示：

（1）2014年“法律职业人员具有适格性”的得分最高（70.5），“法律职业人员获得职业培训”的得分最低（60.8）。

（2）2015年“法律职业人员享有职业保障”的得分最高（61.7），“法律职业人员获得职业培训”的得分最低（51.3）。

（3）2016年、2017年“法律职业人员获得职业培训”的得分最高（70.1、69.6），“法律职业人员遵守职业伦理规范”的得分最低（61.3、58.8）。

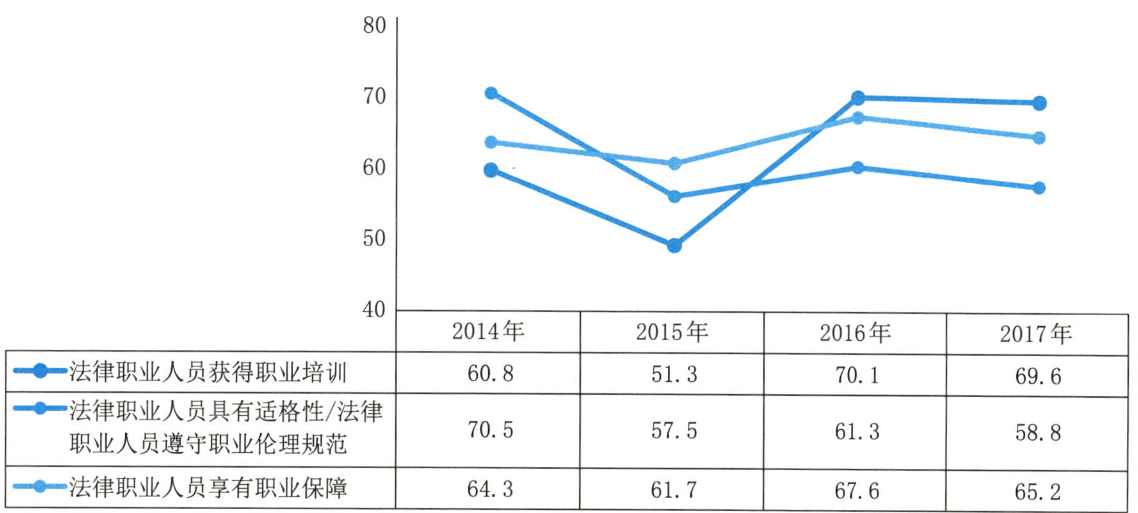


| | 2014年 | 2015年 | 2016年 | 2017年 |
|---|---|---|---|---|
| 法律职业人员获得职业培训 | 60.8 | 51.3 | 70.1 | 69.6 |
| 法律职业人员具有适格性/法律职业人员遵守职业伦理规范 | 70.5 | 57.5 | 61.3 | 58.8 |
| 法律职业人员享有职业保障 | 64.3 | 61.7 | 67.6 | 65.2 |

图6-9 “法律职业化”的二级指标得分年度变化情况

对上述3个二级指标得分排名前三及后三的省/自治区/直辖市进行统计，结果显示：

（1）北京2014年、2016年、2017年的“法律职业人员获得职业培训”得分均排名前三位，尤其是2017年排名第一，但2015年排名后三位。

（2）西藏连续两年（2016年、2017年）在“法律职业人员具有适格性/法律职业人员遵守职业伦理规范”上的得分排名前三位，吉林2014年在该指标上得分排名倒数第三，2016年排名前三位。

（3）海南2014年、2015年、2017年的“法律职业人员享有职业保障”得分均排名前三位，尤其是2014年及2017年均排名第一，四川连续两年（2014年、2015年）排在后三名，湖南也连续两年（2016年、2017年）排在后三名。

表6-33 “法律职业化”的二级指标排名前三与后三省/自治区/直辖市

| 二级指标 | 2014年 | 2015年 | 2016年 | 2017年 |
|---|---|---|---|---|
| 法律职业人员获得职业培训 | 前：上海、北京、广东 | 前：青海、四川、湖北 | 前：河北、北京、广东 | 前：北京、辽宁、上海 |
| | 后：湖北、四川、吉林 | 后：北京、广东、上海 | 后：甘肃、陕西、江西 | 后：海南、贵州、西藏 |
| 法律职业人员具有适格性/法律职业人员遵守职业伦理规范 | 前：上海、广东、北京 | 前：山西、内蒙古、宁夏 | 前：西藏、青海、吉林 | 前：海南、新疆、西藏 |
| | 后：吉林、湖北、青海 | 后：黑龙江、重庆、北京 | 后：陕西、江西、黑龙江 | 后：天津、湖南、广西 |

续表

| 二级指标 | 2014 年 | 2015 年 | 2016 年 | 2017 年 |
| --- | --- | --- | --- | --- |
| 法律职业人员享有职业保障 | 前：海南、上海、福建 | 前：山东、海南、上海 | 前：青海、辽宁、天津 | 前：海南、青海、河北 |
| | 后：广东、四川、北京 | 后：四川、内蒙古、北京 | 后：湖南、河南、陕西 | 后：甘肃、湖南、广西 |

## 指标 9　司法公开

对不同省/自治区/直辖市的一级指标“司法公开”的年度得分进行比较，结果显示，上海连续三年（2014—2016 年）在“司法公开”上的得分排名前三位，尤其是 2014、2015 年排名均位列第一，云南 2015 年在该指标上的得分排名倒数第三，2017 年在该指标上的得分排名第一。

表 6-34　“司法公开”排名前三与后三省/自治区/直辖市

| 年　份 | “司法公开”排名前后三省/自治区/直辖市 | |
| --- | --- | --- |
| 2014 年 | 前：上海、北京、福建 | 后：海南、吉林、湖北 |
| 2015 年 | 前：上海、浙江、福建 | 后：云南、山西、贵州 |
| 2016 年 | 前：宁夏、新疆、上海 | 后：黑龙江、河南、陕西 |
| 2017 年 | 前：云南、浙江、宁夏 | 后：天津、西藏、海南 |

表 6-35　“司法公开”得分比较

| 省　份 | 2014 年 | 2015 年 | 2016 年 | 2017 年 |
| --- | --- | --- | --- | --- |
| 海　南 | 69.4 | 68.4 | 71.8 | 63.4 |
| 云　南 | / | 67.8 | 72.8 | 81.3 |
| 宁　夏 | / | 71.2 | 76.3 | 79.2 |
| 浙　江 | / | 71.7 | 72.9 | 80.8 |
| 吉　林 | 68.3 | 69.5 | 72.7 | 77.3 |
| 江　苏 | / | 70.2 | 74.1 | 78.4 |
| 安　徽 | / | 69.1 | 72.0 | 76.6 |
| 青　海 | 70.6 | 68.4 | 71.0 | 77.8 |
| 山　东 | / | 71.2 | 74.5 | 77.6 |
| 河　北 | / | / | 73.3 | 76.0 |
| 甘　肃 | / | / | 70.8 | 75.0 |
| 内蒙古 | / | 71.0 | 73.6 | 76.9 |
| 上　海 | 72.6 | 72.2 | 75.0 | 77.9 |
| 陕　西 | / | / | 69.2 | 77.6 |
| 辽　宁 | / | / | 73.7 | 76.6 |
| 福　建 | 70.8 | 71.4 | 74.4 | 78.1 |
| 新　疆 | / | / | 75.8 | 74.9 |
| 山　西 | / | 67.1 | 72.4 | 75.9 |
| 河　南 | / | / | 69.6 | 75.2 |

续表

| 省　份 | 2014 年 | 2015 年 | 2016 年 | 2017 年 |
|---|---|---|---|---|
| 天　津 | / | / | 74. 5 | 73. 0 |
| 黑龙江 | / | 68. 8 | 70. 0 | 76. 4 |
| 广　东 | 69. 6 | 69. 6 | 73. 6 | 76. 2 |
| 贵　州 | / | 66. 3 | 71. 9 | 73. 3 |
| 四　川 | 69. 9 | 68. 9 | 72. 7 | 74. 5 |
| 江　西 | / | / | 72. 2 | 76. 0 |
| 重　庆 | / | 68. 7 | 71. 9 | 75. 1 |
| 西　藏 | / | / | 73. 8 | 72. 8 |
| 北　京 | 71. 1 | 69. 7 | 74. 0 | 74. 3 |
| 广　西 | / | / | 70. 5 | 75. 5 |
| 湖　北 | 66. 9 | 68. 1 | 72. 5 | 73. 4 |
| 湖　南 | / | / | 71. 8 | 75. 4 |

2014—2017 年司法公开的二级指标有部分调整，每年的二级指标情况如下表（其中 2017 年将“司法权力主体受到信任与认同”与“司法裁判受到信任与认同”指标修订至一级指标“司法权力”下，在该指标下已进行年份得分的讨论）：

表 6-36　“司法公开”的二级指标变化情况

<table>
<tr><th>年　份</th><th>二级指标</th></tr>
<tr><td>2014 年</td><td rowspan="2">（1）司法权力主体受到信任与认同<br>（2）司法活动的过程依法公开<br>（3）司法活动的过程受到信任与认同<br>（4）司法活动的结果依法公开<br>（5）司法活动的结果受到信任与认同</td></tr>
<tr><td>2015 年</td></tr>
<tr><td>2016 年</td><td>（1）司法过程依法公开<br>（2）裁判结果依法公开<br>（3）司法权力主体受到信任与认同<br>（4）司法裁判受到信任与认同</td></tr>
<tr><td>2017 年</td><td>（1）司法过程依法公开<br>（2）裁判结果依法公开</td></tr>
</table>

2014—2017 年司法公开下共同涉及的二级指标有：①司法过程依法公开；②裁判结果依法公开。

从单个二级指标看，统计数据显示：

（1）“司法过程依法公开”2015 年相对于 2014 年呈现下降趋势，且下降幅度在 5 分以上，2015—2017 年该指标得分逐年增高，该指标得分在 2014 年最高（77. 6）。

（2）“裁判结果依法公开”在 2014—2017 年呈现“上升—下降—上升”的趋势，2015 年得分最高（77. 6）。

从 2 个二级指标相比较看，统计数据显示：

2014 年及 2016 年“司法过程依法公开”得分更高（77. 6、73. 6）；2015 年及 2017 年“裁判结果依法公开”得分更高（77.6、76.3）。

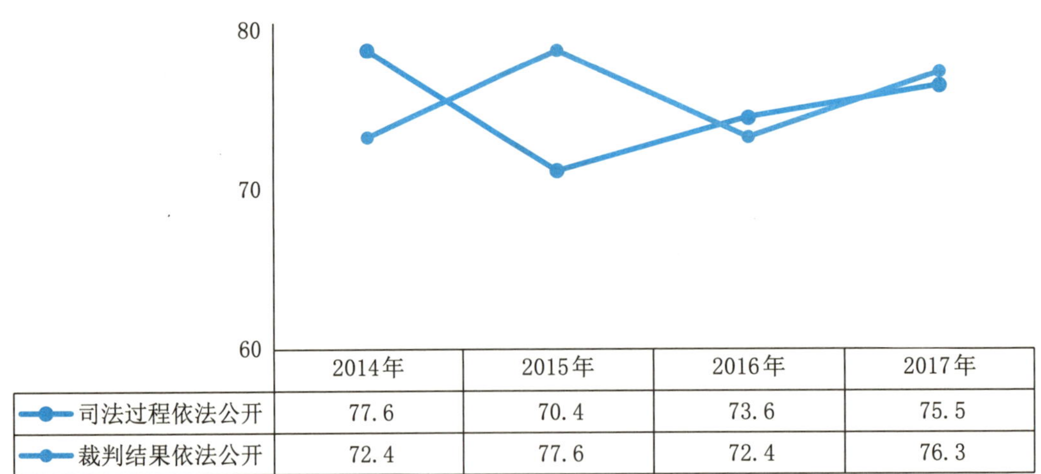


|  | 2014年 | 2015年 | 2016年 | 2017年 |
|---|---|---|---|---|
| 司法过程依法公开 | 77.6 | 70.4 | 73.6 | 75.5 |
| 裁判结果依法公开 | 72.4 | 77.6 | 72.4 | 76.3 |

图 6-10　“司法公开”的二级指标得分年度变化情况

对上述 2 个二级指标得分排名前三及后三的省/自治区/直辖市进行统计，结果显示：

（1）上海连续两年（2015 年、2016 年）在“司法过程依法公开”上的得分位列前三名，湖北连续两年（2014 年、2015 年）在该指标上的得分位列后三名。

（2）上海连续三年（2014—2016 年）在“裁判结果依法公开”上的得分位列前三名，尤其是 2014 年排名第一，贵州 2015 年及 2017 年在该指标上的得分位列后三名。

表 6-37　“司法公开”的二级指标排名前三与后三省/自治区/直辖市

| 二级指标 | 2014 年 | 2015 年 | 2016 年 | 2017 年 |
|---|---|---|---|---|
| 司法过程依法公开 | 前：海南、福建、四川 | 前：浙江、上海、宁夏 | 前：宁夏、新疆、上海 | 前：浙江、云南、宁夏 |
|  | 后：广东、吉林、湖北 | 后：湖北、山西、贵州 | 后：黑龙江、河南、陕西 | 后：天津、西藏、海南 |
| 裁判结果依法公开 | 前：上海、北京、海南 | 前：江苏、吉林、上海 | 前：宁夏、上海、山东 | 前：云南、浙江、宁夏 |
|  | 后：湖北、吉林、四川 | 后：云南、青海、贵州 | 后：黑龙江、河南、陕西 | 后：贵州、湖北、海南 |

## 指标 10　司法文化

对不同省/自治区/直辖市的一级指标“司法文化”的年度得分进行比较，结果显示，浙江连续两年（2016 年、2017 年）在“司法文化”上的得分排名第一，上海连续两年（2014 年、2015 年）在该指标上的得分排在前三位，西藏、黑龙江连续两年（2016 年、2017 年）排在后三位，尤其西藏两年得分均在最后一名。

表 6-38　“司法文化”排名前三与后三省/自治区/直辖市

| 年　份 | “司法文化”排名前后三省/自治区/直辖市 |  |
|---|---|---|
| 2014 年 | 前：北京、上海、福建 | 后：吉林、海南、广东 |
| 2015 年 | 前：上海、宁夏、山东 | 后：山西、广东、贵州 |
| 2016 年 | 前：浙江、安徽、吉林 | 后：黑龙江、湖北、西藏 |
| 2017 年 | 前：浙江、青海、山东 | 后：黑龙江、海南、西藏 |

表 6-39　“司法文化”得分比较

| 省　份 | 2014 年 | 2015 年 | 2016 年 | 2017 年 |
|---|---|---|---|---|
| 海　南 | 55.7 | 67.6 | 65.7 | 62.9 |
| 云　南 | / | 69.2 | 66.9 | 67.2 |
| 宁　夏 | / | 70.2 | 68.5 | 68.3 |
| 浙　江 | / | 69.9 | 69.7 | 71.8 |
| 吉　林 | 55.8 | 69.4 | 69.2 | 68.1 |
| 江　苏 | / | 67.4 | 65.9 | 67.5 |
| 安　徽 | / | 69.4 | 69.5 | 68.3 |
| 青　海 | 56.4 | 67.7 | 66.3 | 70.2 |
| 山　东 | / | 70.1 | 67.7 | 69.4 |
| 河　北 | / | / | 68.3 | 66.2 |
| 甘　肃 | / | / | 67.3 | 66.7 |
| 内蒙古 | / | 68.3 | 67.7 | 67.0 |
| 上　海 | 58.7 | 70.8 | 68.2 | 65.0 |
| 陕　西 | / | / | 66.2 | 67.7 |
| 辽　宁 | / | / | 67.7 | 67.4 |
| 福　建 | 57.3 | 69.2 | 68.8 | 68.0 |
| 新　疆 | / | / | 66.9 | 66.7 |
| 山　西 | / | 66.7 | 67.4 | 65.9 |
| 河　南 | / | / | 67.7 | 66.2 |
| 天　津 | / | / | 67.5 | 67.7 |
| 黑龙江 | / | 68.2 | 65.2 | 64.7 |
| 广　东 | 54.1 | 66.6 | 66.6 | 65.7 |
| 贵　州 | / | 66.0 | 66.0 | 67.4 |
| 四　川 | 56.1 | 67.8 | 66.9 | 66.0 |
| 江　西 | / | / | 65.9 | 67.6 |
| 重　庆 | / | 67.6 | 65.3 | 67.0 |
| 西　藏 | / | / | 64.4 | 60.0 |
| 北　京 | 59.0 | 69.4 | 67.4 | 67.6 |
| 广　西 | / | / | 66.2 | 65.6 |
| 湖　北 | 56.4 | 68.3 | 65.0 | 65.2 |
| 湖　南 | / | / | 67.1 | 66.6 |

2014—2017 年司法文化的二级指标有部分调整，每年的二级指标情况如下表：

表 6-40 “司法文化”的二级指标变化情况

| 年 份 | 二级指标 |
|---|---|
| 2014 年 | (1) 公众参与司法的意识及程度<br>(2) 公众诉诸司法的意识及程度<br>(3) 公众接受司法裁判的意识及程度<br>(4) 公众接受现代刑罚理念的意识及程度<br>(5) 公众接受普法教育<br>(6) 媒体对司法的监督与干预 |
| 2015 年<br>2016 年<br>2017 年 | (1) 公众参与司法的意识及程度<br>(2) 公众诉诸司法的意识及程度<br>(3) 公众接受司法裁判的意识及程度<br>(4) 公众接受现代刑罚理念的意识及程度 |

2014—2017 年司法文化下共同涉及的二级指标有：①公众参与司法的意识及程度；②公众诉诸司法的意识及程度；③公众接受司法裁判的意识及程度；④公众接受现代刑罚理念的意识及程度。

从单个二级指标看，统计数据显示：

(1) “公众参与司法的意识及程度” 2015 年相对于 2014 年有大幅度的上升，上升幅度达 22.8 分，2015 年后呈现逐年下降的趋势，该指标得分在 2015 年达到最高 (76.3)。

(2) “公众诉诸司法的意识及程度” 2015 年相对于 2014 年略有上升，上升幅度为 0.6 分，2016 年与 2015 年得分持平，2016 年后下降 1.4 分，该指标得分在 2015 年及 2016 年达到最高 (68.6)。

(3) “公众接受司法裁判的意识及程度” 与 “公众接受现代刑罚理念的意识及程度” 均在 2014—2016 年呈现下降趋势，2017 年得分略有上升，上述 2 个指标均在 2014 年得分最高 (70.0、69.7)。

从 4 个二级指标相比较看，统计数据显示：

(1) 2014 年 “公众接受司法裁判的意识及程度” 得分最高 (70.0)，“公众参与司法的意识及程度” 得分最低 (53.5)，且与其他指标得分的差距较大。

(2) 2015—2017 年得分最高的指标均为 “公众参与司法的意识及程度” (76.3、72.3、71.1)，得分最低的指标均为 “公众接受现代刑罚理念的意识及程度” (63.6、62.9、63.2)。

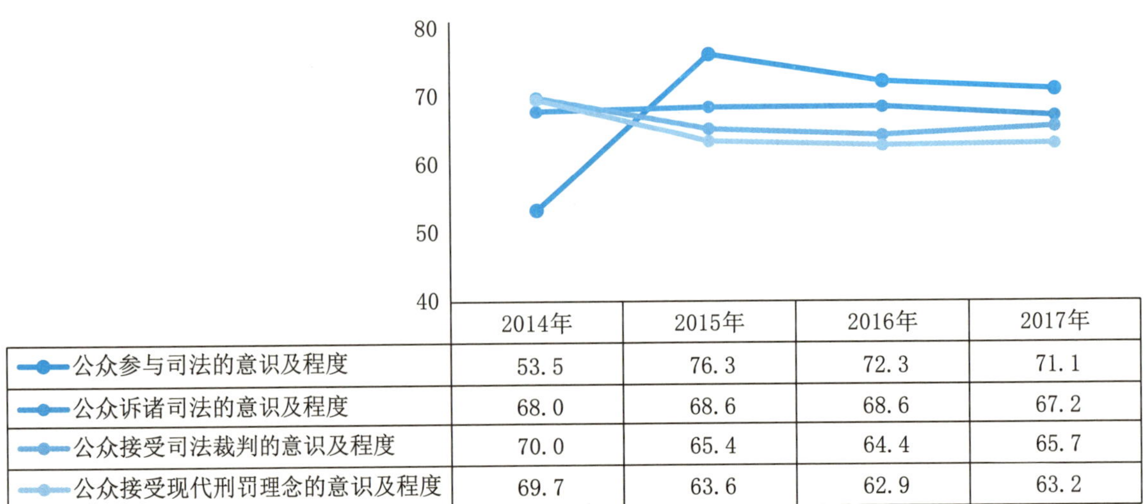


| | 2014年 | 2015年 | 2016年 | 2017年 |
|---|---|---|---|---|
| 公众参与司法的意识及程度 | 53.5 | 76.3 | 72.3 | 71.1 |
| 公众诉诸司法的意识及程度 | 68.0 | 68.6 | 68.6 | 67.2 |
| 公众接受司法裁判的意识及程度 | 70.0 | 65.4 | 64.4 | 65.7 |
| 公众接受现代刑罚理念的意识及程度 | 69.7 | 63.6 | 62.9 | 63.2 |

图 6-11 “司法文化”的二级指标得分年度变化情况

对上述 4 个二级指标得分排名前三及后三的省/自治区/直辖市进行统计，结果显示：

（1）浙江连续三年（2015—2017 年）在“公众参与司法的意识及程度”上的得分位列前三名，尤其在 2017 年排名第一，广东（2014 年、2015 年）、江苏（2015 年、2016 年）、重庆（2016 年、2017 年）连续两年在该指标上表现较差，排在后三名。

（2）宁夏连续两年（2015 年、2016 年）在“公众诉诸司法的意识及程度”上的得分位列前三名，山东在 2015 年及 2017 年的指标得分也排名前三位。四川连续三年（2014—2016 年）在该指标上得分排名后三位。

（3）浙江（2016 年、2017 年）和青海（2014 年、2017 年）在“公众接受司法裁判的意识及程度”上的得分均排名前三位，广东（2014 年、2015 年）、广西（2016 年、2017 年）和湖北（2014 年、2016 年）在该指标上得分排名后三位。

（4）北京连续四年（2014—2017 年）在“公众接受现代刑罚理念的意识及程度”上的得分排名前三位，且 2015 年及 2017 年排名第一，青海（2014 年、2015 年）、海南（2015 年、2017 年）、新疆（2016 年、2017 年）和西藏（2016 年、2017 年）均有两年在该指标上的得分排在后三名。

表 6-41　“司法文化”的二级指标排名前三与后三省/自治区/直辖市

| 二级指标 | 2014 年 | 2015 年 | 2016 年 | 2017 年 |
|---|---|---|---|---|
| 公众参与司法的意识及程度 | 前：福建、上海、北京 | 前：山东、浙江、云南 | 前：安徽、湖南、浙江 | 前：浙江、青海、宁夏 |
| | 后：吉林、广东、青海 | 后：贵州、江苏、广东 | 后：陕西、江苏、重庆 | 后：重庆、海南、西藏 |
| 公众诉诸司法的意识及程度 | 前：吉林、青海、福建 | 前：山东、北京、宁夏 | 前：吉林、宁夏、福建 | 前：浙江、山东、青海 |
| | 后：四川、湖北、北京 | 后：贵州、四川、湖北 | 后：四川、贵州、西藏 | 后：上海、海南、西藏 |
| 公众接受司法裁判的意识及程度 | 前：四川、北京、青海 | 前：宁夏、上海、福建 | 前：浙江、河南、陕西 | 前：青海、浙江、贵州 |
| | 后：广东、湖北、海南 | 后：贵州、北京、广东 | 后：广西、海南、湖北 | 后：西藏、广西、黑龙江 |
| 公众接受现代刑罚理念的意识及程度 | 前：上海、北京、湖北 | 前：北京、吉林、上海 | 前：吉林、北京、浙江 | 前：北京、重庆、浙江 |
| | 后：福建、四川、青海 | 后：海南、贵州、青海 | 后：陕西、新疆、西藏 | 后：海南、新疆、西藏 |

# 附录1 司法文明指数调查问卷（专业卷）

您好：

“司法文明指数”是教育部、财政部“2011 计划”司法文明协同创新中心承担的一个重大研究项目。为了对我国各省、自治区、直辖市的司法文明程度进行评估，我们设计了这份问卷。请根据您所在地区的实际情况，回答每一个问题。问卷采取匿名方式，对于问卷答题结果和您的个人信息，根据《中华人民共和国统计法》第九条的规定，我们将为您严格保密。您的每一个回答都将对司法文明建设贡献一份力量。

衷心感谢您对我们工作的支持！

《司法文明指数研究》课题组

请在选择项对应的数字代号上画○。

## 个人基本情况

Z1. 您的性别：【单选】

男……………………………………………… 1　　女……………………………………………… 2

Z2. 出生年月：________年________月

Z3. 民族：________族

Z4. 您目前工作的地方：________省（自治区/直辖市）________地级市（州、区）____________区（县）

Z5. 1 您的职业是：【单选】

| | | |
|---|---|---|
| 法官…………………………………………………………… | 1 | ✍【继续回答 Z5. 2 题】 |
| 检察官………………………………………………………… | 2 | |
| 警察…………………………………………………………… | 3 | ✍【跳答到 Z6 题】 |
| 律师…………………………………………………………… | 4 | |

Z5. 2【请法官和检察官填答此题】您是法官或检察官，您是否已经进入员额？

是……………………………………………… 1　　否……………………………………………… 2

Z6. 您从________年________月开始从事法律职业

Z7. 您的教育背景（学历/学位）：【单选】

| | | |
|---|---|---|
| 高中及以下………………………………………………… | 1 | ✍【跳答到 Z9 题】 |
| 专科…………………………………………………………… | 2 | ✍【继续回答下一题】 |
| 本科…………………………………………………………… | 3 | |
| 研究生/硕士………………………………………………… | 4 | |
| 研究生/博士………………………………………………… | 5 | |

Z8.【如 Z7 选择了 2~5 中的任一个，则回答此题】您的专业（含全日制、函授、自考教育）：【单选】
法学专业（包括专科、本科、研究生）………… 1　　其他专业……………………………… 2

Z9. 您的政治面貌：【单选】
中共党员……………………………………………… 1
民主党派……………………………………………… 2　　共青团员……………………………… 4
无党派（经有关部门认定）………………………… 3　　群众…………………………………… 5

## 主体问题

Q1. 在过去三年，您获得业务培训的总时长是？【单选】
没有…………………………………………………… 1
1 周以内……………………………………………… 2　　2-4 周………………………………… 4
1-2 周………………………………………………… 3　　4 周以上……………………………… 5

Q2. 您对自己所获得的法律职业保障，满意程度如何？【逐行单选】

| | 非常满意 | 比较满意 | 一　般 | 不太满意 | 非常不满意 |
|---|---|---|---|---|---|
| 2.1 职务晋升前景 | 5 | 4 | 3 | 2 | 1 |
| 2.2 职业待遇（工资、奖金、福利等） | 5 | 4 | 3 | 2 | 1 |
| 2.3 履行法定职责保护机制 | 5 | 4 | 3 | 2 | 1 |

Q3. 在您所在单位，您感受到来自以下方面的工作压力如何？【逐行单选】

| | 很　大 | 大 | 中 | 小 | 无 |
|---|---|---|---|---|---|
| 3.1 绩效考核 | 5 | 4 | 3 | 2 | 1 |
| 3.2 错案责任追究 | 5 | 4 | 3 | 2 | 1 |
| 3.3 当事人及其家属 | 5 | 4 | 3 | 2 | 1 |
| 3.4 媒体舆论 | 5 | 4 | 3 | 2 | 1 |
| 3.5 其他【请注明】 | 5 | 4 | 3 | 2 | 1 |

Q4. 在您所在地区，律师执业时发生如下问题的可能性有多大？【逐行单选】

| | 非常可能 | 很可能 | 有可能 | 不太可能 | 非常不可能 |
|---|---|---|---|---|---|
| 4.1 调查取证权行使受到限制 | 5 | 4 | 3 | 2 | 1 |
| 4.2 庭审中的质证权行使受到限制 | 5 | 4 | 3 | 2 | 1 |
| 4.3 被追究“律师伪证罪” | 5 | 4 | 3 | 2 | 1 |
| 4.4 办案过程中被公检法人员羞辱 | 5 | 4 | 3 | 2 | 1 |

Q5. 在您所在地区，律师存在下列行为的可能性有多大？【逐行单选】

| | 非常可能 | 很可能 | 有可能 | 不太可能 | 非常不可能 |
|---|---|---|---|---|---|
| 5.1 虚假宣传 | 5 | 4 | 3 | 2 | 1 |
| 5.2 虚假承诺 | 5 | 4 | 3 | 2 | 1 |

续表

| | 非常可能 | 很可能 | 有可能 | 不太可能 | 非常不可能 |
|---|---|---|---|---|---|
| 5.3 与法官存在不正当利益往来 | 5 | 4 | 3 | 2 | 1 |
| 5.4 尽职尽责为委托人服务 | 5 | 4 | 3 | 2 | 1 |

Q6. 在您所在地区，下列人员办“关系案”的可能性有多大?【逐行单选】

| | 非常可能 | 很可能 | 有可能 | 不太可能 | 非常不可能 |
|---|---|---|---|---|---|
| 6.1 法官 | 5 | 4 | 3 | 2 | 1 |
| 6.2 检察官 | 5 | 4 | 3 | 2 | 1 |
| 6.3 警察 | 5 | 4 | 3 | 2 | 1 |

Q7. 在您所在地区，下列人员收受贿赂的可能性有多大?【逐行单选】

| | 非常可能 | 很可能 | 有可能 | 不太可能 | 非常不可能 |
|---|---|---|---|---|---|
| 7.1 法官 | 5 | 4 | 3 | 2 | 1 |
| 7.2 检察官 | 5 | 4 | 3 | 2 | 1 |
| 7.3 警察 | 5 | 4 | 3 | 2 | 1 |

Q8. 在您所在地区，法官办案受到本院领导行政干涉的可能性有多大?【单选】

| 非常可能 | 很可能 | 有可能 | 不太可能 | 非常不可能 |
|---|---|---|---|---|
| 5 | 4 | 3 | 2 | 1 |

Q9. 在您所在地区，下列司法机关办案受到党政机关干涉的可能性有多大?【逐行单选】

| | 非常可能 | 很可能 | 有可能 | 不太可能 | 非常不可能 |
|---|---|---|---|---|---|
| 9.1 法院 | 5 | 4 | 3 | 2 | 1 |
| 9.2 检察院 | 5 | 4 | 3 | 2 | 1 |

Q10. 在您所在地区，下列机关公正办案的可能性有多大?【逐行单选】

| | 非常可能 | 很可能 | 有可能 | 不太可能 | 非常不可能 |
|---|---|---|---|---|---|
| 10.1 法院 | 5 | 4 | 3 | 2 | 1 |
| 10.2 检察院 | 5 | 4 | 3 | 2 | 1 |
| 10.3 公安机关 | 5 | 4 | 3 | 2 | 1 |

Q11. 在您所在地区，法院对以下案件当事人“不偏不倚”的可能性有多大?【逐行单选】

| | 非常可能 | 很可能 | 有可能 | 不太可能 | 非常不可能 |
|---|---|---|---|---|---|
| 11.1 民事诉讼中贫富不同的当事人 | 5 | 4 | 3 | 2 | 1 |
| 11.2 刑事诉讼中控辩双方 | 5 | 4 | 3 | 2 | 1 |
| 11.3 行政诉讼中原告与被告 | 5 | 4 | 3 | 2 | 1 |

Q12. 在您所在地区，法院参与当地拆迁的可能性有多大？【单选】

| 非常可能 | 很可能 | 有可能 | 不太可能 | 非常不可能 |
|---|---|---|---|---|
| 5 | 4 | 3 | 2 | 1 |

Q13. 在您所在地区，在审查起诉时如果发现有利于犯罪嫌疑人的证据，检察院及时调取该证据的可能性有多大？【单选】

| 非常可能 | 很可能 | 有可能 | 不太可能 | 非常不可能 |
|---|---|---|---|---|
| 5 | 4 | 3 | 2 | 1 |

Q14. 在您所在地区，对于公安机关移送审查起诉的案件，检察院经过审查后认为犯罪情节轻微，依照刑法规定不需要判处刑罚或者可以免除刑罚的，对其作出不起诉决定的可能性有多大？【单选】

| 非常可能 | 很可能 | 有可能 | 不太可能 | 非常不可能 |
|---|---|---|---|---|
| 5 | 4 | 3 | 2 | 1 |

Q15. 在您所在地区，警察对犯罪嫌疑人刑讯逼供的可能性有多大？【单选】

| 非常可能 | 很可能 | 有可能 | 不太可能 | 非常不可能 |
|---|---|---|---|---|
| 5 | 4 | 3 | 2 | 1 |

Q16. 在您所在地区，犯罪嫌疑人被超期羁押的可能性有多大？【单选】

| 非常可能 | 很可能 | 有可能 | 不太可能 | 非常不可能 |
|---|---|---|---|---|
| 5 | 4 | 3 | 2 | 1 |

Q17. 在您所在地区的刑事审判中，法官要求被告人提供对己不利证据的可能性有多大？【单选】

| 非常可能 | 很可能 | 有可能 | 不太可能 | 非常不可能 |
|---|---|---|---|---|
| 5 | 4 | 3 | 2 | 1 |

Q18. 在您所在地区，律师去检察院阅卷遇到无理障碍的可能性有多大？【单选】

| 非常可能 | 很可能 | 有可能 | 不太可能 | 非常不可能 |
|---|---|---|---|---|
| 5 | 4 | 3 | 2 | 1 |

Q19. 在您所在地区的刑事审判中，被告人要求证人出庭作证时，法官传唤该证人出庭作证的可能性有多大？【单选】

| 非常可能 | 很可能 | 有可能 | 不太可能 | 非常不可能 |
|---|---|---|---|---|
| 5 | 4 | 3 | 2 | 1 |

Q20. 在您所在地区的民事诉讼中，法官强迫或变相强迫当事人接受调解的可能性有多大？【单选】

| 非常可能 | 很可能 | 有可能 | 不太可能 | 非常不可能 |
|---|---|---|---|---|
| 5 | 4 | 3 | 2 | 1 |

Q21. 在您所在地区，下列案件生效判决得到有效执行的可能性有多大？【逐行单选】

| | 非常可能 | 很可能 | 有可能 | 不太可能 | 非常不可能 |
|---|---|---|---|---|---|
| 21.1 民事判决 | 5 | 4 | 3 | 2 | 1 |
| 21.2 行政诉讼中行政机关败诉的判决 | 5 | 4 | 3 | 2 | 1 |

Q22. 在您所在地区，对于应当受理的行政诉讼案件，法院不予受理的可能性有多大？【单选】

| 非常可能 | 很可能 | 有可能 | 不太可能 | 非常不可能 |
|---|---|---|---|---|
| 5 | 4 | 3 | 2 | 1 |

Q23. 在您所在地区，对批捕后的犯罪嫌疑人，如果采取取保候审不至于发生社会危险性的，检察院依法解除逮捕措施或者变更强制措施的可能性有多大？【单选】

| 非常可能 | 很可能 | 有可能 | 不太可能 | 非常不可能 |
|---|---|---|---|---|
| 5 | 4 | 3 | 2 | 1 |

Q24. 在您所在地区，侦查机关滥用权力进行非法监听的可能性有多大？【单选】

| 非常可能 | 很可能 | 有可能 | 不太可能 | 非常不可能 |
|---|---|---|---|---|
| 5 | 4 | 3 | 2 | 1 |

Q25. 在您所在地区，对于公安机关移送审查起诉的案件，检察院经审查认为证据不足，直接作出不起诉决定的可能性有多大？【单选】

| 非常可能 | 很可能 | 有可能 | 不太可能 | 非常不可能 |
|---|---|---|---|---|
| 5 | 4 | 3 | 2 | 1 |

Q26. 在您所在地区，刑事案件审判久拖不决的可能性有多大？【单选】

| 非常可能 | 很可能 | 有可能 | 不太可能 | 非常不可能 |
|---|---|---|---|---|
| 5 | 4 | 3 | 2 | 1 |

Q27. 在您所在地区，对确有错误的生效判决，法院启动再审程序予以纠正的可能性有多大？【逐行单选】

| | 非常可能 | 很可能 | 有可能 | 不太可能 | 非常不可能 |
|---|---|---|---|---|---|
| 27.1 民事案件 | 5 | 4 | 3 | 2 | 1 |
| 27.2 刑事案件 | 5 | 4 | 3 | 2 | 1 |

续表

| | 非常可能 | 很可能 | 有可能 | 不太可能 | 非常不可能 |
|---|---|---|---|---|---|
| 27.3 行政案件 | 5 | 4 | 3 | 2 | 1 |

Q28. 在您所在地区，您觉得“打官司就是打证据”的可能性有多大?【单选】

| 非常可能 | 很可能 | 有可能 | 不太可能 | 非常不可能 |
|---|---|---|---|---|
| 5 | 4 | 3 | 2 | 1 |

Q29. 在您所在地区，认定被告人有罪的证据不足，法院“宁可错放，也不错判”的可能性有多大?【单选】

| 非常可能 | 很可能 | 有可能 | 不太可能 | 非常不可能 |
|---|---|---|---|---|
| 5 | 4 | 3 | 2 | 1 |

Q30. 辩护律师向法庭申请排除非法口供，并履行了初步证明责任，而公诉人未证明取证合法的，法官排除该证据的可能性有多大?【单选】

| 非常可能 | 很可能 | 有可能 | 不太可能 | 非常不可能 |
|---|---|---|---|---|
| 5 | 4 | 3 | 2 | 1 |

Q31. 在您所在地区，庭审经过严格举证、质证程序才作出判决（不走过场）的可能性有多大?【逐行单选】

| | 非常可能 | 很可能 | 有可能 | 不太可能 | 非常不可能 |
|---|---|---|---|---|---|
| 31.1 侦查人员出庭作证 | 5 | 4 | 3 | 2 | 1 |
| 31.2 证人证言在法庭上得到质证 | 5 | 4 | 3 | 2 | 1 |

Q32. 您对自己所在地区法官、检察官、警察的总体满意程度如何?【逐行单选】

| | 非常满意 | 比较满意 | 一　般 | 不太满意 | 非常不满意 |
|---|---|---|---|---|---|
| 32.1 法官 | 5 | 4 | 3 | 2 | 1 |
| 32.2 检察官 | 5 | 4 | 3 | 2 | 1 |
| 32.3 警察 | 5 | 4 | 3 | 2 | 1 |

Q33. 在您所在地区，下列司法公开情形存在的可能性有多大?【逐行单选】

| | 非常可能 | 很可能 | 有可能 | 不太可能 | 非常不可能 |
|---|---|---|---|---|---|
| 33.1 法院允许公众旁听审判 | 5 | 4 | 3 | 2 | 1 |
| 33.2 法院依法及时公开判决书 | 5 | 4 | 3 | 2 | 1 |
| 33.3 判决书对证据采纳与排除的理由予以充分说明 | 5 | 4 | 3 | 2 | 1 |

Q34. 在您所在的地区，您觉得法院公正审判的可能性有多大？【逐行单选】

| | 非常可能 | 很可能 | 有可能 | 不太可能 | 非常不可能 |
|---|---|---|---|---|---|
| 34.1 审判过程公正 | 5 | 4 | 3 | 2 | 1 |
| 34.2 判决结果公正 | 5 | 4 | 3 | 2 | 1 |

Q35. 您对这次调查有何意见或评论意见？对本问卷有何修改或完善的意见？

______________________________

______________________________

______________________________

**衷心感谢您的支持！**

# 附录2　司法文明指数调查问卷（公众卷）

问卷编号：____________________

开始答卷时间：______时______分　　结束答卷时间：______时______分

您好：

“司法文明指数”是教育部、财政部“2011 计划”司法文明协同创新中心承担的一个重大研究项目。为了对我国各省、自治区、直辖市的司法文明程度进行评估，我们设计了这份问卷。请根据您所在地区的实际情况，回答每一个问题。问卷采取匿名方式，对于问卷答题结果和您的个人信息，根据《中华人民共和国统计法》第九条的规定，我们将为您严格保密。您的每一个回答都将对司法文明建设贡献一份力量。

衷心感谢您对我们工作的支持！

《司法文明指数研究》课题组

请在选择项对应的数字代号上画○。

## 个人基本情况

Z1. 性别：【单选】

男……………………………………… 1　　女……………………………………… 2

Z2. 出生年月：______年______月

Z3. 您的民族：______族

Z4. 请问您的职业是？【注：如从事多个职业，请选一个最主要的职业。】【单选】

党政机关人员…………………………… 01　　自由职业者…………………………… 06

事业单位（含学校、研究机构）人员………… 02　　离退休人员…………………………… 07

企业、服务业人员………………………… 03　　学生……………………………………… 08

进城务工人员…………………………… 04　　无业……………………………………… 09

农民（含林牧渔业生产者）………………… 05　　其他【请注明】______________

Z5. 文化程度：【单选】

初中及以下……………………………… 1　　本科/专科…………………………… 3

高中/中专………………………………… 2　　研究生………………………………… 4

Z6. 所在地区：

____________________省（自治区/直辖市）____________________地级市（州、区）

Z7. 您的政治面貌：【单选】

中共党员………………………………… 1

民主党派………………………………… 2　　共青团员……………………………… 4

无党派（经有关部门认定）…………………… 3　　群众……………………………… 5

Z8. 您或者您的家人是否曾参加过诉讼活动？【单选】

是…………………………………………… 1　　否……………………………… 2

## 主体问题

Q1. 如果有当人民陪审员的机会，您愿意参与法庭审判吗？【单选】

| 非常愿意 | 比较愿意 | 一　般 | 不太愿意 | 非常不愿意 |
|---|---|---|---|---|
| 5 | 4 | 3 | 2 | 1 |

Q2. 在您所在地区，下列人员收受贿赂的可能性有多大？【逐行单选】

| | 非常可能 | 很可能 | 有可能 | 不太可能 | 非常不可能 |
|---|---|---|---|---|---|
| 2.1 法官 | 5 | 4 | 3 | 2 | 1 |
| 2.2 检察官 | 5 | 4 | 3 | 2 | 1 |
| 2.3 警察 | 5 | 4 | 3 | 2 | 1 |

Q3. 在您所在地区，律师存在下列行为的可能性有多大？【逐行单选】

| | 非常可能 | 很可能 | 有可能 | 不太可能 | 非常不可能 |
|---|---|---|---|---|---|
| 3.1 虚假宣传 | 5 | 4 | 3 | 2 | 1 |
| 3.2 虚假承诺 | 5 | 4 | 3 | 2 | 1 |
| 3.3 与法官有不正当利益往来 | 5 | 4 | 3 | 2 | 1 |
| 3.4 尽职尽责为委托人服务 | 5 | 4 | 3 | 2 | 1 |

Q4. 您对自己所在地区法官、检察官、警察的总体满意程度如何？【逐行单选】

| | 非常满意 | 比较满意 | 一　般 | 不太满意 | 非常不满意 |
|---|---|---|---|---|---|
| 4.1 法官 | 5 | 4 | 3 | 2 | 1 |
| 4.2 检察官 | 5 | 4 | 3 | 2 | 1 |
| 4.3 警察 | 5 | 4 | 3 | 2 | 1 |

Q5. 在您所在地区，法院司法公开的可能性有多大？【逐行单选】

| | 非常可能 | 很可能 | 有可能 | 不太可能 | 非常不可能 |
|---|---|---|---|---|---|
| 5.1 法院允许公众旁听审判 | 5 | 4 | 3 | 2 | 1 |
| 5.2 法院及时公开判决书 | 5 | 4 | 3 | 2 | 1 |

Q6. 在您所在地区，法院公正审判的可能性有多大？【逐行单选】

| | 非常可能 | 很可能 | 有可能 | 不太可能 | 非常不可能 |
|---|---|---|---|---|---|
| 6.1 法庭审判过程公正 | 5 | 4 | 3 | 2 | 1 |

续表

| | 非常可能 | 很可能 | 有可能 | 不太可能 | 非常不可能 |
|---|---|---|---|---|---|
| 6.2 案件判决结果公正 | 5 | 4 | 3 | 2 | 1 |

Q7. 在您所在地区，当矛盾双方无法通过协商、调解等方式解决纠纷时，人们到法院起诉的可能性有多大？【单选】

| 非常可能 | 很可能 | 有可能 | 不太可能 | 非常不可能 |
|---|---|---|---|---|
| 5 | 4 | 3 | 2 | 1 |

Q8. 假设审判程序没有问题，但判决结果对您不利，您尊重法院判决的可能性有多大？【单选】

| 非常可能 | 很可能 | 有可能 | 不太可能 | 非常不可能 |
|---|---|---|---|---|
| 5 | 4 | 3 | 2 | 1 |

Q9. 对于在公共场所举行公捕、公判大会，您的总体态度是？【单选】

坚决支持……………………………………………… 1
一定程度上支持………………………………… 2　　不太支持……………………………… 4
不关心，无所谓………………………………… 3　　强烈反对……………………………… 5

Q10. 与枪决相比，您对以注射方式执行死刑的态度是？【单选】

坚决支持……………………………………………… 1
一定程度上支持………………………………… 2　　不太支持……………………………… 4
不关心，无所谓………………………………… 3　　强烈反对……………………………… 5

Q11. 在您所在地区，贫富不同的当事人受到法院平等对待的可能性有多大？【单选】

| 非常可能 | 很可能 | 有可能 | 不太可能 | 非常不可能 |
|---|---|---|---|---|
| 5 | 4 | 3 | 2 | 1 |

Q12. 在您所在地区，警察对犯罪嫌疑人刑讯逼供的可能性有多大？【单选】

| 非常可能 | 很可能 | 有可能 | 不太可能 | 非常不可能 |
|---|---|---|---|---|
| 5 | 4 | 3 | 2 | 1 |

Q13. 在您所在地区，被告人如果请不起律师，他/她得到免费法律援助的可能性有多大？【单选】

| 非常可能 | 很可能 | 有可能 | 不太可能 | 非常不可能 |
|---|---|---|---|---|
| 5 | 4 | 3 | 2 | 1 |

Q14. 在您所在地区，刑事案件审判久拖不决的可能性有多大？【单选】

| 非常可能 | 很可能 | 有可能 | 不太可能 | 非常不可能 |
|---|---|---|---|---|
| 5 | 4 | 3 | 2 | 1 |

Q15. 在您所在地区的民事诉讼中，法官强迫或变相强迫当事人接受调解的可能性有多大？【单选】

| 非常可能 | 很可能 | 有可能 | 不太可能 | 非常不可能 |
|---|---|---|---|---|
| 5 | 4 | 3 | 2 | 1 |

Q16. 在您所在地区，下列案件生效判决得到有效执行的可能性有多大？【逐行单选】

| | 非常可能 | 很可能 | 有可能 | 不太可能 | 非常不可能 |
|---|---|---|---|---|---|
| 16.1 民事判决 | 5 | 4 | 3 | 2 | 1 |
| 16.2 行政诉讼中行政机关败诉的判决 | 5 | 4 | 3 | 2 | 1 |

Q17. 在您所在地区，以下案件得到及时受理的可能性有多大？【逐行单选】

| | 非常可能 | 很可能 | 有可能 | 不太可能 | 非常不可能 |
|---|---|---|---|---|---|
| 17.1 老百姓家里被盗到公安局报案 | 5 | 4 | 3 | 2 | 1 |
| 17.2 老百姓因借款纠纷到法院起诉 | 5 | 4 | 3 | 2 | 1 |
| 17.3 老百姓到法院状告政府（“民告官”） | 5 | 4 | 3 | 2 | 1 |

Q18. 在您所在地区，您觉得“打官司就是打关系”的可能性有多大？【单选】

| 非常可能 | 很可能 | 有可能 | 不太可能 | 非常不可能 |
|---|---|---|---|---|
| 5 | 4 | 3 | 2 | 1 |

Q19. 您了解公安机关、检察院、法院工作情况的主要渠道为？【可多选】

报刊杂志………………………………………… 01
电视电台………………………………………… 02
网络……………………………………………… 03
他人讲述………………………………………… 04
亲身经历………………………………… 05
旁听审判………………………………… 06
陪审经历………………………………… 07
其他【请注明】____________

Q20. 您对这次调查有何意见或评论意见？对本问卷有何修改或完善的意见？

______________________________

______________________________

______________________________

**衷心感谢您的支持！**

声　明　1. 版权所有，侵权必究。

2. 如有缺页、倒装问题，由出版社负责退换。

图书在版编目（CIP）数据

中国司法文明指数调查数据挖掘报告. 2017/张中主编. —北京：中国政法大学出版社，2020. 11
ISBN 978-7-5620-9746-4

Ⅰ. ①中…　Ⅱ. ①张…　Ⅲ. ①司法制度－研究报告－中国－2017　Ⅳ. ①D926. 04

中国版本图书馆CIP数据核字(2020)第231993号

---

出版者　中国政法大学出版社
地　址　北京市海淀区西土城路 25 号
邮寄地址　北京 100088 信箱 8034 分箱　邮编 100088
网　址　http://www.cuplpress.com (网络实名：中国政法大学出版社)
电　话　010-58908289(编辑部) 58908334(邮购部)
承　印　北京中科印刷有限公司
开　本　889mm×1194mm　1/16
印　张　12.75
字　数　390 千字
版　次　2020 年 11 月第 1 版
印　次　2020 年 11 月第 1 次印刷
定　价　88.00 元